人力资源管理
三支柱理论与实务

廖 宇 主编

图书在版编目(CIP)数据

人力资源管理三支柱理论与实务/廖宇主编. — 成都：电子科技大学出版社，2024.6
ISBN 978-7-5770-0447-1

Ⅰ.①人… Ⅱ.①廖… Ⅲ.①人力资源管理—教材 Ⅳ.①F243

中国国家版本馆CIP数据核字（2023）第149390号

人力资源管理三支柱理论与实务
RENLI ZIYUAN GUANLI SANZHIZHU LILUN YU SHIWU

廖　宇　主编

策划编辑	唐祖琴
责任编辑	唐祖琴
责任校对	王丽红
责任印制	段晓静

出版发行	电子科技大学出版社
	成都市一环路东一段159号电子信息产业大厦九楼　邮编　610051
主　页	www.uestcp.com.cn
服务电话	028-83203399
邮购电话	028-83201495
印　刷	成都市火炬印务有限公司
成品尺寸	185 mm×260 mm
印　张	12.5
字　数	300千字
版　次	2024年6月第1版
印　次	2024年6月第1次印刷
书　号	ISBN 978-7-5770-0447-1
定　价	52.00元

版权所有，侵权必究

前　言

人才是确保企业生存和企业活力的重要资源，这一观念已被企业界广泛认同。无论企业规模大小，境遇如何，缺乏人才均是管理者需要面临的重要问题。然而，与其说企业缺乏人才，不如说更缺乏高效的人力资源管理和优良的人才机制。人力资源管理问题的核心是怎样吸引人、使用人和激励人，即制定一个什么样的识才标准和用人机制。

在企业经营管理中，人力资源管理早已提升到战略管理高度。如何科学有效地进行人力资源的合理配置和有效开发，进而实现企业与员工的共赢，是所有企业经营者都十分关心和重视的问题。

随着变革的加剧，人力资源管理部门的组织架构从混合模式向三支柱模式转型。人力资源转型，简单来讲就是将人力资源（human resources，HR）的角色一分为三。实践证明，这种运作模式能够显著提升HR的效率和效能，很多在市场上领先的公司都在进行人力资源管理三支柱模式的变革。人力资源管理工作的成效直接关系着企业的兴衰成败与长远发展。人力资源管理既是一门技术，又是一门艺术，更是一门科学。

本书聚焦人力资源管理三支柱理论的实施操作研究，全书结构紧凑，体系合理。全书共分为六章，包括：组织理论与组织变革发展、人力资源管理及其变革、人力资源管理三支柱理论、HR COE的运作、HR SSC设计、HR BP的执行。本书涵盖了基于人力资源管理三支柱理论条件下，人力资源管理工作中的重要环节，保证了知识体系的完整性。本书捕捉前沿，突出应用，在内容上，坚持实用性和针对性，根据人力资源管理领域读者所需的知识和技能来设计内容；在形式上，努力探索"读懂—学会—易实践"一体化的模式。

本书旨在培养社会需要的实用型管理人才，可作为高等院校人力资源管理专业的参考用书，亦可作为相关人力资源管理人员的培训教材。

在编写本书的过程中，编者参考了大量的人力资源管理教材、案例和相关著作。在此，谨向有关作者以及所有对本书编写工作给予支持和关心的人表示衷心的感谢！

由于作者水平有限，书中难免有不妥之处，恳请同行及广大读者批评指正。

廖　宇

2024年4月

课程教学建议

一、课程基本信息

课程名称：人力资源管理三支柱理论与实务

课程类别：专业课

课程性质：必修课

课程学时：32　讲授学时：32　上机学时：0　实验学时：0

课程学分：2

授课对象：人力资源管理、工商管理相关专业

先修课程：管理学、人力资源管理概论、组织行为学

二、课程简介与课程目标

1. 课程简介

人力资源管理三支柱理论与实务是本科人力资源管理专业的主要专业课程之一，在教学中占有重要的地位。深入掌握这门课程的知识和应用，对于实施人力资源管理三支柱理论、推动组织人力资源管理职能的科学化运作具有重大意义。这不仅有助于提升人力资源管理人员对职能服务业务的深刻认知，而且对于培养战略人力资源管理思维、推动人力资源管理三支柱模式的变革具有重要作用。通过这些措施，可以极大地激发和调动人们的积极性、主动性和创造性，从而有效地实现组织目标。

本课程旨在教授学生人力资源管理三支柱理论的基础知识和核心原则，并培养学生运用该理论分析和解决企业实际问题的能力。通过本课程的学习，学生将为在三支柱模式下的企业中有效履行人力资源管理职能打下坚实的基础。

2. 课程目标

人力资源管理三支柱理论与实务是本专业的核心课程之一。本课程旨在教授学生掌握人力资源管理三支柱理论的基础知识、核心原则及其应用技巧。通过学习，学生将对三支柱理论模式有深刻的理解，并能够灵活运用这些理论来解决组织中的人力资源管理问题。该课程的目标是培养学生成为能够高效实现组织目标的人力资源管理专家。

三、课程教学内容与学时分配

序号	教学内容	教学要求	学时	教学方式
1	第一章 组织理论与组织变革发展 第一节 组织理论 第二节 组织变革发展	了解组织的概念、组织理论的发展演变,理解组织的要素与特征、组织变革的含义和动因,掌握组织变革的模式及时机的选择、组织变革的方法、掌握组织发展的定义、特征及方法	4	讲授、讨论
2	第二章 人力资源管理及其变革 第一节 人力资源及其相关概念 第二节 人力资源管理及其原则 第三节 人力资源管理思想的演变与发展 第四节 人力资源管理的发展趋势与面临的挑战	了解人力资源的含义及特征,了解人力资源管理思想的演变与发展趋势;理解人力资源管理的概念;掌握人力资源管理的基本职能及其原则	4	讲授、讨论
3	第三章 人力资源管理三支柱理论 第一节 人力资源管理三支柱理论的起源 第二节 企业实施三支柱模型的基础条件及其构建 第三节 人力资源管理三支柱模型在典型组织中的运用	了解人力资源管理三支柱理论的起源,人力资源管理三支柱模型在典型组织中的运用;人力资源管理三支柱模型对传统人力资源管理的突破;理解人力资源管理三支柱模型的内容;掌握企业构建三支柱模型的基础条件,如何搭建人力资源管理三支柱模型	6	讲授、讨论、案例分析
4	第四章 HR COE 的运作 第一节 HR COE 是战略性人力资源管理的总设计师 第二节 HR COE 对人力资源管理组织结构的重组 第三节 HR COE 设计人力资源管理体系的关键要点 第四节 HR COE 基于人力资源 4P 管理模式的操作	了解企业战略与人力资源管理关系;人力资源 3P 管理模式向 4P 管理模式的转变;理解战略性人力资源管理的核心职能;掌握战略性 HR COE 及其具体职能,人力资源数字化转型与升级的内容	6	讲授、讨论、案例分析
5	第五章 HR SSC 设计 第一节 HR SSC 共享体系设计 第二节 HR SSC 共享服务中心运作流程 第三节 HR SSC 与 HR BP、HR COE 的配合	了解 HR SSC 的概念与作用,人力资源共享服务中心的构建,理解人力资源共享服务中心的职能及运作架构,掌握 HR SSC 与 HR BP、HR COE 的关系	4	讲授、讨论、案例分析
6	第六章 HR BP 的执行 第一节 HR BP 对业务部门的支持 第二节 HR BP 运作流程要点	了解 HR BP 的含义及其产生;HR BP 与传统 HR 的区别,HR BP 的培养;理解 HR BP 的工作流程与组织架构;掌握 HR BP 的作用与职能,HR BP 的胜任力	6	讲授、讨论、案例分析
7	复习		2	

四、课程思政

知识单元	主要知识点	课程思政融入点
第一章 组织理论与组织变革发展 第一节 组织理论 第二节 组织变革发展	了解组织的概念、组织理论的发展演变;理解组织的要素与特征、组织变革的含义和动因;掌握组织变革的模式及时机的选择、组织变革的方法;掌握组织发展的定义、特征及方法	组织中人的全面发展观,新时代的组织发展观
第二章 人力资源管理及其变革 第一节 人力资源及其相关概念 第二节 人力资源管理及其原则 第三节 人力资源管理思想的演变与发展 第四节 人力资源管理的发展趋势与面临的挑战	了解人力资源的含义及特征,了解人力资源管理思想的演变与发展趋势;理解人力资源管理的概念;掌握人力资源管理的基本职能及其原则	管理中要坚持依法治国与以德治国相结合的理念,管理中要坚持协商民主,全过程人民民主观点
第三章 人力资源管理三支柱理论 第一节 人力资源管理三支柱理论的起源 第二节 企业实施三支柱模型的基础条件及其构建 第三节 人力资源管理三支柱模型在典型组织中的运用	了解人力资源管理三支柱理论的起源,人力资源管理三支柱模型对传统人力资源管理的突破;理解人力资源管理三支柱模型的内容;掌握企业构建三支柱模型的基础条件,如何搭建人力资源管理三支柱模型	现代唯物主义物质是运动的、发展的、彼此联系的观点;整体和部分的辩证关系原理;辩证唯物主义的认识论;坚持人民至上、坚持自信自立、坚持守正创新、坚持问题导向的思想

五、课程教学方法

(一) 重点与难点

1. 重点

(1) 人力资源管理三支柱模型对传统人力资源管理的突破;人力资源管理三支柱模型的内容;企业构建人力资源管理三支柱模型的基础条件,如何搭建人力资源管理三支柱模型。

(2) 战略性 HR COE 及其具体职能,人力资源数字化转型与升级的内容。HR SSC 的概念与作用;人力资源共享服务中心的构建;人力资源共享服务中心的职能及运营流程;HR SSC 与 HR BP、HR COE 的关系。HR BP 的含义;HR BP 与传统 HR 的区别，HR BP 的培养；HR BP 的工作流程与组织架构；HR BP 的作用与职能，HR BP 的胜任力。

2. 难点

（1）人力资源管理三支柱模型的内容，如何搭建人力资源管理三支柱模型，战略性人力资源管理的核心职能。

（2）战略性 HR COE 及其具体职能。人力资源共享服务中心的职能及运营流程，HR SSC 与 HR BP、HR COE 的关系，HR BP 与传统 HR 的区别，HR BP 的工作流程与组织架构；HR BP 的作用与职能。

（二）课堂讲授方法

（1）采用互动式教学，通过讨论激发学生主动学习的兴趣，培养学生独立思考、分析问题和解决问题的能力，引导学生主动探索获得自己想学到的知识。

（2）采用多媒体教学与案例教学相结合，提高课堂教学信息量，增强教学的直观性。

（3）采用案例教学，将理论教学与管理案例相结合，培养学生应用所学专业知识，解决复杂管理问题的能力，强化管理思维方法和人本意识。

（三）随堂测验、作业

围绕各章教学的重点内容，安排随堂提问、讨论；布置一定数量的课后作业，强化对重要知识点的理解、熟悉和掌握；要求课后以复习方式对所学知识进行整理。

（四）期末考试

卷面成绩100分，以卷面成绩乘以其在总评成绩中所占的比例计入课程总成绩；主要考核基本理论与方法等内容；考试题型：选择题、判断题、简答题、论述题、案例分析题等。

目 录

第一章 组织理论与组织变革发展······01

第一节 组织理论······02
第二节 组织变革发展······14
本章小结······31

第二章 人力资源管理及其变革······34

第一节 人力资源及其相关概念······35
第二节 人力资源管理及其原则······41
第三节 人力资源管理思想的演变与发展······45
第四节 人力资源管理的发展趋势与面临的挑战······53
本章小结······58

第三章 人力资源管理三支柱理论······61

第一节 人力资源管理三支柱理论的起源······63
第二节 企业实施三支柱模型的基础条件及其构建······68
第三节 人力资源管理三支柱模型在典型组织中的运用······73
本章小结······90

第四章 HR COE 的运作······93

第一节 HR COE 是战略性人力资源管理的总设计师······94
第二节 HR COE 对人力资源管理组织结构的重组······98
第三节 HR COE 设计人力资源管理体系的关键要点······105
第四节 HR COE 基于人力资源 4P 管理模式的操作······114
本章小结······143

第五章 HR SSC设计 147

第一节 HR SSC共享体系设计 148
第二节 HR SSC共享服务中心运作流程 154
第三节 HR SSC与HR BP、HR COE的配合 161
本章小结 164

第六章 HR BP的执行 167

第一节 HR BP对业务部门的支持 169
第二节 HR BP运作流程要点 172
本章小结 184

练习测试题参考答案 188

参考文献 189

第一章　组织理论与组织变革发展

学习目标

学习本章内容后，你应该了解和掌握以下内容。
1. 了解组织的概念、组织理论的发展演变。
2. 理解组织的要素与特征、组织变革的含义和动因。
3. 掌握组织变革的模式及时机的选择、组织变革的方法。
4. 掌握组织发展的定义、特征及方法。

引导案例

索尼的变革

出井伸之或许是索尼公司史上最具争议的首席执行官。在执掌索尼的10年中，出井伸之采用美式管理制度变革，带领公司从家电业跨入信息产业。2000年，索尼市值连创新高。然而仅仅3年后，披露的财报显示索尼公司2002财年第四季度出现巨额亏损，出井伸之于2005年黯然离职。10年前，他所著的《迷失与决断——我执掌索尼的十年》，回顾了决策中的得与失。如今，再来看待当年索尼的变革，他说："CEO就是要为公司选择应该去做的事，你必须做出选择，你想做什么和你能做什么，两者之间截然不同。"

索尼诞生于1946年，它创办时规模很小。索尼的发展史是一部电子产品的微缩版历史，与广播、音频、电视和计算机的相继兴起有直接联系。1995年，当出井伸之成为索尼首席执行官时，他发现IT产业将代替电子产业，他希望让索尼从一个电子产品公司转型成为一家IT公司。但是，1995年没有人谈论信息产业，甚至没有人认识到IT业是一个产业。

1995—2005年，出井伸之在任CEO的10年，索尼的变革可以分为三个阶段。其中，最重要的变革在于它找到了一条全球化道路。从1990年开始，索尼收购了美国哥伦比亚电影公司和哥伦比亚图文公司，由此成为日本最大的电子产品公司。国际合作带来了新业务，也要承担很多风险。这是索尼全球化过程的重要一步，也是索尼成为世界大品牌的原因之一。同时，索尼还完善了公司治理。

20世纪90年代，日本经济处于萧条期，这一外部环境促使索尼进行必要的变革。经过长达40年的城市化进程，日本高速发展的经济遭遇成熟期的瓶颈。当时的索尼已经为变革做好了准备。索尼在那期间转型的结果是成功的，如果当时不转型，公司就

会落伍。出井伸之说："'活力需要跳跃'，这就是我的全球哲学。我认为这种跳跃需要承担风险并且要有恰当的时机，没有恰当时机下的跳跃将是灾难。"

资料来源：出井伸之：索尼变革的启示.（2011年11月21日）.管理_新浪财经_新浪网.

组织是社会的基本构成单元，任何社会都是由各种各样的组织构成，凡是由两个人以上组成的、有共同目标的集体活动，就存在着管理。管理是组织活动中不可缺少的组成部分。随着各种管理理论和管理方法在社会各个行业的不断普及，人们愈来愈关注社会生活中各个领域的组织存在的管理问题。

第一节　组　织　理　论

一、组织的概念

组织产生于人类的生产和社会实践之中，它是按照一定的目的、任务和形式编织起来的社会集团。它不仅是社会的细胞和基本单元，还是社会的基础。从社会学来说，一般意义上的组织泛指各种各样的社团、企事业单位，它是人们进行合作活动的必要条件；而从管理学来说，它是按照一定的目的和程序组成的一种权责结构或角色结构。[1]

在管理领域，不同的管理学家从不同的研究视角给出了关于组织的不同定义。巴纳德将其定义为"有意识地加以协调的两个或两个以上的人的活动或力量的协作系统"，詹姆斯·穆尼认为组织是每一种人群联合起来为了达到某种共同的目标的形式，哈罗德·孔茨则将其定义为"正式的有意识形成的职务结构或职位结构"。[2]

组织的存在必须具备三个基本条件。

第一，组织是人组成的集合。组织是由人构成的，组织活动的资源配置是通过人来完成的。正是人群形成了组织，没有人群也就没有组织。

第二，组织内成员是通过个体需要和完成共同目标而结为一体的。任何组织都要有其基本的使命和目标，这些说明了组织作为一个整体存在的理由，且组织成员加入组织一起工作也有其个体目标。对于组织而言，实现个体和组织共同的目标的兼容，使组织成员在为共同的目标奋斗中实现个体目标，是组织生命力和凝聚力的保证。

第三，组织通过专业分工和协调来实现目标。凡是共同劳动都有程度不同的分工，而有分工就有协作，分工越细，各个部门、环节之间的联系性就越强，协作关系也越密切。为了保证劳动过程顺利进行，就必须有管理。这就是由共同劳动过程的性质产生出来的管理职能。马克思说："一切规模较大的直接社会劳动或共同劳动，都或

---

[1] 刘凤霞,房宏君.组织行为学[M].北京:中国人民大学出版社,2021:2-3.
[2] 黄宏彬,谢超.组织行为学[M].成都:西南交通大学出版社,2015:5.

多或少地需要指挥，以协调个人的活动，并执行生产总体的运动——不同于这一总体的独立器官的运动——所产生的各种一般职能。""协作劳动需要管理，就像一个乐队需要一个乐队指挥。"

综上所述，组织可以定义为：一定人群为了共同目的，通过权责分配和层次结构所构成的一个完整的有机体，它随着时代及环境的改变而不断自行调整和适应，同时人员之间也会建立起一种团体意识和规范。[①]

二、组织的要素与特征

组织是一个开放系统，与其所处的环境发生持续作用。随着经济、社会、技术的变革，组织所处的环境不断变化，无论是在组织的结构安排上，还是在组织的实际运作中，组织都更具动态性和灵活性。

（一）组织的要素

作为一个具有特定目标的协作系统，组织的要素包括组织外部环境、组织内部环境、组织目标、管理主体、管理客体、管理系统。

1. 组织外部环境

组织外部环境是指组织所处的社会环境，外部环境影响着组织的管理系统。外部环境可以分为一般外部环境和特定外部环境。一般外部环境包括的因素有社会人口、文化、经济、政治、法律、技术、资源等。一般外部环境的这些因素，对组织的影响是间接的、长远的。当外部环境发生剧烈变化时，会导致组织发展的重大变革。特定外部环境因素主要是针对企业组织而言的，包括的因素有供应商、顾客、竞争者、政府和社会团体等。特定外部环境的这些因素，对企业组织的影响是直接的、迅速的。

2. 组织内部环境

组织内部环境是指组织内部的物质、文化环境的总和，包括组织资源、组织文化等因素，是组织内部的一种共享价值体系。内部环境是组织内部与战略有重要关联的因素，是制定战略的出发点、依据和条件，是竞争取胜的根本。内部环境主要包括组织架构、发展战略、人力资源、社会责任、公司文化等内容。

3. 组织目标

组织目标是组织希望努力争取达到的未来状况，包括使命、目的对象、指标、定额和时限。组织目标提供了衡量组织活动成功与否的标准和组织活动的动力，它的性质影响着组织的基本特征。组织目标是多重的而不是单一的，既有总体目标，又有具体目标；既有长期目标，又有中期、短期目标；既有集体目标，又有个人目标。它是管理者和组织中一切成员的行动指南，是组织决策、效率评价、协调和考核的基本依据。任何一个组织都是为一定的目标而建立起来的，目标是组织的最重要条件。

4. 管理主体

管理主体是指在管理活动中，承担和实施管理职能的人或组织，包括各级各类领

[①] 刘凤霞,房宏君.组织行为学[M].北京:中国人民大学出版社,2021:3.

导者、管理者和各种管理机构。在管理实践中，管理主体基本上是由参加管理活动的人或人群组成的，这些人或人群具有一定的管理能力，拥有相应的权威和责任，从事现实管理活动。

5. 管理客体

管理客体即管理对象，是指管理主体直接作用和影响的对象。在管理实践中，只有管好了人，对人进行正确有效的指挥、调节和控制，才能实现对物力和财力的管理。在管理客体系统中，对人的要求不是消极被动地适应管理主体的管理，而是对管理主体有能动性，能够反作用于管理主体。

6. 管理系统

管理系统是一个完整的闭合反馈控制系统。按管理系统在组织中所处的功能，可以分为决策系统、执行系统、监督系统和反馈系统。任何一个稍微复杂的管理活动，都是由决策系统制定方案，执行系统加以贯彻，并由监督系统监督执行，而反馈系统则将执行的情况反馈到决策系统。这样就构成了一个完整的闭合负反馈控制系统。对于每一个子系统，人们依然可以这样进行划分，直到人们完全把系统分析清楚为止。

监督和反馈系统是对组织活动实行监督和反馈的组织，它的职能是把决策执行情况和出现的问题及时反馈给决策系统，以便决策系统进行调整和修正，以保证管理实践活动及其成果与预期的目标相一致，从而有效地达到管理的目的。监督和反馈系统是组织中不可缺少的组成部分。它根据决策系统的指令，对组织的活动进行监督，把决策指令执行的情况和问题，及时反馈到决策中心，以便进行调整、修正和追踪，从而逐步逼近决策目标。

（二）组织的特征

1. 有明确的目标

没有目标就不是组织而仅是一个人群。目标是组织的愿望和外部环境结合的产物，所以组织的目的性不是无限的，而是受环境影响和制约的，这个环境包括物质环境及社会文化环境，有了目标后组织才能确定方向。

2. 拥有资源

这种资源主要包括五大类：人、财、物、信息和时间。

3. 一定的权责结构

这种权责结构表现为层次清晰，任务有明确的承担者，并且权力和责任是对等的。组织可分为正式组织和非正式组织。正式组织具有以下特征。

（1）保持相对的稳定性，存在稳定的秩序，人员流动性小，权责结构清晰。

（2）专业化分工，分成若干岗位及与之相应的职责。

（3）对不同观念层次的协调。由于进行了专业化分工并且分成一定结构和层次，所以在同级上要协调相互关系、在上下级工作链上也要协调关系，从而形成立体的协调层次。

（4）拥有法定的领导权威。它的最高领导人的领导权是由法定的规章制度确定的，并强制要求所有成员服从。

（5）建立了相对稳定的规章制度体系，把很多的岗位分工、行为规范、奖惩措施、运营机制、产品范围、行动范围，都以明确的条文确定下来并加以公布，要求每个成员去遵守。

（6）职位的可取代性。它的职位和职责要求都是脱离个人的，以确保某个人离开后，其他人可以在这个岗位继续工作。

三、组织理论的发展演变

凡是共同劳动的组织都有程度不同的分工，为了保证劳动过程顺利进行，就必须有管理。组织理论可追溯到古代，但对组织进行系统的研究，把组织理论作为一个社会科学的学科是20世纪30年代以后的事情。按其形成和发展，整个组织理论的发展历程可分为三个阶段：古典组织理论阶段、行为科学时期的组织理论阶段、现代组织理论阶段，见表1-1所列。[1]

表1-1 不同阶段的组织理论

比较项目	古典组织理论阶段	行为科学时期的组织理论阶段	现代组织理论阶段
理论基础	经济人	社会人	决策人
组织特点	独断	从小到大的分解	从个别转向整体
主要理论	泰勒的组织理论 法约尔的组织理论 韦伯的组织理论 厄威克的组织理论	社会系统学派的组织理论 行为科学学派的组织理论	经验主义学派的组织理论 系统管理学派的组织理论 权变理论学派的组织理论 新组织结构学派的组织理论

（一）古典组织理论阶段

1. 泰勒的组织理论

科学管理的创始人是美国的泰勒，在资本主义管理学史上，他被称为"科学管理之父"。泰勒所处的时代是19世纪末至20世纪初，当时的科学技术和社会经济都发生了巨大变化，石油、电力等能源和化学等技术在工业上得到广泛应用，大大促进了资本主义生产的发展。资本主义经济的发展，逐步由自由竞争时期进入垄断时期。产业界两大阶级矛盾的发展和尖锐化，使资产阶级加强了对工人阶级的统治。科学技术的发展，资本主义生产的集中和垄断，加上阶级矛盾的激化，正是在这样的时代背景下，泰勒的科学管理诞生了。

泰勒毕生致力于科学管理的实践与研究，他在管理方面的著作主要有《计件工资制》《车间管理》《科学管理原理》等。泰勒的管理思想和管理理论在管理思想史上具有十分重要的地位，其基本内容如下。

---

[1] 陈春花,曹洲涛,宋一晓,等.组织行为学[M].4版.北京：机械工业出版社,2020：247.

（1）实行差别计件工资制。即做同样的工作，每一件产品的工资额是不一样的，关键取决于工人一天完成的总的工作量。如果超额完成了当天的定额，则按高标准计算工资，如果未达到当天的定额，则按低标准计算工资。

（2）科学管理是一场思想上的革命。以前劳资双方的兴趣集中在所取得的盈利的合理分配问题上。通过科学管理提高劳动效率，能使双方把注意力从盈利的分配转到增加盈余上。

（3）制定科学的操作方法，以便合理地利用工时，提高工效。同时要科学地选择和培训工人，这是提高效能的关键。

（4）用科学的管理方法来代替传统的经验管理。泰勒提出在管理实践中要通过建立各种明确的规定、条例、标准使一切科学化、标准化。

（5）将计划职能与执行职能分开，实行职能工长制，即将管理与劳动分开。泰勒认为，当时的管理者实际上同时在做两件事：一是计划职能，即先做出计划，规定标准的操作方法和操作规程，制定定额，下达计划，并监督计划的执行；二是执行职能，即执行已有的计划。但要在同一时间同时做好这两件事几乎是不可能的。所以应该由一部分人专门负责计划的制订，而由另一部分人专门执行计划。那么从事计划职能的人称为管理者，执行计划的人称为劳动者。

（6）提出例外管理原则，目的是解决总经理职责权限问题。在设置了计划职能与执行职能之后，总经理应避免处理工作中的细小问题，而只有例外的问题才交由他处理，这样，他才会有更多的时间去考虑更重要的问题。

实践证明，这种旨在提高劳动效率的改革在当时取得了很好的效果，生产效率得到了普遍提高，出现了高效率、低成本、高工资、高利润的新局面。

对泰勒提出的科学管理思想，我们要用历史的眼光客观地加以评价。首先，它冲破了传统的经验管理方法，创立了科学的管理方法；其次，通过科学的管理使生产效率成倍地提高；最后，将管理职能与执行职能分离，为以后的管理理论的研究奠定了实践基础。泰勒提出的这些管理原则对管理学的贡献无疑是巨大的，他本人也因此被称为"科学管理之父"。但泰勒把工人看作会说话的机器，把人看作纯粹的经济人，忽视了工人的情感等社会需求，具有时代的局限性，因而是不可取的。

2. 法约尔的组织理论

法国管理学家法约尔认为，经营和管理是两个不同的概念。经营是指引导或指导一个组织趋向目标。它由六项活动组成：①技术活动，指生产、制造、加工等；②商业活动，指购买、销售、交换等；③财务活动，指资金的筹措及运用；④安全活动，指设备和人员保护；⑤会计活动，指存货盘点、成本核算、统计等；⑥管理活动，指组织内行政人员所从事的计划、组织、指挥、协调和控制活动。所有的组织成员都应具备上述六种活动能力，但对不同层次和不同组织的人员来说，这些能力的相对重要性不同。他提出了管理的五项职能，即计划、组织、指挥、协调与控制。法约尔认为，人的管理能力可能通过教育来获得，管理能力像其他技术能力一样，首先在学校里学到，然后在车间里学到。法约尔还强调了建立组织理论的必要性，提出了管理中具有普遍意义的十四项原则：分工、权利责任、纪律、统一指挥、统一领导、个人利益服从整体利益、员工报酬、集权化、组织等级、秩序、公平、员工的稳定、创造性、集体精神。作为古典组织理论阶段的一个重要组织理论，法约尔的组织理论具有更强的理论性和系统性，他对管理职能的概括和分析为管理学提供了一套科学的理论框架和内容，对现代管理科学仍具有直接重大影响。法约尔在管理的组织理论、管理的原则方面提出了新观点，为以后组织理论的发展奠定了基础。法约尔的组织理论被誉为管理史上的第二座丰碑。

3. 韦伯的组织理论

韦伯是古典组织理论在德国的代表。韦伯一生担任过大学教授、政府顾问、编辑等，对社会学、宗教学、经济学和政治学有着广泛的兴趣，并发表了许多著作。韦伯的代表著作是《社会和经济组织的理论》。韦伯对组织理论的最大贡献是提出了官僚制组织理论，他由此被后人誉为"组织理论之父"。

韦伯认为，任何组织都必须以某种权威为基础才能实现目标，只有权威才能变混乱为有序，但不同组织建立的权威也不同。他认为，古往今来，权威有三种：一是传统的权威，它以对社会习惯、社会传统的尊崇为基础；二是超凡权威，它以对领袖人物的品格、信仰或超人智慧的崇拜为基础；三是合理、合法的权威，它以对法律确立的职位权力的服从为基础。韦伯认为，以传统权威或超凡权威为基础建立的组织不是科学的组织，只有建立在合理、合法权威基础上的组织，才是更好的、理想的组织，韦伯称这种组织为官僚制组织。

韦伯所谓的理想的行政体系是指这种组织体系并不是最合乎需要的，而是组织的纯粹形态。在这里也就是官僚制组织。其主要特征有如下几点：

（1）实现劳动分工，明确规定每一成员的权利与责任；
（2）各种职位按权力等级严密组织起来，形成指挥体系；
（3）通过正式而严格的考核或在培训中取得的技术资格来挑选组织的所有成员；
（4）实行任命制，只有个别职位才实行选举制；
（5）管理人员都必须是专职的，并有固定薪金保证；
（6）职务活动被认为是私人事务以外的事情，受规则和制度制约。

官僚制组织结构强调组织结构的管理和职位权力的等级性，它的核心是权力等级思想，认为职权与职责应该遵循从最高层到最底层的一条权力线。它是一种特定的组织结构形式，广泛应用于一些较为复杂的组织中，如大企业、政府机构、军事机构等，是一种现代社会中运用较为有效的组织形式。

然而，这种组织形式注重上下级之间的权力约束与被约束，忽视人的工作态度和心理变化。因此，这种刚性的管理体制，在现代社会注重以人为本的环境下，在一定程度上会降低组织效益。

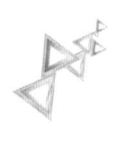

4. 厄威克的组织理论

英国管理学家林德尔·厄威克是继泰勒、法约尔、韦伯之后西方古典组织理论的集大成者。他强调研究正式组织结构问题，丰富了科学管理的内涵，发展了法约尔的职能论，促进了管理功能的拓展，确立和巩固了古典组织理论研究的范围，从而扩大了组织理论研究的影响。

1933年，厄威克在出版的著作《作为一个技术问题的组织》中指出，组织原理是谋求以最经济、最有效的方式实现目的的方法。管理是为经营目的服务的，组织是为管理服务的。组织就是规定其成员的职务和各种职务之间的相互关系，以便更有效地经营管理。厄威克在管理职能划分方面，基本上是在法约尔"五职能说"的基础上进行分析和综合。他认为组织管理过程是由计划、组织和控制三项主要职能所构成的。他根据法约尔关于计划职能的论述，认为法约尔的计划职能中包含着预测活动。因此，他认为预测是计划的基础，而预测的原则是适用性，这就决定和要求计划应具有条理性。厄威克认为，协调和控制的基础在于职权，而职权则是依据层次原理来确定的，通过职务的高低和职能的统一，最后界定每个人的权责。他主张控制应遵循集中原则，将控制职能又细分为配备人员、选择与安排、纪律和训练这三种派生的职能。他提出并进一步丰富、完善了组织设计论，使他成为该理论的重要代表人物之一。

厄威克在其早年著作中曾提出了适用于一切组织的八项原则：

（1）目标原则，所有的组织都应当表现出有关实际任务的目标，组织起来进行工作；

（2）相符原则，权利和责任必须相符；

（3）职责原则，即上级对直属下级的职责是绝对的；

（4）组织阶层原则；

（5）控制幅度原则，即每一个上级所管辖的相互之间有工作联系的下级人员不应超过5人或6人；

（6）专业化原则，即每个人的工作应限制为一种单一的职能；

（7）协调原则，组织横向系统要协调发展，有利于整体目标；

（8）明确性原则，即对于每项职务都要有明确的规定。

厄威克吸收了泰勒的组织管理过程要以科学调查为指导原则的思想，经过分析引出一般性的结论，即把科学分析作为指导一切管理职能的基本原则，他是组织设计论的一个重要代表人物。

（二）行为科学时期的组织理论阶段

1. 社会系统学派的组织理论

1938年，美国管理学家巴纳德出版了《经理人员的职能》一书。在这本著作中，他对组织和管理理论的一系列基本问题都提出了与传统组织和管理理论完全不同的观点。他认为组织是一个复杂的社会系统，应从社会学的观点来分析和研究管理的问题。由于他把各类组织都作为协作的社会系统来研究，后人把由他开创的组织理论体系称作社会系统学派。

社会系统学派的主要内容可以归纳为以下几个方面。

（1）组织是一个由个人组成的协作系统，个人只有在一定的相互作用的社会关系下，同他人协作才能发挥作用。

（2）巴纳德认为组织作为一个协作系统都包含三个基本要素：能够互相进行信息交流的人，这些人愿意做出贡献，实现一个共同目标。因此，一个组织的要素是：信息交流、做贡献的意愿、共同的目的。

（3）组织是由两个或两个以上的人组成的协作系统，管理者应在这个系统中处于相互联系的中心，并致力于获得有效协作所必需的协调。因此，经理人员要招募和选择那些能为组织目标的实现而做出最好贡献，并能协调地工作在一起的人员。为了使组织的成员能为组织目标的实现做出贡献和进行有效的协调，巴纳德认为应该采用维持的方法，包括诱因方案的维持和威慑方案的维持。诱因方案的维持是指采用各种报酬奖励的方式来鼓励组织成员为组织目标的实现做出他们的贡献。威慑方案的维持是指采用监督、控制、检验、教育和训练的方法来促使组织成员为组织目标的实现做出他们的贡献。

（4）经理人员的作用就是在一个正式组织中充当系统运转的中心，并对组织成员的活动进行协调，指导组织的运转，实现组织的目标。根据组织的要素，巴纳德认为经理人员的主要职能有以下三个方面：提供信息交流的体系；促成必要的个人努力；提出和制定目标。

目前，行为科学从其研究对象和范围来看，可分为三个层次，即个体行为、团体行为和组织行为。个体行为理论主要包括以下两个方面。第一，有关人的需要、动机和激励的理论，又可分为激励内容理论（需求层次理论、双因素理论、成就需要理论等），激励过程理论（期望理论、波特—劳勒模式、公平理论等），行为改造理论（强化理论、挫折理论等）。第二，有关企业中的人性理论，譬如X-Y理论、超Y理论、不成熟-成熟理论以及人性假设等。团体行为理论主要研究团体动力、信息、交流、团队成员的相互关系等方面。组织行为理论主要包括领导理论，如领导行为理论和领导权变理论等。

2. 行为科学学派的组织理论

20世纪30年代，在资本主义世界范围内爆发了周期性的大规模经济危机，失业人口急剧增加，工人觉悟逐步提高，工会组织日益壮大，工人组织起来对资本家的压迫进行反抗和斗争，单纯运用古典组织理论及其方法已不能有效地发挥作用，就在此时出现的霍桑实验，促进了人际关系学说的产生。

行为科学的早期理论是从人际关系理论开始的。人际关系理论的代表人物是埃尔顿·梅奥（Elton Mayo，1880—1949年）。他参加了芝加哥附近的西方电气公司所属的霍桑工厂进行的一系列实验，即引起管理学界重视的非常著名的霍桑实验。

霍桑实验是根据科学组织理论中关于工人会对不同的工作条件做出相应反应的假

设进行的，目的是找到工作条件对生产效率的影响，以寻求提高劳动生产效率的途径。实验主要有以下内容。

（1）照明实验。研究人员将参加实验的工人分为两组，一组为试验组，另一组为参照组。参照组始终在正常的照明强度下工作，而试验组则不断变化照明强度，从而观察照明强度对生产效率的影响。实验的结果发现照明强度的变化对生产效率的影响不明显。

（2）继电器装配实验。这个实验的目的是研究工作环境中各种因素的变化对工人工作效率的影响。实验先采取增加休息次数、延长休息时间、缩短每日工作时间、实行五天工作制等措施，随后，又取消这些措施，恢复为原来的工作状态，并将原来的集体奖励制度改为个人奖励制度。结果发现无论工作条件如何变化，产量都能得到提高，而且工人的缺勤率也减少了80%。为什么呢？工人们认为，是因为没有领班的监督，可以自由自在地工作，工人之间增加了接触的机会，也增进了感情。实验过程中实验者与工人沟通得较好，什么事都是一起商量的，工人备受尊重，所以特别愿意干，且怕干不好而对不起实验者。

这些实验结果，使梅奥否定了工人是经济人的假设。他提出，工人的态度对劳动成果有很大的影响，生产效率的提高不在于生产条件与环境的变化，而在于人的因素。为证实这一结果的正确性与普遍性，他们又进行了广泛的调查与采访。

（3）大规模的访谈。实验者从1929年起又在西方电气公司进行了大规模的访谈，在两年多的时间里，他们与公司两万多人进行了个别谈话，了解工人对工作、工作环境、管理人员、公司和令他们烦恼的任何问题的看法，以及这些看法是如何影响生产效率的。

（4）十四名配电器装线工人实验。这个实验的目的是了解非正式组织的存在对工作绩效的影响。实验的工作场地、工具和设备以及操作方法都是按照科学管理方法设计的，对工人实行的小组计件工资也符合科学管理思想，完全有可能超过他们原来的实际产量。但是实验结果却与设想大不相同。近五个月的实验结果统计显示，他们的产量总是维持在一定水平上，而且，每天未到下班时间，他们就洗手不干了。如果谁多干了，其他人会暗示他放慢工作速度，大家都按这个集体标准工作，谁也不拔尖，谁也不偷懒，在他们之中，存在着自然形成的领袖人物。这些领袖人物在正式组织的框架内，通过共同工作和非正式的互动，形成了基于情感和非正式规则的非正式组织。这些非正式组织对组织成员具有显著的约束力，从而对组织目标的实现产生重要影响。

实验和访谈结果表明，生产效率不仅与物质实体条件有关，而且与工人的心理、态度、动机、群体中的人际关系、领导者与被领导者的关系等密切相关。

根据霍桑实验的结果，梅奥提出了人际关系理论，他在1933年出版的《工业文明的人类问题》一书中进行了归纳总结，提出了以下主要观点。

（1）工人并不是把金钱当作刺激积极性的唯一动力的经济人，而是在物质之外还有社会和心理需求的社会人。即追求人与人之间的友情、安全感、归属感、受人尊重的需求等。因此，提高劳动生产效率的关键因素在于满足工人的心理需求，提高士气，从而激发其积极性。

（2）任何正式组织内部都有非正式组织的存在。非正式组织存在的基础是员工的情感需要，非正式组织的存在只可意会不可言传，相互之间联系的纽带是情感，是成员的相互关系。非正式组织对成员的行为有约束作用，对正式组织的目标实现可能是有益的，也可能是不利的。因此，正式组织管理者应寻求有效的途径积极引导非正式组织成员的行为规范，使其行为对正式组织有积极的作用。

（3）管理者应确立新的管理方式，注重满足员工的需要，促进相互之间的沟通与交流，以提高士气，求得长期的合作、和谐、发展。

梅奥的人际关系思想为管理科学的研究开辟了一个新的领域，即重视人的因素，从而成为行为科学研究的先驱。但梅奥只强调要重视人的行为，并未进一步去研究和探讨人的行为规律以及如何去影响人的行为以达到组织的预定目标。行为科学学派则着重于研究这些规律。

从20世纪50年代开始出现的行为科学学派的组织理论，侧重于研究组织中人的行为，其主要贡献体现在：其一，它在考虑组织中人的行为因素的基础上对古典组织理论进行了修正和补充，指出在劳动分工提高效率的同时，因分工过细也会带来一些不良后果。且劳动分工越细就越需要对人进行激励和协调，员工参与组织管理和进行更好的信息交流是解决内部组织结构冲突的重要途径。其二，要考虑人的需要和特点进行组织结构设计。

（三）现代组织理论阶段

1. 经验主义学派的组织理论

经验主义学派是研究实际管理工作者的管理经验教训和企业管理的实际经验，强调用比较的方法来研究和概括管理经验的管理学派。创始人是彼得·德鲁克，代表人物有欧内斯特·戴尔、艾尔弗雷德·斯隆等。这一学派认为，古典组织理论和行为科学都不能完全适应企业发展的实际需要。有关企业管理的科学应该从企业管理的实际出发，以大企业的管理经验为主要研究对象，以便在一定的情况下把这些经验加以概括和理论化，把实践放在第一位，以适用为主要目的。对实践经验高度总结是经验主义学派的主要特点。

他们在组织理论方面的主要观点有以下几点。

（1）管理是一项特殊的工作，因而要求管理者应具有一些特殊的技能。虽然一个管理人员不能掌握所有这些技能，但每一个管理人员都必须对这些技能有所了解。管理技能即管理科学，这些技能主要有：作出有效的决策，有效地进行信息交流，正确运用核查与控制，正确运用分析工具等。

（2）管理的理论知识解决不了现实问题，只是过去的经验；管理科学应建立在目前成功或失败的企业管理经验之上，对它们进行调查、概括、抽象，并提出建议。

（3）关于管理的组织结构。任何一种组织结构，必须满足一些以其本身的性质为基础的必要条件。这些条件有以下几个特点。

①明确性。组织中的每一个部门，每一个人，特别是每一位管理人员，需要了解他属于哪个部门，处于什么地位，应该到哪里去取得所需要的信息、协作或决定，以及如何才能取得。

②经济性。应该鼓励员工自我控制、自我激励。且要把控制、监督、引导员工取得高绩效产业结果的成本保持在最低水平。

③远景方向。组织结构应该把个人和各个管理部门的远景指引向取得成绩而不是指引向做出努力。

④理解本身的任务和共同的任务。一个组织应该使每个管理单位、每个人，特别是每个管理人员和每个专业人员，理解本身的任务。

⑤决策。即一种组织设计必须在它是阻碍还是加强决策过程方面进行检验。

⑥稳定性和适应性。一个组织需要有充分程度的稳定性，但不能僵硬，还要有高度的适应性，才能继续存在。

⑦永存性和自我更新。一个组织必须从内部、从每一个层次上培养和产生未来的领导者。另外，组织结构为了永存和自我更新，还必须接受新思想，并能够做新事情。

（4）提倡目标管理。古典组织学派偏重以工作为中心，忽视了人的一面，而行为科学又偏重以人为中心，忽视了同工作相结合。因此，德鲁克提出了目标管理的概念，目标管理是使管理人员和广大职工在工作中实行自我控制并达到工作目标的一种管理技能和管理制度。目标管理综合了以工作为中心和以人为中心两种理念，它使职工在完成任务、实现自己需要的同时，也实现了企业目标。

2. 系统管理学派的组织理论

以往的组织理论都只侧重于管理的某一个方面，它们或者侧重于生产技术过程的管理，或者侧重于人际关系，或者侧重一般的组织结构问题。为了解决组织整体的效率问题，产生了系统管理学派。20世纪60年代，西方的系统管理学派盛行。当时，"系统科学""系统理论""系统工程""系统分析""系统方法"等术语充斥于管理文献之中。1968年，冯·贝塔朗菲出版的《一般系统论基础发展和应用》，更加全面地阐述了动态开放系统的理论，被公认为一般系统论的经典著作。一般系统论认为，系统是由相互联系、相互作用的若干要素结合而成的、具有特定功能的有机整体。它不断地同外界进行物质和能量的交换，从而维持一种稳定的状态。

系统管理论的主要观点有以下几个方面。

（1）一个组织是由许多子系统组成的。组织作为一个开放的社会技术系统，是由五个不同的分系统构成的整体。这五个分系统包括目标与价值分系统，技术分系统，社会心理分系统，组织结构分系统，管理分系统。这五个分系统之间既相互独立，又相互作用，不可分割，从而构成一个整体。这些系统还可以继续分为更小的子系统。

（2）企业是由人、物资、机器和其他资源在一定的目标下组成的一体化系统。它的成长和发展同时受到这些组成要素的影响。在这些要素的相互关系中，人是主体，其他要素则是被动的。管理人员需力求保持各要素之间的动态平衡、相对稳定、一定的连续性，以便适应情况的变化，实现预期目标。同时，企业还是社会这个大系统中的一个子系统，企业预定目标的实现，不仅取决于内部条件，还取决于企业外部条件，如资源、市场、社会技术水平、法律制度等，它只有在与外部条件的相互影响中才能达到动态平衡。

（3）如果运用系统观点来考察管理的基本职能，可以把企业看成是一个投入—产出系统，投入的是物资、劳动力和各种信息，产出的是各种产品（或服务）。运用系统观点能够在组织管理中，使管理人员避免只重视某些与自己有关的细节问题而忽视组织的大目标，更清楚地认识自己在组织中的地位与作用，以提高组织的整体效率。

3. 权变理论学派的组织理论

权变理论学派（有的学者称其为因地制宜理论或权变管理）是20世纪60年代末至70年代初在美国经验主义学派的基础上派生出来的组织学派。该学派认为没有一成不变、普遍适用的最好的组织理论和方法，权变组织就是依托环境因素和管理思想及管理技术因素之间的变数关系来研究的一种最有效的组织方式。

该学派是从系统观点来考察问题的，它的理论核心就是通过组织的各子系统内部和各子系统之间的相互联系，以及组织和它所处的环境之间的联系，以此来确定各种变数的关系类型和结构类型。它强调在管理中要根据组织所处的内外部条件随机应变，针对不同的具体条件寻求不同的最合适的管理模式、方案或方法。

4. 新组织结构学派的组织理论

新组织结构学派全面吸收了各个学派关于组织结构方面的学说和主要成果。加拿大的明茨伯格就是典型的代表人物之一，他在代表作《"五"字组织结构》中的主要观点有以下几点。

组织结构的实质是人们在组织内进行劳动分工与协调的方式总和，这些协调方法可归纳为五种机制：相互调整、直接监督、工作过程标准化、成果标准化、技能标准化。组织结构的五个基本构成部分是工作核心层（由组织的从事产品生产和服务的基层部门组成）、战略高层（由高级领导集体对组织全面负责，保证战略目标实现）、直线中层（由组织各部分的中层经理组成）、技术专家结构（由组织各职能人员组成）、支持人员（由组织提供各种支持的人员组成）。组织机构的五种流程系统包括正式权力系统、规章制度流程系统、非正式沟通的流程系统、工作群体流程系统、特殊决策流程系统。[1]

---

[1] 陈春花,曹洲涛,宋一晓,苏涛,等.组织行为学[M].4版.北京:机械工业出版社,2020:251.

第二节 组织变革发展

组织的发展离不开组织变革。内外部环境的变化、企业资源的不断整合与变动，都给企业带来了机遇与挑战，这就要求企业关注组织变革。

一、组织变革的含义

组织变革是指组织根据内外环境变化，及时对组织中的要素，如组织的管理理念、工作方式、组织结构、人员配备、组织文化及技术等进行调整、改进和革新的过程。

我国学者陈春花等认为组织变革是组织主动地、自觉地因条件变化而做出的相对反应，是组织为了实现自身的目标，根据外部环境和内部因素的变化，对组织现状主动地进行修正、改变和创新的过程。[1]

二、组织变革的动因

一般来说，组织变革的动力机制可以分为两类：一类是外部因素对组织变革的影响，另一类是内部因素对组织变革的推动。

（一）组织变革的外部因素

1. 社会环境

社会环境主要是指一个国家的人口数量、年龄结构、职业结构、民族结构和特性、生活习惯、道德风尚，以及这个国家的历史和历史上形成的文化传统。

2. 政治环境

政治环境主要包括国家政权性质和社会制度，以及国家的路线、方针、政策、法律和规定。

3. 科学技术环境

科学技术环境主要包括国家的科学技术水平，新技术、新设备、新材料的充分运用，对新技术的开发。

4. 经济环境

经济环境主要包括国家的经济发展水平以及人们的生活水平，国民经济结构，经济法令和经济政策，以及社会的供求状况。

5. 文化教育环境

文化教育环境是指人民的受教育水平，对知识技术的掌握程度。

6. 自然地理环境

自然地理环境是指国家的自然资源、自然环境。

---

[1] 陈春花,曹洲涛,宋一晓,苏涛,等.组织行为学[M].4版.北京:机械工业出版社,2020:273.

（二）组织变革的内部因素

企业要生存和发展，就必须不断地适应环境的变化、满足环境对组织提出的各种要求，其中内部因素的变化也很重要。

1. 组织战略

组织战略的调整会直接驱动组织结构的变革。企业的组织架构是实现经营战略的关键工具，不同的战略需求自然要求不同的组织结构。一旦战略确定，组织架构必须做出相应的调整，以满足战略实施的需要。例如，在企业的初创阶段，组织结构通常较为简单，一个团队可能同时承担生产、销售等多重职能。然而，随着企业进入成长期并采取扩张战略，组织结构会相应演变为包含多个专业职能部门的形式。正如著名管理学者钱德勒所指出的战略决定结构，强调了战略与结构之间的密切联系。

2. 企业规模

组织规模是影响组织设计的关键因素之一。不同规模的组织，其内部结构自然存在显著差异。随着组织规模的增长，其活动内容变得更加复杂，员工人数相应增加，专业分工日益细化，部门和职位的数量也随之增多。这些变化直接导致组织架构的复杂性提升。

3. 组织技术条件的变化

组织技术条件的变化是指如企业实行技术改造，引进新的设备要求技术服务部门的能力加强以及技术、生产、营销等部门的调整。

4. 组织人员条件的变化

组织人员条件的变化主要是指人员结构和人员素质的提高等。

5. 组织管理条件的变化

组织管理条件的变化主要是指如实行计算机辅助管理，实行优化组合等。

三、组织变革的征兆

一般来说，即使面临环境变化时组织结构不改变，企业也能运转，但如果要等到企业无法运转时再进行组织结构的变革就为时已晚。因此，企业管理者必须抓住组织变革的征兆，及时进行组织变革。组织需要变革的征兆有如下几方面。

（1）企业经营成绩的下降，如市场占有率下降，产品质量下降，消耗和浪费严重，企业资金周转不灵等。

（2）企业生产经营缺乏创新，如企业缺乏新的战略和适应性措施，缺乏新的产品和技术更新，没有新的管理办法或新的管理办法推行起来困难等。

（3）组织机构本身病症的显露，如决策迟缓、指挥不灵、信息交流不畅、机构臃肿、职责重叠、管理幅度过大、人事纠纷增多、管理效率下降等。

（4）职工士气低落，不满情绪增加，如管理人员离职率增加，员工旷工率、病假率、事假率增加等。

当一个企业出现以上征兆时，应及时进行组织诊断，用以判定企业组织结构是否有加以变革的必要。

四、组织变革的模式及时机的选择

（一）组织变革的模式

组织变革的模式有激进式变革和渐进式变革两种。激进式变革力求在短时间内，对企业组织进行大幅度的全面调整，以求彻底打破初态组织模式并迅速建立新的组织模式。渐进式变革则是通过对组织进行小幅度的局部调整，力求通过一个渐进的过程，实现初态组织模式向新组织模式的转变。

激进式变革能够以较快的速度达到目标状态，因为这种变革模式对组织进行的调整是大幅度的、全面的，所以变革过程就会较快；但会导致组织的平稳性差，严重的时候会导致组织崩溃。这就是为什么许多企业的组织变革反而加速了企业的灭亡。与之相反的是，渐进式变革依靠持续的、小幅度变革来达到目标状态，但波动次数多，变革持续的时间长，这样有利于维持组织的稳定性。两种模式各有利弊，企业应当根据组织的承受能力来选择企业组织变革模式。

比较企业组织变革的两种典型模式，企业在实践中应当加以综合利用。在企业内外部环境发生重大变化时，企业有必要采取激进式组织变革以适应环境的变化，但是激进式变革不宜过于频繁，否则会影响企业组织的稳定性，甚至导致组织的毁灭。因此，在两次激进式变革之间的更长时间里，组织应当进行渐进式变革。

（二）组织变革的时机

对于管理者而言，正确把握维护组织稳定或促进组织变革的时机非常重要。组织需要变革的状况大都不是突发性的，而是有先兆可循的。一般来说，如果在管理中发生了如下几种情况，就应当认真思考组织的变革问题。

1. 频繁的决策失误

决策失误从表面上来看是由各种原因造成的，经过研究会发现，决策失误的根源是组织问题。组织中的一切决策失误都是由于组织的原因造成的，诸如组织结构的不合理、职权委任不合适、职责含糊、命令链混乱等，都会造成企业频繁的决策失误。但是，偶然的决策失误并不是变革组织的理由。在变革之前，首先应当在变革的成本、组织目前的效率和决策失误的后果之间认真权衡，然后才能做出是否进行组织变革的决定。

2. 组织成员间沟通不畅

一个企业的运作成功与否，在很大程度上依赖于其成员间的沟通是否畅通有效，因为有效的沟通可以使成员间的分工与协作都处在高效状态。不可否认的是，组织成员间的沟通取决于组织的状况。例如，命令链或信息链混乱，或者所采用的传递信息的手段不恰当，就会造成沟通不畅；由于管理幅度过宽，主管人员与下属之间就不可能存在有效的沟通；而管理层次过多则增加了命令和信息失真的可能性。这种状况会破坏成员间主动的协调和配合，从而产生一些不必要的冲突、摩擦和误会。

3. 业绩长期不理想

结构合理、职责分明、行动有序、信息沟通顺畅的组织必然意味着较好的管理效益。反之，倘若一个组织系统中长期士气不高、经营不善、业绩不理想，以至于管理目标总不能得到实现，那么就必须考虑对组织进行变革。一般情况下，组织业绩不理想的问题在企业管理中是最容易被发现的，这些问题只要有一个存在而且比较严重，就必须要对组织进行变革前的全面审查。即使一个组织系统处在正常的运营状况下，但如果长期没有创新，也需要进行一次变革。

除此之外，组织内部官僚主义盛行，组织纪律涣散，组织成员缺乏工作热情、工作效率低，人浮于事严重，奖惩不明或奖惩得不到执行，职能部门频频出现问题，如人事部门任人唯亲、财务部门违反财经纪律、生产部门总是出现产品质量问题等现象的出现也是明显的变革先兆。

五、组织变革的方法

（一）勒温变革模型

勒温提出一个包含解冻、变革、再冻结三个步骤的有计划组织变革模型，用以解释和指导如何发动、管理和稳定变革过程。

1. 解冻

这一步骤的焦点在于创设变革的动机。鼓励员工改变原有的行为模式和工作态度，采取新的适应组织战略发展的行为与态度。为了做到这一点，一方面，需要对旧的行为与态度加以否定；另一方面，关键在于使管理者和员工意识到变革的紧迫性。为此，可以采用比较评估的方法，将本单位的总体状况、经营指标和业绩水平占行业内的优秀单位或竞争对手进行比较，以此找出存在的差距和推动变革的依据。通过这种方式，可以帮助管理者和员工打破现有的态度和行为模式，迫切地要求变革，并愿意接受新的工作模式。此外，应注意创造一种开放的氛围和心理上的安全感，减少变革的心理障碍，提高变革成功的信心。

2. 变革

变革是一个学习过程，需要给管理者和员工提供新信息、新行为模式和新的视角，指明变革方向，实施变革，进而形成新的行为和态度。这一步骤中，应该注意为新的工作态度和行为树立榜样，采用角色模仿、导师指导、专家演讲、群体培训等多种途径。勒温认为，变革是一个认知的过程，它通过获得新的概念和信息得以完成。

3. 再冻结

在再冻结阶段，利用必要的强化手段使新的态度与行为固定下来，使组织变革处

于稳定状态。为了确保组织变革的稳定性，需要注意使管理者和员工有机会尝试和检验新的态度与行为，并及时给予正面的强化。同时，加强群体变革行为的稳定性，促使形成稳定持久的群体行为规范。

（二）科特变革模型

哈佛商学院的约翰·P. 科特在1995年出版的《领导变革》一书中总结出了具有极强操作性的组织变革的八个步骤。

1. 创造变革的紧迫感

当企业内部逐渐产生对变革的强烈诉求时，变革将更容易发生。所以，推动变革的第一步就是在组织内部创造变革的紧迫感。创造紧迫感不只是简单地向员工呈现下滑的销售业绩或严峻的竞争态势。变革的领导者应该开诚布公地在公司内部会议上向员工介绍变革的驱动因素，探讨如果不变革可能会有怎样的后果。当员工理解了为什么要变革并开始更多地谈论问题的解决方案时，变革的紧迫感将会自然产生。

本阶段的关键工作有如下几点：

（1）识别公司面对的潜在威胁，通过场景描述来帮助员工理解不变革会有怎样的后果；

（2）与员工坦诚地沟通，调动大家的积极性和思考；

（3）从客户、外部利益相关人、行业相关人士那里获取支持，增强说服力。

2. 组建强有力的变革领导团队

成功的变革离不开一支强有力的变革领导团队。团队中的成员未必是组织中职位较高的人，也可以从那些积极寻求变革，同时又具有高影响力的管理者及员工中选出合适的人员。他们的影响力可能来源于职位本身，也可能来源于他们具备的丰富经验或是广阔人脉。当变革领导团队正式组建之后，将围绕变革项目的目标紧密协作。

本阶段的关键工作有如下几点：

（1）在组织中找到真正的领导者以及核心的利益相关人；

（2）与这些关键人士沟通，尽可能获得他们的支持及真心的承诺；

（3）组建变革领导团队，促进团队凝聚力的形成；

（4）审核并检查团队构成，确保团队成员来自不同的部门，且覆盖了不同的职位层级。

3. 创建变革愿景

在变革组织的实施初期，变革的领导者们对于如何传达变革的目标和意义可能存在各种不同的想法。需要将这些好的想法整合在一起，形成一个公司层面的变革愿景。这个愿景必须清晰、简短、有力，能够帮助人们迅速理解为什么要变革，并激励人们为了变革目标的最终达成，采取切实的行动。

本阶段的关键工作有如下几点：

（1）确定变革组织的核心价值，形成变革的愿景描述；

（2）确保变革愿景能在五分钟之内清晰陈述。

4. 传递变革愿景

在形成了变革愿景之后，能否有效地传达是决定变革组织成功与否的关键。为使变革愿景的传递区别于公司日常工作中传达的各种信息，必须通过有力的方式、借助各种合适的场合反复地向员工传达变革愿景，使之深入人心。更重要的是，领导者要身体力行，用变革愿景来指导自己的日常工作，解决发生的问题。如果企业希望员工以实际的行为转变来拥抱变革，那么变革的领导者应该先让大家看到自己的行动以及对变革深信不疑的态度。

本阶段的关键工作有如下几点：

（1）时常谈论变革愿景；

（2）回答员工的疑问，缓解他们的顾虑；

（3）运用变革愿景来指导公司从培训到绩效反馈等各方面的工作；

（4）作为变革的领导者，改变自己的行为，树立榜样。

5. 移除变革中的障碍

当进展到这一步时，意味着变革领导团队已与公司各个层级进行了持续沟通，顺利的话，公司员工已经开始为变革目标而不懈努力，并期待着取得如变革愿景中所描绘的获益。但与此同时，是否也有一些人正在抵制变革？公司的一些现有流程或制度是否阻碍了变革的进一步推进？应时刻关注变革过程中可能存在的阻碍因素，并采取措施移除这些阻碍，以保持员工对变革的信心，确保变革按照计划推进。

本阶段的关键工作有如下几点：

（1）查看公司的组织架构、相关岗位的职责描述、绩效考核标准、薪资结构，确保它们与变革愿景相吻合；

（2）对积极推动变革的人员进行认可；

（3）识别那些抵制变革的人，帮助他们理解为什么要变革，明确组织对他们的要求；

（4）采取措施快速移除变革障碍。

6. 创造短期成效

变革领导团队要设法在变革项目的早期就取得一些切实可见的成果，因为没有什么比分享胜利的果实更能激励人心了。这样做同时还能够部分消除抵制者所产生的负面影响。变革目标的达成通常需要花费几个月甚至数年的时间。变革领导团队在为实现最终目标努力的同时，还要在变革的进程中，设定一些切实可行的短期目标。每当达成一个短期目标时，即向员工展示变革的成效，从而激励员工朝着下一个目标继续努力。

本阶段的关键工作有如下几点：

（1）设立阻力小、易于快速实现的短期目标，同时实现这些目标所需的条件，对资源投入的要求也不能太高；

（2）全面分析所制定的短期目标，确保能够顺利达成，因为如在变革早期就遭遇失败，会影响员工对变革的信心；

（3）奖励那些对达成短期目标做出贡献的人。

7. 进一步推进变革

许多变革组织的失败，是因为过早地宣布变革已经取得成功。变革要取得真正的成功，将涉及诸如流程、制度等更深层次的变化，需要将变革融入公司文化之中。因此，取得变革的早期胜利，仅仅只是有一个好的开端。为了取得最终的胜利，变革领导团队必须进行持续的跟进与完善。

本阶段的关键工作有如下几点：
（1）在每取得一次短期成功后，要分析成功因素，探寻仍然需要改善的方面；
（2）设定目标，持续保持员工对变革的动力；
（3）掌握持续改进的理念和方法；
（4）通过引进外部变革顾问、招募新的变革团队成员等方式，获得持续推进变革的新思路。

8. 固化变革成果

最后，为了进一步固化变革成果，还需要做出持续的努力，将变革融入企业文化之中，使得企业日常运营的方方面面都能与变革愿景保持协调一致。当然，赢得企业领导者及员工对变革的持续支持也十分关键。否则，变革将可能退回原点。

可以采取的措施有如下几点：
（1）抓住一切合适的机会，谈论变革取得的进展，分享变革过程中的成功故事；
（2）在招聘和培训新员工时，将变革的理念体现在其中；
（3）表彰那些在变革团队中发挥核心作用的人，确保他们所作的贡献得到公司成员的认可。

（三）施恩的适应循环模型

美国著名职业指导专家埃德加·H.施恩认为组织变革是一个适应循环的过程，一般分为六个步骤：
（1）洞察内部环境及外部环境中产生的变化；
（2）向组织中有关部门提供有关变革的确切信息；
（3）根据输入的情报资料改变组织内部的生产影响；
（4）减少或控制因变革而产生的负面作用；
（5）输出变革形成的新产品及新成果等；
（6）经过反馈，进一步观察外部环境与内部环境的一致程度，评定变革的结果。

六、组织发展

（一）组织发展的定义

组织发展是一个通过利用行为科学的技术和理论，在组织中进行有计划的变革的过程。[1]组织发展指的是在外部或内部的行为科学顾问，或有时被称为变革推动者的帮助下，为提高一个组织解决问题的能力及其外部环境中的变革能力而做的长期努力。组织发展是一个全面且有计划的努力过程，它涉及整个组织并由高层管理者主导。这一过程旨在提升组织的效率和活力。利用行为科学的知识，组织发展通过在组织的运作流程中实施有计划的干预措施来实现目标。

组织发展（organization development，OD）是一个数据收集、诊断、行为规划、干预和评价的系统过程。它致力于增强组织结构、进程、战略、人员和文化之间的一致性，开发新的创造性的组织解决方法，发展组织的自我更新能力。这是通过组织员工之间及其与使用行为科学理论、研究和技术的变革推动者之间进行合作来达到的。进行组织发展，往往要在一些专家的指导和帮助下，运用管理心理学和其他学科的理论和技术，以实现预定的组织变革计划和目标。组织发展比较强调正式的工作群体的作用，它的主要对象是工作群体，包括管理人员和员工。这一点不同于传统方式的组织改进活动，传统的组织改进活动集中于个别管理人员，而不是群体。全面的组织发展不仅关注个体层面，也涵盖了群体间的相互关系和整个组织系统的问题。它包括应用改变个人行为的技术、制定改变团队行为的策略以及研究改善组织结构和控制系统的方法。通过这些手段，组织能够将外部压力转化为内部的适应力和解决问题的能力，从而提升组织效能。

（二）组织发展的特征

组织发展是提高全体员工积极性和自觉性的手段，也是提高组织效率的有效途径。组织发展有五个显著的基本特征。

1. 深层次的变革，高度的价值导向

组织发展意味着需要深层次和长期性的组织变革。例如，许多企业为了获取新的竞争优势，计划在组织文化的层次实施新的组织变革，这就需要采用组织发展模型与方法。由于组织发展涉及人员、群体和组织文化，这里包含着明显的价值导向，特别是注重合作协调而不是冲突对抗，强调自我监控而不是规章控制，鼓励民主参与管理而不是集权管理。

2. 组织发展是一个诊断—改进周期

组织发展的思路是对企业进行多层诊断、全面配方、行动干预和监控评价，从而形成积极健康的诊断—改进周期。因此，组织发展强调基于研究与实践的结合。组织发展的一个显著特征是把组织发展思路和方法建立在充分的诊断、裁剪和实践验证的基础之上。组织发展的关键部分之一就是学习和解决问题，这也是组织发展的一个重要基础。

3. 组织发展是一个渐进过程

组织发展活动有一定的目标，是一个连贯的不断变化的动态过程。组织发展的重

---

[1] 孙健敏，徐世勇. 组织行为学[M]. 北京：中国人民大学出版社，2018：345.

要基础与特点，是强调各部门的相互联系和相互依存。在组织发展中，企业组织中的各种管理与经营事件不是孤立的，而是相互关联的。一个部门或一方面所进行的组织发展，必然影响其他部门或方面的进程。因此，应从整个组织系统出发进行组织发展，既要考虑各部门的工作，又要从整个系统协调各部门的活动，并调节其与外界的关系。组织发展着重于过程的改进，既解决当前存在的问题，又通过有效沟通、问题解决、参与决策、冲突处理、权力分享和生涯设计等过程，学习新的知识和技能，解决相互之间存在的问题，明确群体和组织的目标，实现组织发展的总体目标。

4. 组织发展是以有计划的再教育手段实现变革的策略

组织发展不只是有关知识和信息等方面的变革，更重要的是在态度、价值观念、技能、人际关系和文化氛围等各方面的更新。组织发展理论认为，通过组织发展的再教育，可以使干部员工抛弃不适应形势发展的旧规范，建立新的行为规范，并且使行为规范建立在干部员工的态度和价值体系优化的基础之上，从而实现组织的战略目的。

5. 组织发展具有明确的目标与计划性

组织发展活动都是订立和实施发展目标与计划的过程，并且，需要设计各种培训学习活动来提高目标设置和战略规划的能力。大量的研究表明，明确、具体、中等难度的目标更能够激发工作动机和提高工作效能。目标订立与目标管理活动，不但能够最大限度地利用企业的各种资源，发挥人和技术两个方面的潜力，而且还能产生高质量的发展计划，提高长期的责任感和义务感。因此，组织发展的一个重要方面就是让组织设立长远学习目标和掌握工作计划技能，包括制订指标和计划、按照预定目标确定具体的工作程序，以及决策技能等。①

（三）组织生命周期

管理界普遍认为，组织像任何有机体一样，存在生命周期。1972年，美国管理学家格林纳提出了组织成长与发展的五阶段模型（后又补充了一个阶段）。他认为，一个组织的成长大致可以分为创业、聚合、规范化、成熟、再发展或衰退五个阶段。每一阶段的组织结构、领导方式、管理体制、员工心态都有其特点。每一阶段最后都面临某种危机和管理问题，组织都要采用一定的管理策略化解这些危机以达到成长的目的。

1. 创业阶段

在组织诞生初期，其阶段特点是企业家精神培育、信息收集、艰苦创业以及低回报。这是组织的幼年期，规模小，人心齐，关系简单，一切由创业者决策指挥。因创业者一般是业务型，不擅长管理，于是到了这个阶段的后期，一场领导力危机引发第一次组织变革，标志着第一阶段的结束。

2. 聚合阶段

企业进入持续成长期，随着组织结构功能化、会计制度建立，以及资本管理、激励机制、预算制度、标准化管理的出现，组织变得更加多样化和复杂化。这是组织的

---

① 冯明,程颖,周杰.组织行为学[M].北京:科学出版社,2013:297-298.

"青年时期"，企业在市场上取得成功，人员迅速增多，组织不断扩大，职工情绪饱满，对组织有较强的归属感。为了整顿正陷入混乱状态的组织，必须确立发展目标，以铁腕作风与集权和管理方式来指挥各级管理者，这就是"成长经由命令"。在这种管理方式下，中下层管理者因为事事听命于上级而感到不满，要求获得全套的自主决定权，自主权危机引发第二次组织变革，标志着第二阶段的结束。

3. 规范化阶段

这是组织的"中年时期"，这时企业已有相当规模，增加了许多生产经营单位，甚至形成了跨地区经营和多元化发展。如果组织要继续成长，就必须采用分权型组织结构，这就是"成长经由授权"。分权型组织结构引发组织又进入了一个成长期。过度分权可能导致部门仅关注自身目标，而忽视组织的整体目标。此外，如果部门之间沟通不畅，将妨碍协同效应的发挥，进而可能导致各自形成独立的利益中心，影响组织的整体效能和协调性。高层主管感到由于采取过分分权与自主管理，使组织陷入了控制危机，当管理层试图重新控制整个公司时，新的剧变又开始了，第三阶段就结束了。

4. 成熟阶段

这个时期是企业的成熟阶段，因失控危机，促使高层主管加强监督，强化各部门间的协调、配合，加强整体规划，建立管理信息系统，成立委员会组织，或实行矩阵式组织，这就是"成长经由监督、协调"。这一阶段的特点是，各种正式的管理系统被一一建立起来，如正式的产品组群、正式的规划评估、中心化的支持系统、企业人员的海外协调，以及企业资本支出、产品组层面上的投资回报责任、组织底层的利益均享促进等，以此来协调和监督组织管理。至此，许多规章制度、工作程序和手续，逐渐形成了官样文章，文牍主义盛行，产生了官僚主义危机或硬化危机。虽然企业获得了成长，却又使组织陷入了一场官僚危机，新的变革又开始了，第四阶段结束了。

5. 再发展或衰退阶段

组织进入新的成长阶段，这一阶段强调通过团队协作来解决各种问题，克服官僚危机，其特点是跨功能区的任务团队、去中心化的支持团队、矩阵式组织结构、简化的控制机制、团队行为教育计划、高级信息系统、团队激励等。这个阶段也叫成熟后的阶段，组织的发展前景既可以通过组织变革与创新重新获得再发展，更趋向成熟、稳定，也可能由于不适应环境的变化而走向衰退。为了避免过分依赖正式规章制度和刻板的手续所形成的文牍主义，必须培养管理者和各部门之间的合作精神，通过团队合作与自我控制以达到协调配合的目的。另外，要进一步增加组织的弹性，采取新的变革措施，如精简机构、划出核算单位、开拓新的经营项目、更换高级管理人员等。这一阶段最终结束于组织的又一次内部成长危机。

（四）组织发展的方法

1. 敏感性训练

敏感性训练是一种训练行为的方法。敏感性训练也叫实验室训练，由利兰·布雷福特发明，它是通过集体内的互相作用而改变行为的方法。目的是通过受训者在共同

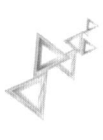

学习环境中的相互影响，提高受训者对自己的感情和情绪、自己在组织中所扮演的角色、自己同别人的相互影响关系的敏感性，进而改变个人和团体的行为，达到提高工作效率和满足个人需求的目的。

敏感性训练的做法是把不同单位、不同级别、互不相识的管理人员、职工组成不超过15人的小组，进行1～2周的训练。在训练中，参加的人员自由地讨论自己感兴趣的问题，自由地发表意见，分析自己的行为和感情，并接受对自己行为的反馈意见（批评或其他意见），从而提高对各种问题的敏感性。

2. 调查反馈

调查反馈是用一种专门的调查工具，用来评估组织成员的态度，了解组织成员在认识上的差异。调查反馈通常以问卷形式进行，可以针对个人、部门或组织。调查的内容涉及决策方法、沟通的有效性、部门间的协调、对组织工作的领导的满意程度等。调查结束后，要把结果反馈给成员，让他们进行讨论，鼓励发表不同意见，以试图寻找出解决问题的方法。但在讨论中，要遵循对事不对人的原则。

调查反馈一般包括以下几个步骤：

（1）组织成员（包括最高管理层）参与编制调查计划；

（2）把调查工具发给组织单位的所有成员；

（3）组织发展顾问分析资料、表列结果、提出调查分析方法、训练反馈过程的参与人员；

（4）信息反馈，从组织的顶层开始依次逐级向下进行；

（5）召开反馈会议，提供一个讨论和解释资料、制订行动计划的机会。

3. 过程咨询

过程咨询是指组织成员借助于掌握专业技术的咨询顾问的力量，通过一系列的咨询活动来提高他们的自行了解、认识、分析和处理，包括沟通、角色扮演、群体功能、群体规范、领导、群体间关系等问题的能力，更好地完成组织的任务。

管理者经常意识到自己部门的工作绩效还可以改进，但却不知道要改进哪些方面以及如何改进。过程咨询的目的就是让外部顾问帮助客户，通常是帮助管理者，对他们必须处理的事件进行认识、理解和行动。这些事件可能包括工作流程、各部门成员间的非正式关系、正式沟通渠道，等等。

过程咨询与敏感性训练的假设很相似，即通过协调人际关系和重视参与，可以提高组织的有效性，但过程咨询比敏感性训练更具有任务导向性。

4. 团队建设

团队建设是指为了实现团队绩效及产出最大化而进行的一系列结构设计及人员激励等团队优化行为。建设一个好的团队可以提升团队的快乐能量、向心力及形成更加优化的合作模式。团队建设是一个有效的沟通过程，在该过程中，参与者和推进者都会彼此增进信任、坦诚相对，愿意探索影响工作小组发挥出色作用的核心问题。

5. 群体间开发

群体间开发也叫群体间发展，它致力于改变群体之间的态度、成见和观念。它要解决的一个重要问题是群体间功能失调所诱发的冲突。[1]

6. 欣赏式探询

欣赏式探询起源于20世纪80年代的美国，由戴维·库柏里德最早提出，其运用已在世界上取得了广泛的成功。欣赏式探询重在以对方为中心，激发对方的内在动机，让其发现自己的优势区域，探索梦想，并在此基础上设计实现的途径和具体的行动计划。

（五）组织发展的趋势

企业组织存在于一定的社会经济环境之中，在激烈的生存竞争中，为了适应不断发展变化的内外部环境，企业的组织形式也要与时俱进，其组织结构发展呈现出如下新趋势。

1. 组织结构趋于柔性化和网络化

机械式科层组织结构是工业文明时代的典型组织形式，其典型特征是自上而下的指挥命令链条，从高层、中层、执行层形成金字塔形式，基于专业分工形成专业职能部门，其特点是分工明确，组织边界清晰，权力集中，指挥命令层层传递，管理层级多，决策重心高，对市场反应速度慢，是一种典型的自上而下的职能型组织。

随着经济的高速发展，企业之间的竞争力越来越大。市场环境也从最初的卖方市场转为如今的买方市场，消费者的定位更加细分，变化越来越快，要求越来越高，同质化的产品出现得越来越多。企业需要适应复杂、不确定的外部环境，要应对消费者瞬息万变的需求，要抓住互联网与知识经济的发展机遇，组织结构就需要从过去那种金字塔式的、科层式的垂直组织结构逐渐向扁平化、网络化的组织结构转型，使组织变得更轻、更快、更简单、更灵活。像Google等互联网企业首先对传统的组织形式进行了颠覆，取而代之的则是扁平化网状组织架构，这是一种非框架、非结构、非固定的形式。企业内部出现需要解决的难题、规划、计划等任务时，大多时候会组织出一个又一个工作小组，由他们分别承担不同的专项工作，因而公司内部存在着大量的双重领导与平行决策。对传统企业而言，扁平化意味着组织要进行如下变革：第一，要不断减少管理层级，尤其要削减中间层；第二，要不断减少行政审批与汇报层级，按角色汇报，而不是头衔汇报，同级可以汇报；第三，平行决策，决策越来越授权给一线，决策链条越来越短，执行的速度越来越快。

2. 企业的生产组织形式从集中化、规模化、标准化转向平台化下的分布式、微化、创客化组织形式

在工业文明时代，企业的生产组织形式主要体现为集中化、规模化、标准化，而在互联网与工业智能化时代，企业生产组织形式主要有三种。一是智能化无人工厂大量出现。目前，中国家电企业如海尔、创维、美的等都在加速智能化生产的进程，工

---

[1] 孙健敏,徐世勇.组织行为学[M].北京:中国人民大学出版社,2018:347.

业4.0彻底改变了传统企业的生产组织形式。二是企业总部组织日趋平台化,内部经营单元日益微项目化、团队化,如海尔近年来的组织变革,就是在推进整个企业逐步走向平台化、分布式的管理。广东温氏集团则通过互联网将五万六千个家庭农场连接在一起,实行集约化管理平台下的分布式生产,既达到了规模化经营与集约化管理的效率与效益,又激发了分布于全国的五万六千个家庭农场的经营活力与自主经营能力。三是基于互联网社会协同组织平台的智能家庭工厂与个体知识劳动者的创客化。从整个组织的角度,集团将越来越成为一个资源配置平台,经营与生产的"细胞"越来越微化,这是整个组织变化的第二个发展趋势,它给组织注入了新的活力与动力。

3. 组织边界被打破,组织的破界与跨界将成为一种组织变革时尚

超越行业界限、打破组织边界、组织无边界、跨界将成为组织的新常态,组织从过去的串联关系走向串联与并联交织在一起的网状结构组织,从过去封闭的产业价值链过渡到现在的产业生态圈。

组织的边界打破主要围绕四个主题进行:一是围绕用户打破组织内外边界,形成重构客户价值的产业生态圈,价值不仅来源于企业内部价值链的活动,而且还来自企业与产业边界之外的客户、合作伙伴等所构成的生态圈,只有产业生态才能让用户有极致的体验;二是围绕员工打破领导与被领导的边界,人人都是CEO,都是创客;三是围绕组织扁平化与网络化,打破科层边界,不断细分业绩单元,不断将经营责任落实到个人和小团队,推倒决策墙,汇报关系多元化,项目任务蜂窝化;四是围绕组织氛围,打破沟通边界,实现零距离、无边界的即时沟通。

4. 组织的合作与协同从部门化到团队化,从中央协同到平行分布协同

过去组织的合作主要是以职能为主划分部门,基于部门化合作,现在是以人(人才与客户)为主划分团队:战略业务单元、项目化团队、跨团队、跨职能客户解决方案团队成为团队合作新形式。过去组织内部的协同主要基于科层结构中的权力与权威,下级与同级之间的协同一定来自上级,而未来组织的协同要从中央协同到平行分布协同甚至是下级协同;从自上而下的科层制组织到无中心分布式网状结构制组织,自主经营组织;决策不是来自某个中心,而是广泛分布的贴近客户的散点;行动不一定来自预先设计,而是随需而动;协调不是来自上级,而是自动自发协同。

5. 组织的驱动机制从来自上级威权指令式驱动转向愿景与数据驱动

传统组织的内在驱动机制主要是权力驱动、威权指令式驱动,现在转向愿景与大数据驱动。组织要激发人才价值,创造活力,驱动员工创造价值,不再依靠简单的指令、严格的制度约束和标准化行为规范来驱动员工,而是通过文化价值观管理,依靠人才对组织使命与愿景的认同,使千军万马为了一个共同的目标而奋斗。通过唤醒人才自我开发与自我管理意识,激发员工价值创造潜能,使人才从"要我干"转向"我要干""我们一起干"。

同时，用户数据将成为企业核心资产，用户数据流向决定产品与业务流向，并成为决策与业务运行的依据。企业不是简单按照威权的命令式指挥员工去做什么、怎么做，而是为员工确定好未来的发展愿景，让人才凝聚在共同愿景之下，同时利用大数据驱动企业决策和业务的运行。从这个角度来讲，未来组织的驱动机制是愿景驱动和大数据驱动。

6. 组织的管控监督机制从刚性管控走向柔性引导

所谓刚性管控，主要是依靠严格的制度、流程管理及纪律约束，但在知识型员工面前，流程、制度与风险控制体系再完备也有漏洞，当人与流程、制度对着干的时候，再好、再完备的流程与制度体系都会失效。只有当高素质的经营管理者及具备职业道德与技能的员工认同公司价值观的时候，才能实现制度与管控流程的无缝连接。人是企业最大资产，也是最大风险，人的道德风险最难控制。对道德风险的控制除了流程、制度、信息对称，更需靠文化柔性引导，让员工愿意并有动力去遵守规则。因此，人与文化才是组织管控的核心，也是企业整体竞争力的源泉。而从人性的角度看，信任、授权、经营责任的下移才是最有效的管控。

7. 组织的特征从静态到动态，从封闭到开放

组织作为一个不断适应环境变化的有机生命体，不断变革、创新并进化升级将成为一种常态和生存方式，真正从静态走向动态发展，同时与外部环境不断进行能量交互与置换，使组织不再封闭，而是作为一个开放式系统不断融入产业生态，同时承担起相应的社会责任。

8. 组织沟通与氛围从面对面沟通到网络化沟通

在企业内部打破部门界限，各部门及成员以网络形式相互连接，使信息和知识在企业内部以最快的速度传播，实现最大限度的资源共享。

9. 组织对环境的适应性将从被动走向主动，从竞争到共生共赢

站在未来看未来，洞见变化，把握趋势，主动变革创新将成为组织生存的核心技能。同时，构建或融入产业生态，将成为组织生存的主要方法。利他才能长期利己，组织以自我价值贡献赢得合作价值的实现，将成为主流生存观。

10. 组织与人的关系重构，从人是工具到人是目的

在农业文明时期，组织与人形成了血缘性团队、地缘性组织；发展到工业文明时期，组织与人形成了专业化的团队、科层制的组织。而到了智能化时代，组织与人的关系在重构，衍生出了细胞型组织、网状结构组织，组织围绕人在进行关系与价值重构：从体力劳动者为主体到以知识工作者为主体，从资本雇佣劳动到人力资本与货币资本相互雇佣，从雇佣关系到合作伙伴，从人才管理到人才经营，从关注现实能力到关注潜能，从人力成本到人力资本，从人性为本到价值为本，从人才所有权到人才使用权，员工体验从物质激励到全面认可体验等。这些都意味着人已不再是价值创造的工具，而是价值创造的自我驾驭者。

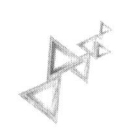

七、新时代的组织发展观

马克思曾说过:"现在的社会不是坚实的结晶体,而是一个能够变化并且经常处于变化过程中的有机体。"① 马克思主义认为社会发展的根本动力在于生产力与生产关系、经济基础与上层建筑之间的相互矛盾运动。马克思主义辩证法所阐述的发展观,不是低层次重复的数量增加,而是指事物从低级向高级、从简单到复杂、从量变到质变的过程。在新时代,组织工作树立科学发展观思想,是更好地做好组织变革的前提。

(一)中国特色社会主义新时代

习近平总书记提出:"经过长期努力,中国特色社会主义进入了新时代,这是我国发展新的历史方位。"② 我国改革开放40多年来,科技在各领域的发展、经济的稳步增长以及社会的不断进步,使得我国越来越接近世界舞台的中央。毫无疑问,中国特色社会主义进入了新时代。我国社会的主要矛盾已经转化为人民日益增长的美好生活需要和不平衡不充分的发展之间的矛盾。这个新时代,既同改革开放以来的发展历程一脉相承,又体现了很多与时俱进的新特征,内涵丰富、意蕴深远。

习近平总书记提出:"中国特色社会主义事业要从第一个百年奋斗目标迈向第二个百年奋斗目标,全面建成小康社会、加快推进社会主义现代化、实现中华民族伟大复兴既面临更为光明的前景,也需要我们付出更为艰巨的努力。在新时代的征程上,全党同志一定要适应新时代中国特色社会主义的发展要求,提高战略思维、创新思维、辩证思维、法治思维、底线思维能力,增强工作的原则性、系统性、预见性、创造性,更好把握国内外形势发展变化。"③

(二)新时代要以新的发展理念引领发展

创新、协调、绿色、开放、共享的发展理念是党的十八届五中全会通过的《中共中央关于制定国民经济和社会发展第十三个五年规划的建议》中提出的。创新发展注重的是解决发展动力问题,协调发展注重的是解决发展不平衡问题,绿色发展注重的是解决人与自然和谐问题,开放发展注重的是解决发展内外联动问题,共享发展注重的是解决社会公平正义问题,强调坚持新发展理念是关系我国发展全局的一场深刻变革。

1. 创新发展

创新就是利用已存在的自然资源创造新事物的一种手段。创新思维是人们突破既有经验的局限,打破常规,在前人理论和实践基础上寻找超越的思想活动方法。

---

① 中共中央马克思恩格斯列宁斯大林著作编译局. 马克思恩格斯文集(第五卷)[M]. 北京:人民出版社,2009:10.
② 习近平. 习近平谈治国理政(第三卷)[M]. 北京:外文出版社,2020:8.
③ 习近平. 习近平谈治国理政(第三卷)[M]. 北京:外文出版社,2020:61.

习近平总书记指出，坚持创新发展，必须"把创新摆在国家发展全局的核心位置，不断推进理论创新、制度创新、科技创新、文化创新等各方面创新，让创新贯穿党和国家一切工作，让创新在全社会蔚然成风"。[①]科技是第一生产力，人才是第一资源，创新是第一动力。党的二十大报告强调，要坚持教育优先发展、科技自立自强、人才引领驱动，加快建设教育强国、科技强国、人才强国。

组织创新是组织变革的高水平阶段，它可分为管理创新和技术创新、产品创新和过程创新、激进式创新和渐进式创新三种类别。创新过程能够提高组织在动荡环境中的生存能力。组织创新过程不仅受到组织内部个体创新特征、群体创新特征、组织特征的影响，还受到整个社会环境的制约。为提升组织的创新能力，就组织内部而言应招聘具有创新能力的员工；采用灵活有机式的组织结构及强化内部沟通；加强组织学习以培养创新能力；建设创新文化培育创新精神；优化工作设计增强创新自主性；设定创造性绩效目标以激发创新动机。在组织外部应健全完善创新政策；加强创新宏观引导；强化创新公共服务；完善创新人才制度；在全社会弘扬创新精神；营造崇尚创新的环境。[②]

秉持组织创新发展观可以为组织创造价值提供新的路径，创新会直接影响组织绩效，同时它又是一个渐进的过程，往往从技术与产品开发入手，逐步向生产、销售系统、人力资源、组织结构发展，进而进入战略与文化的创新。

2. 协调发展

协调发展理念是中国共产党对经济社会发展规律认识的深化和升华。经济事物内部的各个部分是相互联系的，国民经济和整个社会都是一个相互联系的统一整体，需要认识其真实联系，依据固有联系来改善其状态，建立新的最佳联系。协调发展就是牢牢把握中国特色社会主义事业总体布局，正确处理发展中的重大关系，促进全社会的整体良性发展。

协调一般是指各主体之间行为的相互适应、避免相互掣肘。组织协调发展新理念，不仅包括部分之间的静态协调，还包括部分与整体的协调整合。强调的是全局下和整体中多方面、各层次、全方位的动态平衡和结构优化；同时，协调必须促进发展，部门之间的协调也必须着眼于整体实力的提升，包括在协调发展中拓宽发展空间，在加强薄弱领域中增强发展后劲，等等。如组织管理中利用信息化技术构建信息化智能协同管理系统，代替手工流程，实现下级分支机构的信息和知识共享以提高工作效率，在集约化和专业化的基础上实现组织内部资源配置的协同以革除条块分割的弊端，与外部相关方及合作伙伴构建双赢合作系统，等等。

3. 绿色发展

绿色发展是以效率、和谐、持续为目标的经济增长和社会发展方式。习近平总书记

[①] 习近平. 习近平谈治国理政(第二卷)[M]. 北京:外文出版社,2017:198.
[②] 组织行为学编写组. 组织行为学[M]. 北京:高等教育出版社,2019:222-224.

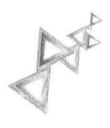

提出:"我们必须坚持节约资源和保护环境的基本国策,坚定走生产发展、生活富裕、生态良好的文明发展道路,加快建设资源节约型、环境友好型社会,推进美丽中国建设,为全球生态安全作出新贡献。"[①] 我们要在组织的发展和变革中积极贯彻遵循习近平总书记的指示,加快生态文明建设和绿色可持续发展,贯彻绿水青山就是金山银山的发展理念,为全球绿色发展贡献中国智慧和力量。

在组织发展中要贯彻绿色发展理念,组织应认真落实打好"污染防治攻坚战"重要部署,全面启动绿色企业行动计划。坚持源头管控和末端治理相结合,全力推进环保治理。树立"建设世界一流的绿色企业"的总目标,明确各牵头部门及工作职责,细化路线图和时间表。加强跟踪分析和信息统计。深化并落实精细化管理,组织致力于在全过程中推进优化和提高效率,全面降低成本和减少费用。组织专注于提升质量和效率,促进产业升级,加速经济发展模式的转变:从粗放型增长转向集约型增长,从低级经济结构升级为更高级、更优化的经济结构,并从单一的经济增长迈向全面、协调、可持续的经济发展。坚持减少资源消耗,实现可持续发展目标,建设环境友好型企业。利用新工艺新技术大力开展环保治理、节能降耗、挖潜增效等工作。

4. 开放发展

开放发展是国家繁荣发展的必由之路。今天的中国,已经深深地与世界紧密融合在一起,中国的发展和世界的发展互为机遇、互为条件、互相促进,中国的开放发展不仅为实现自身的繁荣发展创造条件,也为世界走向共享包容的人类命运共同体贡献力量。

实行对外开放,充分利用国际国内两个市场、两种资源,有利于推动我国经济社会发展,有利于促进我国科技进步和创新,有利于提高我国国际竞争力和影响力,有利于为我国发展营造有利的国际环境,是推进我国社会主义现代化建设的必由之路。

在组织发展中要贯彻开放发展理念,把国外优秀的理念、技术"引进来",以开放主动的姿态"走出去",抢夺市场先机。同国外先进企业进行产品研发、科技合作、信息交流、互利共赢等,通过开放合作学习借鉴别人的优势和长处,弥补自身的短板,提高应对风险的能力、经营管理能力和市场竞争力。在具体实施层面,组织可以通过制定开放发展规划、健全开放合作机制、完善促进开放措施、建立推进开放团队、落实对外合作项目等举措扩大开放合作的影响力及作用力。

5. 共享发展

共享发展理念体现着对人的尊严的伦理关怀,共享发展理念的核心是人人共建、人人共享,它是经济社会发展的理想状态。共享发展理念是以推进社会公平正义为前提的理念。共享发展与共同富裕的要求是高度契合的,是以人民为中心的发展理念的重要体现。实现共享发展的目的是让广大人民群众共享改革发展成果,形成发展的良性循环,最终实现共同富裕。习近平总书记提出:"只有坚持以人民为中心的发展思

---

① 习近平. 习近平谈治国理政(第二卷)[M]. 北京:外文出版社,2017:199.

想，坚持发展为了人民、发展依靠人民、发展成果由人民共享，才会有正确的发展观、现代化观。"[1]

新发展理念科学回答了在新时代实现什么样的发展、怎样实现发展的重大问题，对于转变发展方式、优化经济结构、转换增长动力，推动我国经济实现高质量发展具有重大指导意义。我们要把思想和行动统一到新发展理念上来，努力提高统筹贯彻新发展理念的能力和水平。

组织应通过共享成果营造和谐氛围，按照人人参与、人人尽力、人人享有的要求完善制度、构建机会公平氛围，加强民主管理，使组织成员在共建共享发展中拥有更多获得感。在坚持发展为了员工、发展依靠员工、发展成果与员工共享的原则指引下，主动调研，针对员工的迫切需求和特殊群体的特性要求设计服务项目，福利保障逐年提高。全面实施员工素质提升工程，实现个人成长成才与组织创新创效的共赢。围绕突出员工主体地位，设计更合理有效的民主管理制度。完善各项公开机制，组织经营者与员工定期开展民主对话，主动接受员工的民主监督，促进企业劳动关系的和谐。

本 章 小 结

组织可以定义为：一定人群为了共同目的，通过权责分配和层次结构所构成的一个完整的有机体，它随着时代及环境的改变而不断自行调整和适应，同时人员之间也会建立起一种团体意识和规范。组织的要素包括：组织外部环境、组织内部环境、组织目标、管理主体、管理客体、管理系统。组织的特征：有明确的目标，拥有资源，一定的权责结构。组织理论的发展历程可分为三个阶段：古典组织理论阶段、行为科学时期的组织理论阶段、现代组织理论阶段。

组织变革是指组织根据内外环境变化，及时对组织中的要素（如组织的管理理念、工作方式、组织结构、人员配备、组织文化及技术等）进行调整、改进和革新的过程。组织变革的动力机制可以分为两类：一类是外部环境对组织变革的影响，另一类是内部因素对组织变革的推动。组织变革模式有激进式变革和渐进式变革两种，组织变革的方法有勒温变革模型、科特变革模型、施恩的适应循环模型。

组织发展是一个数据收集、诊断、行为规划、干预和评价的系统过程。它致力于增强组织结构、进程、战略、人员和文化之间的一致性，开发新的创造性的组织解决方法，发展组织的自我更新能力。组织发展的特征：深层次的变革，高度的价值导向；是一个诊断—改进周期；是一个渐进过程；是以有计划的再教育手段实现变革的策略；具有明确的目标与计划性。组织发展的方法：敏感性训练，调查反馈，过程咨询，团队建设，群体间开发，欣赏性探询。

---

[1] 习近平.习近平谈治国理政(第四卷)[M].北京:外文出版社,2022:171.

思考题

1. 组织的内涵及其特征有哪些？
2. 组织的要素有哪些？
3. 组织理论的发展阶段有哪些？
4. 什么是组织变革？
5. 组织变革的动因有哪些？
6. 什么是组织发展？

练习测试题

（一）判断题（正确的打"√"，错误的打"×"。）

1. 组织产生于人类的生产和社会实践之中，它是按照一定的目的、任务和形式编织起来的社会集团。（　）
2. 西蒙将组织定义为"正式的有意识形成的职务结构或职位结构"。（　）
3. 组织是一个开放系统，与其所处的环境发生持续作用。（　）
4. 组织外部环境是指组织所处的社会环境，外部环境影响着组织的管理系统。（　）
5. 特定外部环境的供应商、顾客、竞争者、政府和社会团体等因素，对企业组织的影响是直接的、迅速的。（　）
6. 组织内部环境主要包括组织架构、发展战略、人力资源、社会责任、公司文化等内容。（　）
7. 组织目标是组织希望努力争取达到的未来状况，包括使命、目的对象、指标、定额和时限。（　）
8. 韦伯所谓的"理想的行政体系"是指这种组织体系并不是最合乎需要的，而是组织的"纯粹的"形态，也就是官僚制组织。（　）
9. 决策失误从表面上来看是由各种原因造成的，根源是组织问题。（　）
10. 在冻结阶段，利用必要的强化手段使新的态度与行为固定下来，使组织变革处于稳定状态。（　）

（二）选择题

1. 将组织定义为"有意识地加以协调的两个或两个以上的人的活动或力量的协作系统"的是（　）。

　A. 詹姆斯·穆尼
　B. 巴纳德

C. 哈罗德·孔茨

D. 彼得·德鲁克

2. 下列不属于组织存在必须具备的三个基本条件的是（   ）。

A. 组织是人组成的集合

B. 组织内成员是通过个体需要和完成共同目标而结为一体的

C. 组织通过专业分工和协调来实现目标

D. 组织任务

3. 组织外部环境中，属于一般外部环境的因素是（   ）。

A. 社会人口、文化、经济、政治、法律、技术、资源等

B. 社会价值、军事、经济、政治、宗教、技术、资源等

C. 社会人口、建筑、经济、道德、法律、技术、气候等

D. 社会伦理、文化、教育、政治、法律、交通、医疗等

4. 特定外部环境因素主要是针对企业组织而言的，下列不属于其包括的因素是（   ）。

A. 供应商

B. 顾客、竞争者

C. 法律

D. 政府和社会团体

5. 下列不属于组织的要素的是（   ）。

A. 组织外部环境、组织内部环境　　　B. 组织目标、管理主体

C. 管理客体、管理系统、监督和反馈系统　　D. 创造力

6. 组织的特征是（   ）。

A. 有明确的目标，拥有资源，一定的权责结构

B. 有明确的人数，拥有目标，一定的权责结构

C. 有明确的规范，拥有资源，一定的文化

D. 有明确的方向，拥有权力，一定的权责结构

7. 下列不属于组织发展的特征的是（   ）。

A. 深层次的变革，高度的价值导向

B. 组织发展是一个诊断—改进周期，组织发展是一个渐进过程

C. 是以有计划的再教育手段实现变革的策略，有明确的目标与计划性

D. 有强力的权责结构

8. 下列不属于组织发展的方法的是（   ）。

A. 敏感性训练，调查反馈

B. 过程咨询，团队建设

C. 群体间开发，欣赏性探询

D. 行动学习

第二章　人力资源管理及其变革

学习目标

学习本章内容后，你应该了解和掌握以下内容。
1. 了解人力资源的含义及特征。
2. 了解人力资源管理思想的演变与发展趋势。
3. 理解人力资源管理的概念。
4. 掌握人力资源管理的基本职能及其原则。

引导案例

公司人力资源部门的管理困境

一家集团型企业，业务横跨多个产业，下属分支机构公司分布在四个省份。除了成立相对较早的第一家下属公司以外，公司总部的人力资源部门，承担了几乎所有其他下属机构的人力资源管理职能，包括地处千里之外的下属机构的人力资源管理职能。这些机构的人员招聘、考勤统计、薪酬调整、工资计算等职能，都由总部人力资源部门的人员来完成。公司总部人力资源部门给出的解释是，这些下属机构的总经理们都是业务员出身，不太懂人力资源管理，而且他们的下属公司分布于全国各地，有些地方整体的人力资源状况比较薄弱，也不好招聘到人力资源部门的专业人员，因此就由总部人力资源部门为下属机构服务，并且为每个机构都指定了一名具体的人力资源经理。对于这样的情况，下属公司总经理们有人怨声载道，也有人乐得清闲。

甲分支机构总经理就很气愤，说："我们一个考勤表还要发到总部给你们审，你们审得了我们的考勤吗？你们掌握我们的实际情况吗？你们来给我们组织培训课程，你们的人几个月下来一趟，而且每次就待不到一周，你们了解我们的业务吗？你们熟悉我们的干部和员工吗？你们知道我们的干部和员工最需要什么培训吗？我们调整一个人员的工资，表格报到你们总部，几个月都不给批，这又不是什么重要的管理层，你们就是典型的对我们这些总经理们不信任。"

B分支机构总经理的心态倒是很平和，他说："咱们着什么急啊，反正什么都是他们总部管，都是他们说了算。那刚好，他们还能替咱们顶事呢。老板要是说咱们业绩不好，咱们就往人力资源总监那边推，说'你们给我们招的什么人啊'，几个关键岗位半年都招不上来一个合适的，好不容易招来了可是屁股都没有热又辞职了，没有人，你让我们怎么干啊。还有那个谁谁谁，我们手下好几个人的加薪报告打上去了，你们总是这么拖着不答复，人家能有心思好好干吗？不辞职就不错啦。那都是我们花了多大的工夫跟人家磨嘴皮子，人家才不走的，你们知道吗？"

资料来源：人力资源管理案例的启示．（2020年2月16日）．快资讯．

人力资源管理是管理学中的一个崭新的重要领域。它是指运用现代化的科学方法和手段，对个体和群体的思想、心理、行为等进行有效的协调、控制与管理，以使其达到企业的目标。[1]与此相适应，各组织的人事部门就成为决策部门的重要伙伴，从而提高了人事部门在决策中的地位。有效的人力资源管理是各种社会和各个组织都需要的。

第一节　人力资源及其相关概念

经济学家认为，土地、厂房、机器、资金等已经不再是国家、地区和企业致富的源泉，唯独人力资源才是企业和国家发展之根本。知识经济带来的挑战，说到底还是人才的竞争。加强企业人力资源管理对于推动企业实现现代化的飞跃具有重要意义。

一、人力资源的概念

（一）人力资源的含义

在经济学上，资源是指为创造物质财富而投入生产活动中的一切要素，当代经济学家把资源分为以下几类。

一是自然资源。一般指用于生产活动的一切未经人加工改造过的自然物，如未经开发的土地、山川、森林、矿产等。它们有待于人们去开发利用。

二是资本资源。一般指用于生产活动的一切经人加工改造过的自然物，如资金、机器、厂房、设备等。人们并不直接消费资本本身，而是利用它去生产和创造新的产品与新的价值。

三是信息资源。它是指对生产活动及与其有关的一切活动的事、物描述的符号集合。信息是对客观事物的一种描述，与前两种资源不同的是，前两种资源具有明显的独占性，而信息资源则具有共享性。

四是时间资源。它是人类从事一切经济活动所经历过程对应的时光。它具有稀缺性和不可逆性。

五是人力资源。它是生产活动中最活跃的因素，也是一切资源中最重要的资源，由于该资源特殊的重要性，它被经济学家称为第一资源，或者构成企业核心竞争力的

---

[1] 许莹,方荃.人力资源管理理论与实务[M].北京：人民邮电出版社,2013:10.

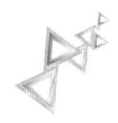

战略性资源。[1]

那么到底什么是人力资源呢？经济学家从不同的角度给出了不同的定义。但一般认为有广义和狭义两种定义：广义的人力资源是指一切智力正常的人；狭义的人力资源是指能够推动企业发展的，为社会提供劳动和服务的具有智力和体力劳动能力的人的总和。

本书所阐述的人力资源是狭义的概念。对人力资源概念的界定，各国不尽一致，主要是因为经济活动人口中涉及的两个时限不尽一致。一个是起点工作年龄，如16岁或18岁；二是退休年龄，如55岁或60岁甚至是65岁或70岁等。当然，从更广义的角度上说，只要有工作能力或将会有工作能力的人都可以视为人力资源。这样，可以充分表明人力资源具有潜在的效应和可开发性。

人是社会经济活动的主体，是最活跃、最富有创造性的因素，人的潜能的充分发挥是经济发展的原动力，人力资源是社会经济发展的决定性因素。由此，经济学家将人力资源称为第一资源。

（二）与人力资源相关的几个概念

要准确地理解人力资源的内涵，有必要了解与人力资源相关的几个概念。

1. **人口资源**

人口资源是指一个国家（地区）的人数总和，而人力资源是指具有劳动能力的人口。

2. **劳动力资源**

劳动力资源是指人力资源中的劳动年龄人口，不同国家（地区）劳动年龄的划分不一，我国劳动年龄区间一般为：男性16～60周岁，女性16～55周岁。而人力资源包括正在从事学习、家务劳动的人口，以及尚未达到劳动年龄但已从事社会劳动的人口和已超过劳动年龄仍从事社会劳动的人口。

3. **人才资源**

人才资源是指人力资源中具有较强的管理能力、研究能力、创造能力和专门技术能力的人员，又称为"核心人力资源"。核心人力资源的主体是知识型员工，是人力资源中的精锐。

4. **人力资本**

人力资本理论是20世纪50年代末至60年代初由美国经济学家舒尔茨等创立的，并凭借这一理论获得了诺贝尔经济学奖。人力资本是指存在于人体之中，后天获得的具有经济价值的知识、技术、能力和健康等质量因素。可以从三方面来理解这一概念：首先，人力资本是附着在人本身这种载体上的各种综合因素的集合，而不是载体本身，它是靠后天的投入获得的，并可以带来经济价值；其次，人力资本与物质资本具有共性，表现为人力资本的形成和维持需要花费成本，投入生产领域可以带来财富

---

[1] 杨河清，张琪. 人力资源管理[M]. 大连：东北财经大学出版社，2017：2.

的增长，并且也具有稀缺性；最后，人力资本又具有自己的特点，如人力资本与其载体的不可分离性、人力资本在使用过程中的增值性、人力资本的异质性等。[1]

（三）人力资源的构成

人力资源由数量和质量两个方面构成。人力资源是数量和质量的统一，对人力资源的探讨既要分析人力资源的数量，又要分析人力资源的质量。

人力资源数量是指一个国家、地区或组织拥有劳动能力的人口数量，主要指由就业人口、求业人口和失业人口所组成的现实人力资源，包括以下内容。

①处于劳动年龄之内、正在从事社会劳动的人口，它占据人力资源的大部分，可称为"适龄就业人口"。

②尚未达到劳动年龄但已从事社会劳动的人口，即"未成年就业人口"。

③已经超过劳动年龄、继续从事社会劳动的人口，即"老年就业人口"。

以上三部分人构成就业人口的总体。

④处于劳动年龄之内、具有劳动能力并要求参加社会劳动的人口，可称为"失业人口"。它与前面三部分人一起构成经济活动人口。

⑤处于劳动年龄之内，正在从事学习、家务劳动、军队服役的人口及其他人口。[2]

分析人力资源的数量可从人力资源绝对量和人力资源相对量两方面进行。人力资源绝对量指的是一个国家或地区中具有劳动能力的人口总数，它反映了一个国家或地区人力资源绝对量的水平。人力资源的相对量是指一个国家或地区总人口中人力资源的拥有量，可用来进行国家或地区之间人力资源拥有量的比较，相对数量越高，表明该国家或地区的经济活动越具有人力资源优势。

人力资源质量是指具有劳动能力的人的素质的综合反映，反映人力资源在质上的规定性。人力资源质量由劳动者的身体素质、智能素质和心理素质（劳动态度）构成，主要体现在人力资源的体质水平、文化水平、专业技术水平和劳动积极性等方面，通常用人力资源的健康状况、受教育状况、劳动者技术等级状况以及劳动态度等指标来衡量。影响人力资源质量的因素有遗传和其他先天因素、营养因素、教育因素等，其中教育方面的因素是最主要的因素。

一般来说，充足的人力资源有利于生产的发展，但其数量要与物质资料的生产相适应，若超过物质资料的生产，不仅会消耗大量新增的产品，且多余的人员也无法就业，对社会经济的发展反而产生不利的影响。在现代科学技术飞跃发展的情况下，人力资源的质量才是社会经济发展的关键。[3]

---

[1] 杨河清，张琪. 人力资源管理[M]. 大连：东北财经大学出版社，2017：3.
[2] 张曦月，付婷婷. 人力资源管理[M]. 沈阳：东北大学出版社，2015：3.
[3] 元继学，黄军生，黄丽华. 人力资源管理与实务[M]. 青岛：中国海洋大学出版社，2017：2-3.

二、人力资源的特征

人力资源作为经济资源的一种，具有与一般经济资源共同的特征，主要有以下几点：第一，物质性，一定的人力资源必然表现为一定数量的人口；第二，可用性，通过人力资源的使用可带来价值的增值；第三，有限性，人力资源在一定的条件下形成，其载体具有生物的有限性。但人力资源作为一种特殊的经济资源，是进行社会生产最基本、最重要的资源，与其他经济资源相比较，它还具有如下特点。

（一）人力资源具有非物化要素的独立性

生产要素是指进行物质生产所必需的一切要素及其环境条件。生产要素包括劳动、资本、土地和企业家才能四大类。劳动者与生产资料的结合，是人类进行社会劳动生产所必须具备的条件，没有它们的结合，就没有社会生产劳动。在生产过程中，劳动者运用劳动资料进行劳动，使劳动对象发生预期的变化。生产过程结束时，劳动和劳动对象结合在一起，劳动物化了，对象被加工了，形成了适合人们需要的产品。如果整个过程从结果的角度加以考察，劳动资料和劳动对象表现为生产资料，劳动本身则表现为生产劳动。人力资源以劳动力与生产资料相结合为方式，运用自身劳动能力，作用于劳动对象，在实现劳动过程中发生了与雇主的劳动关系。劳动者在劳动过程中及前后都是劳动力的所有者，且在劳动过程中还是劳动力的支出者，用人单位以占有生产资料作为其成为劳动力使用者的必要条件。人力资源不同于其他物化生产要素，劳动者在生产过程中和雇佣关系中只是让渡劳动力，其一直都是自身劳动力的所有者。这也使得人力资源管理成为一门独特的管理学科，人力资源的开发与使用必须通过对人的激励与控制才能实现。

（二）人力资源具有能动性

人具有思想、情感和思维，具有主观能动性，能够有目的、有意识地主动利用其他资源去推动社会和经济的发展，因而它在经济建设和社会发展中起到了积极和主导的作用，其他资源则处于被动使用的地位。另外，人力资源还是唯一能起到创造作用的资源，表现为不断地创新，从而获得持久发展的核心竞争力。

（三）人力资源具有时效性

人力资源存在于人的生命之中，它的形成、开发和利用都要受到生命周期的限制。作为生物有机体的人有其生命的周期，每个人均要经过幼年期、青壮年期、老年期，由于每个时期人的体能和智能的不同，其各个时期的劳动能力各不相同。一般来说，人在16周岁之前是其劳动力形成的过程，还不是现实的劳动能力；16周岁之后才能形成现实的劳动能力并一直保持到60周岁左右；60周岁之后，人的劳动能力进入衰退期；一旦死亡其劳动能力也跟着消亡。因而这种资源在各个时期的可利用程度也不相同。从个人成长的角度来看，人才的培养也有幼稚期、成长期、成熟期和退化期的过程。因此，企业人力资源不能长期储备而不用，否则就会荒废、退化；同时企业人力资源具有劳动能力发挥的最佳时期，必须适时开发，及时利用。

（四）人力资源具有再生性

从劳动者个体来说：一方面，通过人口的繁衍，人力资源能够不断地再生产出来，世世代代延续下去；另一方面，人的体能在一个生产过程中消耗之后，又可以通过休息和补充能量而得到恢复。更重要的是，企业人力资源在使用过程中，有一个可持续开发、丰富再生的独特过程，使用过程也是开发过程。例如，人在工作以后，可以通过不断的学习，更新知识，提高技能。而且通过工作，可以积累经验，充实提高自身水平，从而实现自我净化、自我完善、自我革新、自我提高。因此，人的知识、技能都是可以再生的，这就要求人力资源的开发与管理要注重终身教育，加强后期培训与开发，不断提高人员德才水平。

（五）人力资源具有社会性

人类生活于社会中，各种社会劳动都是协作性的活动。人力资源在社会各部门中都是互相联系、互相促进的。每一个民族（团体）都有其自身的文化特征，每一种文化都是一个民族（团体）的共同的价值取向。这种文化特征是通过人这个载体表现出来的。由于每个人受自身民族文化和社会环境影响的不同，其个人的价值观也不相同，他们在生产经营活动、人与人交往等社会性活动中，其行为可能与民族（团体）文化所倡导的行为准则发生矛盾，可能与他人的行为准则发生矛盾。这就要求人力资源管理注重团队的建设，注重人与人、人与群体、人与社会的关系及利益的协调与整合，倡导团队精神和民族精神。①

三、人的全面发展

在《资本论》中，马克思进一步把社会主义、共产主义概括为是比资本主义"更高级的、以每个人的全面而自由的发展为基本原则的社会形式"。社会主义现代化坚持以人民为中心的发展思想，在根本上不同于资本主义现代化。社会主义现代化能够超越资本逻辑，以鲜明的人民性推动人的全面发展。

（一）人的终极发展目标

促进人的全面发展是人类社会发展的终极目标。人的全面发展是人的劳动能力的

---

① 余凯成,程文文,陈维政.人力资源管理[M].大连：大连理工大学出版社,2006:8-9.

全面发展。首先，劳动能力的全面发展表现在人的自由自觉的劳动，人们可以自由选择自己擅长的喜欢的工作领域，不再被迫分工，可以兼顾脑力劳动和体力劳动，在劳动中人们可以产生愉悦感、幸福感；其次，既然是劳动能力的全面发展，也就是说，人的劳动活动不再是固定的、单一的，而是丰富的、可变的。

人的全面发展是促进自由个性的形成。作为总体性的存在，在讲人的全面发展、发展共同体的时候，并不是抹杀人的个性。人的全面发展自然是每个人的自由个性得到发展。自由个性的形成表现在每个人都是自己的主人，可以自愿地选择做或不做，可以充分发展自由个性、兴趣爱好，做自己生活的主宰者，每个人都表现出自己独有的形象，呈现自己的独特价值。

人的全面发展必须通过自主的劳动实现，马克思认为："生产劳动给每一个人提供全面发展和表现自己的全部能力即体能和智能的机会。"[1]

（二）个人发展与社会发展的统一性

人的发展和社会的发展既相互区别，又是辩证统一的。马克思认为："已经生成的社会创造着具有人的本质的这种全部丰富性的人，创造着具有丰富的、全面而深刻的感觉的人作为这个社会的恒久的现实。"[2]

人的发展和社会的发展是有区别的：某些个人的发展不等于社会的发展，社会的发展也不直接等于个人的发展；相反，在一定历史条件下，社会的发展是以牺牲某些个人的发展为代价的。这种矛盾，在私有制社会中，表现为阶级对抗。这是人的发展在特定历史阶段所采取的必然形式和途径。

人的发展和社会的发展又是辩证统一的。人的发展离不开社会的发展。第一，人的发展离不开社会实践的发展。人的全面、自由、充分地发展，归根到底取决于社会实践的发展。社会实践的规模、复杂及进化程度制约着人的发展状态和实践的规模、复杂及进化程度。参加社会实践是人的能力和才能得以显现和发展的基本方式。第二，人的发展依赖于社会生产力及其在此基础上所创造的社会物质条件和社会精神环境。人的全面而自由的发展，需要把社会必要劳动缩减到最低限度，给所有的人腾出更多的自由时间和创造更多的手段，使个人在艺术、科学等方面得到发展。第三，人的发展离不开社会关系。人的才能的施展离不开他人和社会关系。社会关系制约人、塑造人，现代化社会塑造着现代化的人。社会关系的全面性是人的发展具有全面性的条件。

社会的发展也离不开人的发展，这是因为：第一，社会是由人和人的历史活动构成的，人是社会和社会实践的主体，社会实践的发展依赖于人的发展。第二，社会生

---

[1] 中共中央马克思 恩格斯 列宁 斯大林著作编译局.马克思恩格斯文集(第九卷)[M].北京：人民出版社,2009:311.
[2] 中共中央马克思 恩格斯 列宁 斯大林著作编译局.马克思恩格斯文集(第一卷)[M].北京：人民出版社,2009:192.

产力的发展是人的创造性活动和实践能力的突出表现。第三，人们在生产活动和交往活动不断发展的基础上，不断创造越来越丰富的社会关系。有现代化的人，才有现代化的社会。第四，社会的发展，归根到底是为了人的发展，不断满足人的发展需要。

总之，人的发展是社会发展的目的，又是社会发展的手段；是社会发展的结果，又是社会发展的原因；人的发展不仅具有个体的意义，而且具有社会的意义。从根本上说，人的发展和社会发展是一致的，辩证统一的。

第二节　人力资源管理及其原则

一个高效率的人力资源管理机制，其运作模式可以用这样的循环链表示：吸引人→使用人→激励人→教育人→企业发展→吸引人……它们之间相互作用、相互补充，共同促进企业发展。而企业快速发展的现状和由此带来的光明前景，增加了企业对内外优秀人才的吸引力，从而使企业步入良性循环。那么什么是人力资源管理呢？

现代人力资源管理源于英国的劳工管理，并经由美国的人事管理演变而来。20世纪70年代后，人力资源在组织中所起的作用越来越大，传统的人事管理已明显不适用，它从管理的观念、模式、内容、方法等全方位地向人力资源管理转变。从20世纪80年代初期起，西方人本主义管理的理念与模式逐步凸显出来，所谓人本主义管理，就是以人为中心的管理，人力资源被作为组织的首要资源，现代人力资源管理便应运而生，它与传统的人事管理的差别，已不仅仅是名词的转变，两者已有了本质的差异。[1]

一、人力资源管理的概念

人力资源管理的概念是当代著名管理学家彼得·德鲁克于1954年在其《管理的实践》一书中首次提出的。[2]成功的企业不仅拥有一流的人才，而且能有效、科学地管理与开发人才。研究人力资源管理不仅有利于组织发展目标的实现，而且有利于员工个人的发展。

所谓人力资源管理，是指企业为了实现人力资源的取得、开发、保持和利用而进行的计划、组织、指挥和控制活动。企业人力资源管理所关注的焦点，是如何依据发展战略及其目标，进行人与人关系的调整、人与事的配合，以充分开发和利用人力资源，激发员工的积极性和创造性，在提高企业生产率和竞争力的同时，提高员工的工作生活质量和满意度。人力资源管理包括人力资源的规划和预测，工作设计和工作分

---

[1] 张曦月,付婷婷.人力资源管理[M].沈阳:东北大学出版社,2015:6.
[2] 刘善仕,王雁飞.人力资源管理[M].北京:机械工业出版社,2016:2.

析，人员的招聘、甄选和录用，人员培训和开发，薪酬设计，绩效考评，人员调整，劳动关系的处理，人力资源的核算评估，建立组织文化等方面的工作。①

二、人力资源管理的目标和任务

（一）人力资源管理的目标

人力资源管理的目标就是充分发挥人力资源的潜力，合理配置人力资源，调动人的积极性，提高工作效率，实现组织的发展目标。

从企业战略的角度来看，人力资源管理不仅要使其目标与企业的战略目标相一致，而且还要为企业的战略目标提供人力资源保障。

从管理理念的角度来看，企业要将员工视为宝贵的资源，视为企业的重要组成部分。只有对这部分资源进行有效管理，才能使企业发展得到重要保证。

从管理职能的角度来看，人力资源管理是为企业提供全方位的人力资源服务，协调并控制企业内部的人力资源流动。

从人力资源管理自身的角度来看，企业的总目标是获取和保持企业的竞争优势，使企业的生产力、产品质量和服务水平在竞争中占据有利地位。要实现这一目标，企业就要尽可能地拥有高素质的员工，将人力资源合理地配置，充分发挥员工的潜力。

（二）人力资源管理的任务

人力资源管理的基本任务就是根据组织目标，制订人力资源计划，优化人力资源配置，对人力资源进行开发，采取高效的激励措施来挖掘人力资源潜能，建立人力资源有效沟通渠道，协调劳动关系，并进行组织文化建设。

一般来说，企业人力资源管理的具体任务为：根据企业战略目标，进行组织结构设计、编制岗位说明书，确定薪酬制度，制订人力资源计划；组织招聘、甄选、录用工作；对人员进行岗前、岗中、岗后的培训和开发，为员工进行职业生涯设计；组织绩效考核，并对考核结果进行处理，做出人力资源调整；建立员工之间、部门之间的沟通渠道，妥善处理劳动关系，负责企业文化建设。②

三、人力资源管理的基本职能

（一）获取

获取主要包括人力资源规划、工作分析、招聘与录用。为了实现组织的战略目标，人力资源管理部门要根据组织结构编制的工作说明书与员工素质要求，制订与组

---

① 张曦月，付婷婷. 人力资源管理[M]. 沈阳：东北大学出版社，2015：6.
② 张曦月，付婷婷. 人力资源管理[M]. 沈阳：东北大学出版社，2015：5.

织目标相适应的人力资源需求与供给计划，并根据人力资源的供需计划而开展招募、考核、选拔、录用与配置等工作。只有首先获取了所需的人力资源才能对其进行管理。

（二）整合

这是使员工之间和睦相处、协调共事、取得群体认同的过程，是员工与组织之间个人认知与组织理念、个人行为与组织规范的同化过程，是人际关系的协调职能与组织同化职能。现代人力资源管理强调个人在组织中的发展，个人的发展势必会引发个人与个人、个人与组织之间的冲突，产生一系列问题。人力资源管理的整合过程主要包括：①组织同化，即个人价值观趋同于组织理念、个人行为服从于组织规范，使员工对组织认同并产生归属感；②群体中人际关系的和谐，组织中人与组织的沟通；③矛盾冲突的调解与化解。

（三）激励

激励强调激发员工的奉献精神，有效地激励员工使其将自身的最大潜能发挥出来，从而更好地实现组织目标。主要解决的是员工愿不愿意去做事的问题。调查发现：按时计酬的员工每天只需发挥自己20%～30%的能力，就足以保住个人的饭碗。但若充分调动其积极性、创造性，其潜力可发挥出80%～90%。

（四）调控

这是对员工实施合理、公平的动态管理过程，是人力资源管理控制与调整职能。它包括科学、合理的员工绩效考评与素质评估；以考绩与评估结果为依据，对员工使用动态管理，如晋升、调动、奖惩、离退、解雇等。

（五）开发

开发是提高员工能力的重要手段。员工是一个企业最宝贵的资源，员工的素质决定了一个企业的素质，一个企业能否兴旺发达和长久发展依赖于员工的能力。因此，培养和发展员工的能力尤为重要。当今社会，企业应当是学习型组织，学习是一个企业发展的根本动力。这就需要对企业中最重要的资源——员工，进行培养和发展，使其伴随着组织的成长而成长，进而带动企业的发展。因此，此方面是解决员工能不能做事的问题。

以上五项基本职能相辅相成、彼此互动。这五项基本职能属于功能性管理作业。功能性管理作业直接用以完成人力资源管理任务，而支援性管理作业则是支持和保证功能性管理作业的顺利进行，如工作分析与员工评估。[1]

---

[1] 张建芳,马利春,张体勋.人力资源管理[M].北京:电子工业出版社,2013:6-7.

四、人力资源管理的基本原则

人力资源管理的原则是人力资源管理活动一般规律的体现，是人力资源管理中应遵循和依据的基本准则。在管理实践中，应遵循的基本原则主要有以下几点。

（一）系统优化原则

人力资源管理的系统优化是指人力资源系统经过有效的组织、协调、控制，使其整体功能达到最优状态，即系统的整体功能必须大于个体或部分功能之和。

人力资源管理的系统优化，需要通过有效的组织结构，使人力资源形成一个有机整体，在同样数量和素质的劳动力投入前提下发挥它的最大效能，使组织整体效应大于部分效应之和。在动态环境中，由于环境条件的变化，组织内原先相对平衡的人员结构产生失衡，要求不断动态调整，及时改变这种失衡状况，从而形成新的平衡状态，才能达到系统优化，提高组织系统的效能。

（二）能级原则

能级原则认为，人和其他要素的能量一样都有大小和等级之分，并会随着一定条件而发展变化。它强调知人善任，调动各种积极因素，把人的能量发挥在与管理活动相适应的岗位上。

根据能级原则，在人力资源管理中，一要建立起科学的组织管理机构，管理者要对组织机构及其组成部分，包括责任、工作范围、工作程序等进行合理设计；二要安排好各类人员的岗位和工作，将人员安排到能胜任的工作位置上，达到人事匹配；三是"位、责、权、利"相对称，不同的能级应该有明确的责、权、利。责不交叉，各负其责。权要到位，责权相应。利与责、权相适应，责是基础，要做到在其位，谋其事，行其权，取其利。

（三）激励强化原则

激励强化是指通过对员工物质的或精神的需求欲望给予满足，来强化其为获得满足而努力工作的心理动机，从而调动人的积极性和创造性。人的能力分潜能力和显能力，潜能力是指人本身的各种因素决定的一种可能能力，显能力是指人在实际工作中发挥出来的能力。潜能力和显能力一般来说是不等量的，这除了客观因素外，最主要是人自身的积极性高低的影响。

在人力资源管理中，激励强化原则的运用：其一，管理者要设法激发员工，员工的动力源于人的需求，需求可大体划分为物质需求和精神需求两种类型，因此，既要重视物质激励，又要重视精神激励；其二，管理者要设法维系员工的积极性，在管理中，激发和维系都十分重要；其三，关注利益相容，个体之间，可以达到利益相容，形成利益共同体。[1]

（四）公平原则

人力资源管理遵循公平原则，要在管理活动中真正发挥公平的效力。遵循公平原则，可以消除由于不公平给员工带来的不满意，以及由此产生的内耗，并协调好个人与组织的关系。一般来说，如管理者能以这些规则一视同仁地对待员工，员工会以相应规则约束自己，一旦失范受到惩罚也心甘情愿，这正是个人与组织关系协调的集中表现。

（五）个体差异原则

人力资源存在着个体差异，这种差异主要表现为以下几点：一是能力性质、特点的差异，即能力的特殊性不同；二是能力水平的差异。在人力资源管理中，遵循个体差异原则要求做到了解员工的个体差异，采用差异化管理，对不同的员工采取不同的方式进行激励、使用与开发。

（六）人本原则

人本原则即以人为本的原则，是人力资源管理的基本原则。坚持以人为本原则，对人力资源管理至关重要。其一，人是主体，是重要的资源与第一要素，组织的发展与创新都要依靠人，依靠人的主体作用；其二，人是组织发展的动力之源，人具有主观能动性与创造性，是组织活动乃至整个社会经济发展的动力源泉，只有坚持以人为本，才能充分激励人的工作热情和创造性；其三，社会经济发展的最终目的是满足人的需要、实现人的价值、促进人的发展。以人为本作为人力资源管理的核心理念，它体现了一种"人高于一切"和"一切为了人"的价值观，这种价值观认为人是组织最具价值的资源，是组织管理的全部意义所在。[2]

第三节 人力资源管理思想的演变与发展

人力资源管理思想伴随着人类生产力的进步及管理思想的演变，也在不断变化。纵观人力资源管理的发展史，它经历了人事管理初始阶段、科学管理阶段、工业心理学阶段、人际关系管理阶段、人力资源管理阶段和战略人力资源管理阶段。它的每一次变革都是以社会发展和科学进步为推动力的。

一、人力资源管理思想的演进过程

人力资源管理的理论和实践都有一个不断发展和演进的过程。关于这个演进过

---

[1] 冯光明,徐宁.人力资源管理[M].北京:北京理工大学出版社,2010:13.
[2] 龚一萍,周凌霄.人力资源管理[M].北京:北京理工大学出版社,2011:8-9.

程，不同的学者在具体的划分和描述上存在一定的差异，大体上可以分为三阶段论、四阶段论和五阶段论。三阶段论认为人力资源管理的发展分为人事管理阶段、人力资源管理阶段和人力资本管理阶段；四阶段论则认为在三阶段论的基础上应该加上战略人力资源管理阶段；五阶段论认为可以分为产业革命阶段、科学管理阶段、人际关系阶段、行为科学阶段和人力资本阶段。不管分为几个阶段，实际上理论界对人力资源管理阶段的认识或者说对人力资源管理整个发展轮廓的描述是基本一致的。

（一）人事管理初始阶段

18世纪中叶至19世纪中叶，这一时期属于人事管理的初始阶段，或称"经验管理阶段"。在这个阶段，生产力水平低下，组织结构也非常简单，企业的所有权和经营权合一，企业所有者既是出资者又是经营者，决策权高度集中在企业所有者手上。企业规模很小，生产工艺非常简单，分工程度也很低，雇员的初始人力资本价值很低，他们的劳动技能也主要是在企业中通过劳动习得。生产过程中的不确定性因素较少，对生产的管理和对工人的监督都比较容易，不需要科学的管理手段，不需要庞大的管理机构和复杂的管理制度。企业管理基本上都是依靠企业所有者的经验和直觉，管理的主观随意性较大，稳定性差。生产和经营基本上不需要专门的人员，更不用说专门的机构或部门来处理人事问题，企业的人事问题通常都是由企业主亲自处理并凭企业主的喜好和需要来决定。由于信息的不对称，企业主几乎掌握着生产和经营的所有信息，雇员在人力资本和信息上的绝对劣势决定了企业主拥有绝对的控制权，生产过程的管理也主要是控制和监督，企业主很少考虑雇员的需要，更谈不上激励，如果说有激励的话，那也是金钱等物质上的刺激。这个阶段管理的效率和员工的士气都处于低下水平。

（二）科学管理阶段

19世纪末至20世纪初，"科学管理之父"泰勒提出了一系列比较科学与合理的管理方法和管理手段。泰勒为了用最好的方法完成一项工作，提出了对管理有重大贡献的三个原则：科学而非经验，合作而非个人主义，最大化产出而非限制性产出。这些原则的提出，同时也影响着人事管理。

这一时期的人事管理有如下特点：①劳动方法标准化，有了劳动定额、劳动定时工作制，首次科学而合理地对劳动效果进行计算；②将有目的的培训引入企业，根据标准方法对工人实行了在职培训，并根据工人的特点分配工作；③明确划分了管理职能和作业职能，出现了劳动人事管理部门，它除了负责招工外，还负责协调人力和调配人力；④已经组织起各级指挥体系，各种职位按照职权的等级原则加以组织，形成了下级服从上级的严格的等级观念；⑤科学管理已经全面注意处理劳动的低效率问题，并开始了对工时、动作规范、专业化分工的管理。

（三）工业心理学阶段

20世纪20年代至30年代，"人际关系学之父"梅奥的霍桑实验证明：员工的生产率不仅受工作设计和员工报酬的影响，而且受到许多社会和心理因素的影响，这为人事管理的发展开拓了新的方向，促进了工业心理学、人际关系学和行为科学的兴起。在这一时期，人们将工业心理学、行为科学的理论和方法引入了人事管理。

这一阶段的人事管理有以下特点：①承认人是社会人，人除了物质、金钱需要外，还有社会、心理、精神等各方面的需要，人事管理已开始关注对人的心理需求的满足；②在管理形式上，承认非正式组织的存在，这种非正式组织的权威，同样能影响和左右人们的行为和意愿；③在管理方法上，更加关心工作和个体差异，重视工会和民间团体的利益，提倡以人为核心，完善管理方法；④把工业心理学引入人事管理，开始重视对员工个体心理和行为、群体心理和行为的研究与管理。

（四）人际关系管理阶段

20世纪五六十年代，虽然对人事管理的重要性仍认识不足，但劳资矛盾、人际关系、工作满意度等问题已被正式提出。著名的管理学家彼得·德鲁克认为，人事工作部分属于文员工作，部分属于操作性工作，部分是起着"灭火器"作用的工作。这一时期，有关法律已对劳资矛盾和人事关系的相关纠纷做出了一些规定，人事管理进入比较严格、规范、系统的时代。

这一阶段的人事管理有以下特点：①就业机会要求均等，反对四大歧视，即性别歧视、年龄歧视、种族歧视、信仰歧视。由于就业机会均等，大量的人获得就业的机会；②人事管理规范化，许多企业不仅设立专职的人事部门，而且人事部门下设若干个分支部门，分别管理薪酬、考核、劳资矛盾、福利、培训等；③许多国家特别是美国的人力资源法律渐趋完善，妇女人力资源和少数民族人力资源得到较大程度的开发，劳动力的结构发生了很大变化；④随着科技的发展，人事管理的方式也发生了较大变化，现代科技方法已进入部分企业，弹性管理已涉足部分特殊岗位。

（五）人力资源管理阶段

20世纪70年代，开始进入人力资源管理阶段。随着科学进步和社会发展，人们的需求发生了重大变化，人们更多地要求在管理中对人的尊重和对人性的管理。早先彼得·德鲁克在《管理的实践》一书中提出人力资源的概念，并指出传统的人事管理正在成为过去，一场新的以人力资源开发为主调的人事革命正在到来。

这个阶段已属于人力资源管理阶段，主要有以下特点：①把人当作一种重要的资源、一项潜在的资本，而并不仅仅看作一种要素成本；②以事为中心的管理转为以人为中心的管理，更加重视人的个体需要和发展需要，强调对人的尊重；③从以管理为

主开始关注对人的开发，开始注意培训员工的技能和自觉性，培养员工的职业道德和促进员工的职业发展；④刚性管理逐步转变，个性化管理的特征逐步明显，对人的关心和爱护超过对人的约束和控制，开始提倡人性化管理；⑤开始关注团队建设，重视协作、沟通和员工参与管理。

（六）战略人力资源管理阶段

20世纪80年代，戴瓦纳在《人力资源管理：一个战略观》一文中提出战略人力资源管理的概念，比尔等人的《管理人力资本》一书的完成，标志着战略人力资源管理的形成。此后，在企业管理实践中，人力资源管理愈来愈从事务型管理转向战略性管理，正逐步成为一种主流的人力资源管理模式。

战略人力资源管理强调以下几个方面：①将人力资源视为组织获取可持续竞争优势与战略发展的最重要的资源；②在人力资源管理中秉承"以人为本"的基本理念，强调以人为中心，追求人与事的系统优化；③将人力资源管理与企业战略管理理论相结合，强调人力资源管理必须从组织整体出发，与组织战略相匹配；④强调人力资源管理是一种立足于组织长远发展的战略性管理，注重人力资源管理的战略性和整体性，人力资源管理不能仅考虑企业现状和短期效应，应从动态的角度分析企业的长期趋势，注重人力资源管理所产生的系统效应和长期效应；⑤人力资源管理从事务型管理转向战略性管理，强调人力资源管理在企业战略制定与实施中的核心作用，人力资源管理要参与并服务于企业的发展战略，将人力资源管理视为企业的战略贡献者。①

二、人力资源开发

与人力资源管理经常同时出现的还有人力资源开发这一名词，有的教材名称叫作《人力资源管理与开发》。其实，人力资源管理与人力资源开发是既有联系又有区别的一对概念。现代人力资源管理区别于传统人力资源管理的一个重要的特征就是更加注重对人力资源潜力的开发，也就是说，现在所要讲的人力资源管理在多数情况下已内含开发的功能，但并不能完全体现出人力资源开发更深入的内涵。

最早提出人力资源开发的是美国乔治·华盛顿大学的教授里奥·那德勒。1970年，那德勒出版了《人力资源开发》的第一版，在这部著作中，他完善了后来成为人力资源开发领域分析框架的模型，人力资源开发第一次逐步取代原来的"培训"和"培训与开发"而被理论研究和实践者所接受。那德勒提出的人力资源开发的定义是：第一，雇主提供的有组织的学习体验；第二，在一段特定的时间内；第三，其目的是

---

① 龚一萍,周凌霄.人力资源管理[M].北京:北京理工大学出版社,2011:9-12.

增加雇员提高自己在岗位上的绩效和发展个人的可能性。人力资源开发主要包括培训、职业生涯开发、组织开发和管理开发。[①]

三、现代人力资源管理与传统人事管理的区别

在20世纪初，人事管理部门开始出现，并经历了由简单到复杂的发展过程。在社会工业化发展的初期，有关对人的管理实质上与对物质资源的管理并无差别。在相当长一个时期里，虽然社会经济不断发展、科学技术不断进步，人事管理的基本功能和作用并没有太大的变化，只是在分工上比原来更为精细，组织、实施更为严密而已。而人力资源管理是在社会工业化迅猛发展，科学技术高度发展，人文精神日益高涨，竞争与合作不断加强，特别是社会经济有了质的飞跃的历史条件下产生和发展起来的。一般认为，人力资源管理是在20世纪70年代以后开始出现的，由传统人事管理转变为现代人力资源管理。

（一）管理的内容

传统的人事管理只从事雇佣关系层面的管理工作，主要工作内容是人员招聘、选拔、录用、考核、工资福利、档案管理等具体事项；人力资源管理不仅包括雇佣关系层面的工作内容，还要从组织目标的角度，对组织中的人力资源进行规划和全方位的管理，其工作内容涉及根据组织目标进行组织设计和工作分析，制订人力资源计划，对员工进行岗前、岗中、岗后培训，指导考核评定，确定职务升降，在工作中建立沟通渠道，为员工进行职业生涯设计等。

（二）管理的性质

传统的人事管理属于行政事务性工作，主要是作为一个普通部门行使职能，很少涉及组织高层的战略决策，人事部门只是收集整理员工的信息，提供给高层管理部门作为决策的参考；人力资源管理以人为中心，重视对人的能力、智慧和创造力的开发，把人力资源管理工作作为一个综合的整体，管理工作既要有战略的高度，又要有进入员工感情世界和心理活动领域的深度。管理的理念是把员工看成有社会性的人，有自我实现愿望的人，并且对组织内员工持帮助、服务的态度。

（三）组织中的地位

传统人事管理被看作是技术含量低、无须专长、无足轻重的工作，人事管理部门属于执行层，无决策权。人力资源管理在高层、中层和低层都发挥作用。在高层次方面，要参与到企业高层决策中，包括从企业战略目标的确立到企业的人力资源规划；

---

① 张曦月,付婷婷.人力资源管理[M].沈阳:东北大学出版社,2015:18.

在中层次方面，要对各部门的工作予以协调和指导；在低层次方面，则要完成许许多多与员工有关的事务，在这一层次上它包含人事管理的工作。[1]

总之，现代人力资源开发与管理较传统的人事管理更具有战略性和主动性，更适合当今组织的管理模式与发展趋势。现代人力资源管理与传统人事管理的区别见表2-1所列。

表2-1 现代人力资源管理与传统人事管理的区别[2]

比较项目	现代人力资源管理	传统人事管理
观念	视员工为有价值的重要资源	视员工为负担、成本
目的	满足员工自我发展的需要，保障组织的长远利益实现	保障组织短期目标的实现
模式	以人为中心	以事为中心
视野	广阔、远程性	狭窄、短期性
性质	战略性、策略性	战术性、业务性
深度	主动、注重开发	被动、注重管好
功能	系统、整合	单一、分散
内容	丰富	简单
地位	决策层	执行层
工作方式	参与、透明	控制
与其他部门的关系	和谐、合作	对立、抵触
与员工的关系	帮助、服务	管理、控制
对待员工的态度	尊重、民主	命令式的、独裁式的
角色	挑战、变化	例行、记载
部门属性	生产与效益部门	非生产、非效益部门

四、新发展理念对人力资源管理的影响

当前，我国的经济发展工作强调高质量发展。而高质量的发展，离不开新的发展理念。必须用科学的思路和方法来指导经济及管理工作，用新发展理念引领发展行动，推动我国经济高质量发展，更好地满足人民日益增长的美好生活需要。新发展理念是习近平新时代中国特色社会主义思想的重要组成部分，是马克思主义中国化的重要理论成果。新时代要以新理念引领发展，就更要在现代人力资源管理中注入这些思想。

（一）管理中要坚持人民主体地位

习近平总书记提出："我国是工人阶级领导的、以工农联盟为基础的人民民主专政

---

[1] 杨河清,张琪.人力资源管理[M].大连：东北财经大学出版社,2017:8-9.
[2] 余凯成,程文文,陈维政.人力资源管理[M].大连：大连理工大学出版社,2006:21.

的社会主义国家，国家一切权力属于人民。我们必须始终坚持人民立场，坚持人民主体地位，虚心向人民学习，倾听人民呼声，汲取人民智慧，把人民拥护不拥护、赞成不赞成、高兴不高兴、答应不答应作为衡量一切工作得失的根本标准，着力解决好人民最关心最直接最现实的利益问题，让全体中国人民和中华儿女在实现中华民族伟大复兴的历史进程中共享幸福和荣光！"[①]

我们在企业管理中要坚持全心全意为人民服务的根本宗旨，尊重员工主体地位和首创精神，始终保持同员工的血肉联系，要千方百计集中员工群众智慧、调动员工群众积极性，团结带领员工共同创造价值。时刻牢记员工是企业的主体和创造者，把员工中蕴藏着的智慧和力量充分激发出来，发挥员工的无限创造力。

（二）管理中要坚持制度自信

制度自信是对中国特色社会主义制度具有制度优势的自信。坚持制度自信就是要相信社会主义制度具有巨大优越性，相信社会主义制度能够推动发展、维护稳定，能够保障人民群众的自由平等权利和人身财产权。习近平总书记指出："我们从来不排斥任何有利于中国发展进步的他国国家治理经验，而是坚持以我为主、为我所用，去其糟粕、取其精华。"[②]

在企业管理中，要坚持科学社会主义基本原则，遵循社会主义的本质规定，毫不动摇坚持和巩固中国共产党的领导和社会主义制度，坚定不移坚持中国特色社会主义根本制度、基本制度、重要制度，在涉及制度层面的方向性和大是大非问题上，始终保持志不改、道不变的坚定，避免在根本性问题上出现颠覆性错误，从而坚持好、巩固好经过长期实践检验的我国国家制度和国家治理体系，保持其稳定性和延续性。同时又要抓牢创新这个关键，立足本国国情和实际借鉴人类优秀制度成果，根据时与势不断完善和发展我国国家制度和国家治理体系。

（三）管理中要坚持依法治国与以德治国相结合的理念

"坚持依法治国和以德治国相结合"是马克思主义中国化在治国理政领域的重要体现，是执政党科学执政、民主执政和依法执政的重要指导思想。"以德治国"中的"德"，深刻体现了社会主义核心价值观的先进道德理念，是强化社会主义核心价值观建设的关键途径。此外，"以德治国"还能够融合科学和先进的治理理念、手段与方式，构建与"依法治国"相互补充的治理体系。

习近平总书记指出："法律是成文的道德，道德是内心的法律。法律和道德都具有规范社会行为、调节社会关系、维护社会秩序的作用，在国家治理中都有其地位和功

---

① 习近平.习近平谈治国理政(第三卷)[M].北京:外文出版社,2020:142.
② 同①:123.

能。"①治理国家、治理社会必须一手抓法治、一手抓德治，既重视发挥法律的规范作用，又重视发挥道德的教化作用，实现法律和道德相辅相成、法治和德治相得益彰。

在人力资源管理中，要完善企业现有的各项规章制度。在管理中充分发挥道德教化人心的作用，不断增强法治的道德底蕴。深入开展社会公德、职业道德、家庭美德等教育活动，以道德滋养法治精神。此外，各级管理者要带头执行廉洁自律准则、带头遵守社会主义核心价值观及企业规章制度，自觉同特权思想和特权现象作斗争，注重管理好身边的人。

（四）管理中要坚持协商民主

新中国成立75年来，社会主义协商民主深深植根于我国文化沃土，贯穿中国特色社会主义民主政治全过程，在中国大地上茁壮成长。在中国共产党领导下，社会主义协商民主为人民当家作主提供重要途径。社会主义协商民主是中国共产党领导人民在长期革命、建设、改革的伟大实践中对民主探索的总结和升华。习近平总书记指出，"社会主义协商民主，应该是实实在在的、而不是做样子的，应该是全方位的、而不是局限在某个方面的，应该是全国上上下下都要做的、而不是局限在某一级的"。②

协商民主让广大人民享有实实在在的民主权利。政治参与是公民行使民主权利的重要途径，选举民主和协商民主是公民政治参与的两种最重要的途径。我国实行人民民主，保障人民当家作主，在选举之外，更要求在人民内部各方面进行广泛协商。

习近平总书记说："人民群众是社会主义协商民主的重点。涉及人民群众利益的大量决策和工作，主要发生在基层。要按照协商于民、协商为民的要求，大力发展基层协商民主，重点在基层群众中开展协商。凡是涉及群众切身利益的决策都要充分听取群众意见，通过各种方式、在各个层级、各个方面同群众进行协商。要完善基层组织联系群众制度，加强议事协商，做好上情下达、下情上传工作，保证人民依法管理好自己的事务。"③

社会主义协商民主集合作、参与、监督于一体，以凝聚共识为目的，以尊重、平等、包容、和谐等行事理念使人民当家作主的具体要求得以实现和满足。在人力资源管理中，要尊重和倾听员工的心声，有效化解矛盾，理顺情绪，密切联系群众，汇聚起推进企业发展的智慧和力量；通过协商，倡导理性思维、全局观念，避免和克服为了维护和争取自己的利益而相互倾轧、排斥异己的弊端；通过协商，形成发现和改正失误和错误的机制，实现决策的科学化、民主化，提升决策质量和效率。

---

① 习近平. 习近平谈治国理政(第二卷)[M]. 北京：外文出版社，2020：133.
② 习近平. 习近平谈治国理政(第二卷)[M]. 北京：外文出版社，2017：297.
③ 同②.

第四节　人力资源管理的发展趋势与面临的挑战

进入21世纪后，人力资源管理经历着前所未有的来自全球一体化力量的挑战和冲击，如信息网络化的力量、知识与创新的力量、顾客的力量、投资者的力量、组织的速度与变革的力量等。21世纪人力资源管理既有工业文明时代的深刻烙印，又反映了新经济时代的基本要求，从而呈现出新的特点。

一、人力资源管理的发展趋势

（一）人力资源管理在组织中的战略地位逐步上升

国内外许多成功的企业，已将人力资源切实当成了企业的战略性资源。人力资源管理要为企业战略目标的实现承担责任。人力资源管理在组织中的战略地位上升，并在组织上得到保证，如很多企业成立人力资源委员会，使高层管理者关注并参与企业人力资源管理活动。

（二）人力资源开发正逐步成为培育企业核心竞争力的源泉

企业核心竞争力是一个以企业技术创新能力为核心，包括企业的反应能力、生产制造能力、市场营销能力，连带服务能力和组织管理能力在内的复杂系统。而技术创新能力等多项能力的增强主要取决于人力资源的状况与开发。因此，企业核心竞争力的根本在于企业人力资源的开发。离开了企业人力资源的开发，企业核心竞争力便会成为无本之木、无源之水。在信息时代，在一个以服务为基础的经济环境中，企业间的竞争越来越体现在建立、培养和应用有限的知识和专长的能力上。

（三）"以人为本"的理念越来越为众多的企业所认可

21世纪，企业要以新的思维来对待员工，要以营销的视角来开发组织中的人力资源。从某种意义上来说，人力资源管理也是一种营销工作，即企业要站在员工需求的角度，通过提供令员工满意的人力资源产品与服务来吸纳、留住、激励、开发企业所需要的人才。"没有满意的员工就不会有满意的顾客"，已经成为国内外企业界的共识。国内外绝大部分成功的企业无论采用何种语言或表达方式，均将员工视作企业最宝贵的财富，将"以人为本"奉为企业核心的管理理念。

这些变化归根结底源自人力资源管理理念的变化，即不再将员工视作"逃避工作、喜欢偷懒的人"，而是将其视作"愿意承担责任，能够自我指导与控制的人"。人力资源管理理念的变化，实际上是对传统人性假设的反思，既是行为科学进步、社会

环境变迁产生的结果，也是知识员工和客户导向型企业大量涌现的结果。毫无疑问，尊重、理解、信任和关心员工，将成为未来企业成功的重要"基因"。

（四）人力资源管理边界逐渐扩大

经济全球化使全球市场的联系越来越紧密，一方面使跨国公司乃至全球企业成为世界经济的主宰性力量，另一方面也使战略联盟、虚拟型组织成为新的重要的组织形式。相应地，人力资源管理的边界也从清晰到模糊，从封闭走向开放，国际人力资源管理与柔性化组织的人力资源管理成为人力资源管理的新领域。突破传统意识中的企业边界与地理边界，培养全球观念和团队协作精神、实施有效的跨文化培训与管理，将成为21世纪企业人力资源管理必然面对的挑战。

（五）人力资源管理信息化逐步完善

随着知识经济的发展，人力资源管理信息化成为企业关注的焦点。企业通过导入人力资源管理软件系统，建立了一个综合性的、功能丰富的人力资源平台，实现了企业人力资源的优化和管理的现代化。目前，加快信息化建设成为我国企业的焦点，诸如人事信息管理、薪酬福利管理、岗位管理、员工培训管理、全面绩效管理等已经纳入企业的完整人力资源管理系统之中。企业通过建立与使用网上招聘系统、远程网络培训系统、人力资源管理信息系统、人事政策自助服务系统等，不仅使员工的个性化需求得到了满足，而且也提高了人力资源管理的效率，为人力资源管理者将更多的精力集中到对企业价值贡献更大的管理活动中创造了条件。

（六）人力资源管理工作外包化趋势日益明显

外包就是将组织的人力资源活动委托给组织外部的专业机构承担。基础性管理工作向社会化的企业管理服务网络转移，比如档案管理、社会保障、职称评定等庞杂的事务性工作以及一些知识含量不太高的工作等，逐渐从企业内部人力资源部门转移给外部管理咨询公司。

在发达国家和跨国企业，人力资源外包已经成为潮流。我国企业也必将顺应趋势，从自给自足过渡到更加注重分工合作。企业通过人力资源的外包，可以相应地降低成本、提高效率，从而有效地适应外部环境，使企业人力资源和机构运行更精干、灵活、高效，实现企业可持续性竞争优势和战略目标。

（七）人力资源管理人员的职业化和专业化要求日益提高

人力资源价值的显现和地位的提升，使人力资源管理成为一个热门行业，对人力资源管理者本身也提出了更高的要求。国外人力资源专家认为，现代企业的人力资源管理人员要想真正发挥作用，应该具备以下四个条件：其一是人事管理专家，要求熟悉机构或企业的人事管理程序，了解政府有关法规政策；其二是业务伙伴角色，要求熟悉组织业务，参与制订业务计划，处理问题，保证业务计划得到有效执行；其三是领导者角色，要求发挥影响力，协调平衡组织、部门要求与员工需求之间的关系；其四是变革推动者角色，要求协助组织及其管理者，在人力资源及理念方案上为组织变革提供有力的支持。也就是说，一个称职的人力资源管理人员，必须能够同时胜任职能性角色与战略性角色，需要同时具备战略意识与综合服务的"通才"能力。

（八）对人力资源价值创造进行量化管理

人力资源的重点与难点是如何量化人力资源价值管理，把会计核算体系引入人力资源管理体系，对人力资源价值创造进行量化管理，形成一个企业全力创造价值、科学评价价值、合理分配价值的价值管理新机制。企业人力资源管理最核心的就是通过价值管理机制创新，进一步激发员工创造价值的活力，使员工真正成为价值创造者。

作为企业，要准确衡量个人和团队所创造的价值，依据价值来进行机会、职位、薪资、奖金的合理分配，就需要把会计核算体系引入人力资源管理，推进人力资源的量化与价值管理。实现人力资源价值量化管理的重要驱动因素来自以下几点：一是有效授权体系；二是要实现全员参与经营、全员进行价值创造；三是企业内部高效透明的经营运作；四是要建立全面有效的价值评估体系；五是建立客户化的人力资源管理体系。[1]

（九）构建人力资源供应链

过去，人们谈得最多的是物资供应链，很少谈及人才供应链。今天，中国企业在新的战略和业务模式创新时期，面临的最大问题就是人才无法跟进，企业缺乏使人才脱颖而出的发展机制，缺乏顺畅的人力资源供应链。导致企业不能在准确的时间、地点，按需求向员工提供其所需要的知识和能力要素，不能向岗位输送合适的人才，不能按照新的战略发展和业务模式创新需要为企业提供源源不断的人才，以支持企业战略和业务发展。[2]

打造人力资源供应链应从八个方面进行：

（1）建立全面的人才发展体系，人力资源管理以搭建人才发展体系为核心，以人的能力发展为核心，构建起人力资源发展的政策平台、服务平台、运行平台；

---

[1] 彭剑锋.转型时代中国企业人力资源管理的十大问题与趋势[J].人力资源，2014（2）：39.
[2] 同上①.

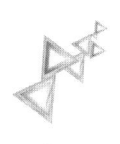

（2）推进员工能力目录式、模块式、标准化管理；

（3）岗位职责标准库建设；

（4）标准能力与标准岗位职责优化配置模型；

（5）建立应急与重大项目人力资源供给流程；

（6）基于战略的长期人才培养与储备；

（7）高潜质人才发展计划；

（8）核心人才接班人计划。

二、人力资源管理所面临的挑战

（一）全球化的挑战

全球化是20世纪80年代以来在世界范围日益凸显的新现象，是当今时代的基本特征。总的来看，全球化是一个以经济全球化为核心，包含各国各民族各地区在政治、文化、科技、军事、安全、意识形态、生活方式、价值观念等多层次、多领域的相互联系、影响、制约的多元概念。随着信息技术的迅速发展，全球经济一体化的趋势越来越明显，并且以前所未有的高速度向前发展。当今的世界，国与国之间不仅仅是竞争，更重要的是一个相互联系、相互制约、相互依存的整体。一个地区、一个国家的经济和社会动荡，很快就会影响到全球的经济，甚至影响到其他国家的安定与发展。世界经济格局的这一重大变化，对全球的劳动力市场都是一个巨大的冲击。随着全球经济一体化的逐步形成，作为全球经济一体化的产物——跨国公司——将不得不面对不同的政治体制、法律规范和风俗习惯，作为管理者将会经常遇到不同国籍、不同文化背景、不同语言的员工，如何才能更好地完成工作，如何才能进行更好的交流与沟通，如何才能确立完善的管理制度等这些很现实的问题都摆在管理者面前。

随着中国经济的蓬勃发展，我国已经成了许多跨国公司投资的热点。中国企业不仅要面对国内的竞争者，而且还要面对全球竞争者的挑战。人力资源作为企业管理的一个重要组成部分，同样面临着非常激烈的挑战。中国的企业管理者如何确保自己的人才不会流失，中国的企业管理者如何保持长期的竞争优势，这是每一个有责任感的管理者都应该深思和解决的问题。世界经济的一体化已经使人才竞争与人才流动国际化变成了现实。如今企业家的竞争和热门技术人才的竞争已趋于白热化，只有那些能够吸引人才、留住人才并能够对人才进行规范开发和合理激励的企业，才能真正营造核心竞争优势。

（二）技术进步的挑战

通常来说，技术进步必然带来两种结果：一是它能够使组织更有实力、更具竞争性，二是它改变了工作的性质。比如说，网络的普及使许多人在家办公已经成为一种可能。然而，这种高科技的使用必然对员工的素质提出更高的要求，在这种自由宽松的工作秩序下，如何对员工进行考评已成了一个新的课题。事实上，随着技术的进步，其对组织的各个层次都产生了重要影响，劳动密集型工作和一般事务性工作的作用将会大大削弱，技术类、管理类和专业化工作的作用将会大大加强。这样一来，人力资源管理工作就面临着结构调整等一系列重大变化。

（三）组织的发展带来的挑战

随着全球经济一体化的加剧，组织作为社会的基本单元已经发生了重大变化。如今的时代，灵活开放已经成为组织发展的一种趋势。竞争的加剧、产品生命周期不断缩短以及外部市场的迅速变化，这些都要求组织要有很强的弹性和适应性。现代企业要参与市场竞争，就必须具有分权性和参与性，要以合作性团体来开发新的产品并满足顾客需求，这就对人力资源管理提出了新的要求。现代企业的人力资源部门必须具备良好的信息沟通渠道，现代企业的人力资源管理部门对员工的管理要做到公平、公正和透明，要对员工有更加有效的激励措施，要求组织内的每一位管理者都要从战略的高度重视人力资源管理与开发，从而不断适应组织变革的需要。

（四）人口结构变化带来的挑战

人口数量的变化具有明显的地域差别。在欧美发达国家，由于经济文化、思想观念等因素的影响，人口的出生率普遍偏低，人力资源供应相对不足。在亚非一些经济发展较为落后的发展中国家，由于人口出生率没有得到有效的控制，人口出生率普遍偏高，人力资源相对供大于求，劳动力的结构也发生了巨大变化。相对亚非国家来说，欧美国家人口老龄化问题比较突出。就目前情况，人才短缺仍然是世界各国普遍存在的问题。比如，我国在很长一段时期内，由于缺乏人才培养战略与市场需求导向，造成人才结构严重的不平衡，部分专业人才过剩，而部分专业人才严重缺乏，这对我国经济的发展带来了很大的影响。与此同时，员工对自身价值的认识也有了一定的提高，表现在员工不仅对物质层次的要求有了明显提高，更重要的是，在物质层次得到满足后，员工开始具有更高的需求层次，他们期待被尊重、被认可，并且希望参与组织管理并实现自身价值。

（五）变革管理及组织重新设计的挑战

企业变革的核心是管理变革，而管理变革的成功来自变革管理。变革的成功率并不是100%，甚至很低，常常使人产生一种"变革是死，不变革也是死"的恐惧。但由于市场竞争的压力、技术更新的频繁和自身成长的需要，"变革可能失败，但不变革肯定失败"。因此，知道怎样变革比知道为什么变革和变革什么更为重要。当组织成长迟缓，内部不良问题产生，无法适应经营环境的变化时，企业必须做出组织变革策略，将内部层级、工作流程以及企业文化进行必要的调整与改善管理，以便企业顺利转型。

在变革的时代，随着信息技术的发展，组织结构逐渐扁平化，无边界组织就是借助信息技术对传统组织结构的创新组织形式。它是以计算机网络化为基础，力图取缔传统组织的指挥链，保持合适的管理跨度，以授权的团队取代传统部门，组织形式更加强调速度、弹性、整合、创新等关键成功因素，并能够适应环境的快速变化。

本 章 小 结

人力资源是指能够推动企业发展的，为社会提供劳动和服务的具有智力和体力劳动能力的人的总和。人力资源的特征：具有非物化要素的独立性，具有能动性，具有时效性，具有再生性，具有社会性。

人力资源管理是指企业为了实现人力资源的取得、开发、保持和利用而进行的计划、组织、指挥和控制活动。企业人力资源管理所关注的焦点，是如何依据发展战略及其目标，进行人与人关系的调整、人与事的配合，以充分开发和利用人力资源，激发员工的积极性和创造性，在提高企业生产率和竞争力的同时，提高员工的工作生活质量和满意度。人力资源管理的基本职能为获取，整合，激励，调控，开发。人力资源管理的基本原则是系统优化原则，能级原则，激励强化原则，公平原则，个体差异原则，人本原则。

人力资源管理思想经历了人事管理初始阶段、科学管理阶段、工业心理学阶段、人际关系管理阶段、人力资源管理阶段和战略人力资源管理阶段。

思考题

1. 人力资源的内涵及其特征有哪些？
2. 人力资源管理的概念及其职能有哪些？
3. 人力资源管理思想的演变过程有哪些？
4. 现代人力资源管理与传统人事管理的区别有哪些？
5. 人力资源管理的发展趋势与面临的挑战有哪些？

练习测试题

(一) 判断题（正确的打"√"，错误的打"×"。）

1. 时间资源是人类从事一切经济活动所经历过程对应的时光。它具有稀缺性和不可逆性。（　）

2. 人口资源是指人力资源中的劳动年龄人口。（　）

3. 人力资本理论是19世纪50年代末至60年代初美国经济学家舒尔茨等创立的。（　）

4. 人力资本的形成和维持不需要花费成本，投入生产领域可以带来财富的增长，并且也具有稀缺性。（　）

5. 人力资源管理是指企业为了实现人力资源的取得、开发、保持和利用而进行的计划、组织、指挥和控制活动。（　）

6. 人本原则即以人为本的原则，是人力资源管理的基本原则。坚持以人为本原则，对人力资源管理至关重要。（　）

7. 20世纪80年代，戴瓦纳在《人力资源管理：一个战略观》一文中提出战略人力资源管理的概念。（　）

8. 最早提出人力资源开发的是美国乔治·华盛顿大学的教授里奥·那德勒。（　）

9. 传统人事管理被看作技术含量低、无须专长、无足轻重的工作，人事管理部门属于执行层，无决策权。（　）

10. 外包就是将组织的人力资源活动委托给组织外部的专业机构承担，基础性管理工作向社会化的企业管理服务网络转移。（　）

(二) 选择题

1. （　）是指人力资源中具有较强的管理能力、研究能力、创造能力和专门技术能力的人员。

A. 人口资源

B. 劳动力资源

C. 人才资源

D. 人力资本

2. （　）指的是一个国家或地区中具有劳动能力的人口总数，它反映了一个国家或地区人力资源绝对量的水平。

A. 人力资源质量

B. 人力资源相对量

C. 人力资源绝对量

D. 人力资本绝对量

3. 生产要素包括（　　）四大类。

A. 劳动、资本、土地和企业家才能

B. 劳动、资金、货币和原材料

C. 原材料、资本、土地和供应商

D. 劳动、资本、供应商和企业家

4. 人力资源管理的目标就是（　　）。

A. 实现组织经营利润

B. 实现组织战略目标

C. 充分发挥人力资源的潜力，合理配置人力资源，调动人的积极性，提高工作效率，实现组织的发展目标

D. 妥善处理劳动关系，负责企业文化建设

5. 下列各项不属于人力资源管理的基本职能的是（　　）。

A. 获取、整合　　　B. 激励、调控　　　C. 开发　　　D. 创造

6. 下列各项不属于人力资源管理的基本原则的是（　　）。

A. 控制原则

B. 系统优化原则

C. 能级原则，激励强化原则，公平原则

D. 个体差异原则，人本原则

7. 下列各项不属于人力资源管理的发展趋势的是（　　）。

A. 战略地位逐步上升

B. 人力资源开发正逐步成为培育企业核心竞争力的源泉

C. "以人为本"的理念越来越为众多的企业所认可

D. 有强大的组织文化

第三章　人力资源管理三支柱理论

学习目标

学习本章内容后，你应该了解和掌握以下内容。
1. 了解人力资源管理三支柱理论的起源。
2. 了解人力资源管理三支柱理论对传统人力资源管理的突破。
3. 理解人力资源管理三支柱理论的内容。
4. 掌握企业构建人力资源管理三支柱理论模型的基础条件，知道如何搭建人力资源管理三支柱理论模型。

引导案例

京东的人力资源数字化转型

京东于2004年正式涉足电商领域，2017年市场交易额接近1.3万亿元。2018年7月，京东第三次入榜《财富》全球500强，位列第181位，在全球互联网企业中仅次于亚马逊和Alphabet，排名第三。在当前互联网的大环境下，人工智能越来越多地被应用于我们的生活及工作中，标志着智能化与数字化的时代已经到来。这个时代具有不确定性、易变性、复杂性与模糊性的特征，未来会越来越多地影响我们的生活和工作，这也就是我们所说的VUCA时代。面对新时代的挑战，未来的12年，京东将全面向技术转型，从业务战略到人力资源战略，从已经推出的无人机、无人仓、无人车，再到未来组织、智能人才体系，京东数字化转型已初具雏形。

京东的数字化转型以市场的趋势为根本，以创新为驱动，以精细化管理为抓手，启动全新运营模式，构建以技术让用户体验达到极致、所想即所得的"无界"零售模式，实现基于数据和行为的分析，想你所想要，更加精准地满足客户需求的目标。京东通过行业内企业间的横向共享生态，结合公司内的纵向人才管理共享生态，打造未来组织。公司内，京东建立了灵活的矩阵式任务平台机制，高效快速地响应业务需求；同时也对未来的用工方式进行研究，探索未来组织及其成员构成的可能性。在2017年京东完成了整个集团的小前台、大中台、后台整体的组织变革，目的是把授权前移，让一线熟悉市场的人做决策，从而更快速地响应客户的需求。当前台提出了一个请求，后台、中台都需要快速响应，才能满足他的需求。京东的实践发现，虽然前台具备了灵活性，但要实现需求还需要很高的沟通成本，所以有了任务平台。前台的需求可以分解成一个个任务，员工灵活组队，进行任务接洽，再配合配套的管理机

制,包括内部市场结算机制、人员评鉴机制、绩效体系的改革等,形成灵活的任务式组织体系。就京东共享服务中心转型而言,工作任务虽然已经有所增加,但总体的编制并未增加,京东希望未来共享服务中心的员工方向是产品经理、运营专家等更具价值的角色,进行运营方案的制定和管理,其他重复性、日常性的工作则由机器完成。

随着用户需求日益多元化的趋势,为了快速满足不同需求,这就要求人才要具备随时随地组合的能力,于是京东在人才管理方面提出了人才管理的"积木"理论。京东通过不断地梳理过去所累积的经验,并进行模块化整理,让这些经验变成一个又一个的基础模块,然后可以随意地选择和组合,形成可以快速响应的积木团队。在积木理论的基础上,京东在各大事业部进行了相应的人力资源诊断,每年观察组织数据,关注组织健康指数,进行人才鉴别,组织人才盘点,激活组织活力,提升组织战斗力,完善人才管理的"积木"体系。同时京东也注重培养对外赋能的能力,未来京东可以提供给第三方包括合作伙伴、供应商的,是可灵活组合的积木化产品。在人力资源管理方面,京东倡导一切以数字说话,通过对人力资源管理过程数据的分析,帮助管理者在人才选用育留、管理改进、工作效率提升等方面进行了试点和推广实践。京东除了关注人力资源数据库的建立和数据治理外,还开始关注员工行为数据、过程数据的采集,从数据表现层,通过数据库和大数据分析平台,让管理者及HR从业者可以随时随地看到涵盖员工生命周期的即时数据,并着手研究自助商业智能、招聘、人才画像、智能推荐等,实现真正的大数据分析。

资料来源:京东人力资源数字化转型的实践.(2018年9月15日).搜狐网https://www.sohu.com/a/254077964_183808.

人力资源的转型伴随着企业的转型。20世纪90年代,戴维·尤里奇教授提出来的人力资源三支柱理论(HR Three-Pillar Model),后被IBM、P&G等领先企业认同并采用。

人力资源三支柱理论简单来说就是重新定义人力资源工作,将其作为业务部门。业务部门首先要弄清楚自己的客户是谁。企业发展到一定阶段,大体上HR的目标客户有三类:高层管理人员、中层管理人员和员工。高层管理人员的需求主要集中在战略层面,包括组织的变革、企业文化的管理、人才的支持等。而中层管理人员的需求主要集中在管理层面,包括管理方法及其所需要的辅助工具等。一般来说,员工的需求就很固定,集中在流程化的内容中,包括入职手续、劳动合同等事务性的服务内容。

根据这三类人群的需求,HR部门可以一分为三:战略层面的BP(Business Partner)、业务咨询领域的COE(Center of Expertise)、流程事务性的SSC(Shared Service Center)。在这样的理论下对人力资源进行转型,使其价值得到大大提升。从目前领先公司的实践经验来看,人力资源从传统的职能部门转型为人力资源管理三支柱理论之后可以让HR发挥战略伙伴作用,显著提升管理者对HR的价值认知和员工对HR服务的满意度,同时大部分HR部门都能降成本增效益。

第一节 人力资源管理三支柱理论的起源

人力资源管理三支柱理论模型是重要的管理工具，引导人力资源部门由行政管理角色转变为战略协同角色，信息平台承担了人力资源的行政事务性工作，节约了人力资源管理成本，使管理人员充分发挥考核评估和激励职能。

一、什么是三支柱

(一) 三支柱的角色定义

人力资源管理三支柱理论由戴维·尤里奇于1997年提出，现在正在大公司中加速普及。简单来说，这个模型是一次HR革命或转型，它整合了原来分散的事务性的HR6模块或21模块，重新设计出HR的三个支柱，也就是BP、COE、SSC。这样，如果说HR部门原来由于分散性事务在公司处于打杂的位置，现在就可能变成一个有统一目标、对绩效有贡献的战略性部门。

如图3-1所示，在人力资源管理三支柱理论中，HR部门相当于大公司内部的一个服务型小公司。大公司的其他部门都是HR公司的客户，HR BP就是客户经理或大客户经理，COE是后台专家、SSC则像客服和库管。举个例子，当研发部需要招人时，他就会去找BP要人或招人，BP发现他的需求比较复杂就会去找COE研究，研究之后由SSC落实执行，人进来以后的各种事务性工作也由SSC执行。和目前不同的是这种执行是标准化的，因此执行起来很容易、很高效；而标准化则是来源于COE的设计。

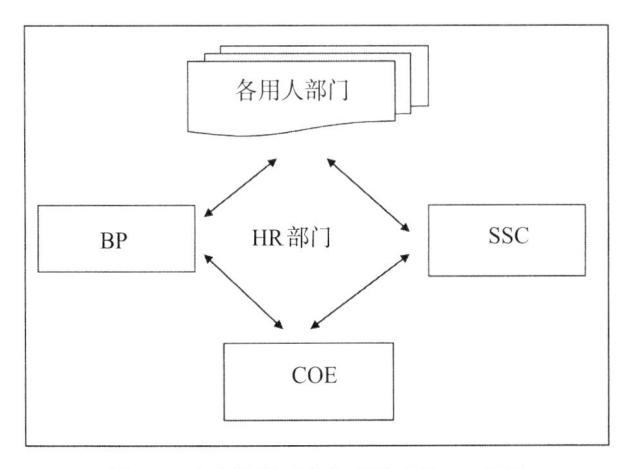

图3-1 人力资源三支柱理论中的HR部门

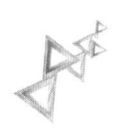

（二）人力资源管理三支柱理论的产生

人力资源管理（human resources management，HRM）是一个人人耳熟能详的概念，这是因为HR概念自诞生以来就吸引着管理学学界以及行为科学界的学者们。人力资源管理就是对组织内部的人力资源进行科学的管理，即根据人力资源的特点，运用科学的方法，充分挖掘人力资源的潜力并合理配置，力求做到人尽其才，实现劳动投入和经济产出的高效率。人力资源管理活动的起源可以追溯到非常久远的年代。

人力资源管理不同发展阶段演进的背后，是每个阶段的人力资源管理理念、方法等面对着种种挑战，不断地变革和演化，使人力资源管理的理念、方法更适应社会和企业对人员管理的需要。在理念上，人力资源管理的重要性毋庸置疑。但是在实践中，人力资源管理是否被重视还要看人员管理的实际需要。一般而言，随着组织人员规模的增加、组织岗位和人员的复杂性的增加，人力资源管理实践才能得到真正的重视。自彼得·德鲁克提出"人力资源"概念以来，每隔几年就会出现类似"人力资源管理部门应不应该取消""人力资源管理部门能不能创造价值"的质疑。因此，观念上的重视和实践上的质疑是人力资源管理在发展过程中一直存在的问题。对人力资源管理实践价值的每次争论和质疑，都会带来人力资源管理理论和实践的新发展。

时任GE公司群策群力专家团队的核心成员戴维·尤里奇指出，是否废除人力资源部门这样的问题是个坏问题：如果有价值，当然就不废除；如果没有价值，当然应该废除。他提出了一个更有现实价值的问题：人力资源部门到底该如何创造价值？他认为，人力资源部门不应该再关注活动本身，它不应该关注做了什么，而应该关注产出了什么。这场人力资源管理发展史上的经典争论，也推动了人力资源管理的新发展，带来了人力资源管理的再转型。如图3-2所示，尤里奇发展出HR角色与贡献（HR的四个角色：作为战略伙伴，成为效率专家，成为员工后盾，成为变革先锋）四象限模型，对人力资源实践产生了深远的影响，被很多优秀的企业采用。后来他在《人力资源最佳实务》中最先提出了HR部门的组织架构再设计框架，几经完善，变成今天大型企业中流行的三角模型。三角模型的三个角分别是：人力资源业务合作伙伴（HR BP）、人力资源专家中心（HR COE）、人力资源共享服务中心（HR SSC）。

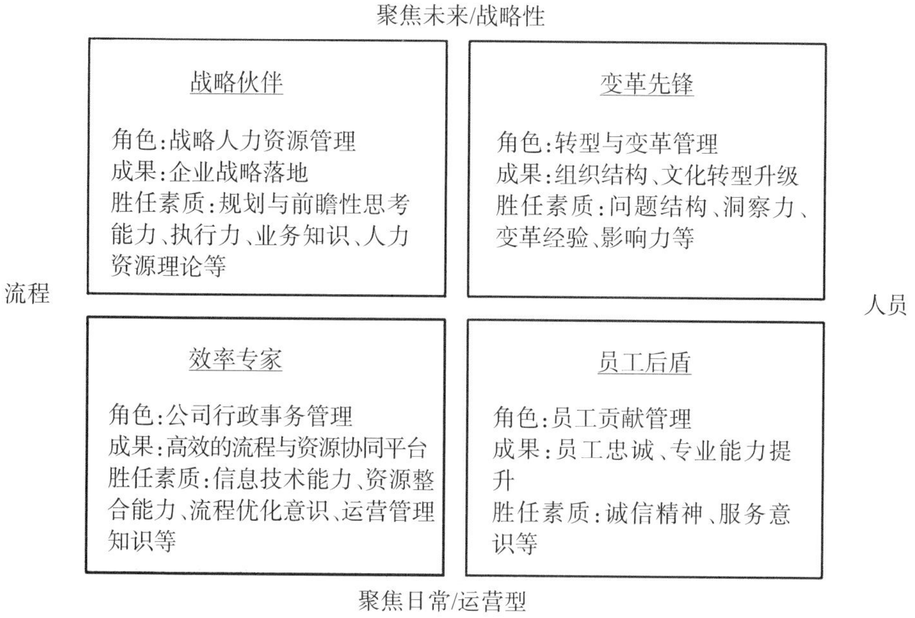

聚焦未来/战略性

战略伙伴	变革先锋
角色:战略人力资源管理 成果:企业战略落地 胜任素质:规划与前瞻性思考能力、执行力、业务知识、人力资源理论等	角色:转型与变革管理 成果:组织结构、文化转型升级 胜任素质:问题结构、洞察力、变革经验、影响力等
效率专家	员工后盾
角色:公司行政事务管理 成果:高效的流程与资源协同平台 胜任素质:信息技术能力、资源整合能力、流程优化意识、运营管理知识等	角色:员工贡献管理 成果:员工忠诚、专业能力提升 胜任素质:诚信精神、服务意识等

流程　　　　　　　　　　　　　　　　　　　　人员

聚焦日常/运营型

图3-2　人力资源四角色模型

二、人力资源管理三支柱理论的内容

人力资源管理三支柱理论即COE（专家中心）、HR BP（人力资源业务合作伙伴）和SSC（共享服务中心）。以三支柱为支撑的人力资源体系源于公司战略，服务于公司业务，其核心理念是通过组织能力再造，让HR更好地为组织创造价值。传统意义上的HR的组织架构是按专业职能划分的，比如常说的六大模块，规划、招聘、培训、薪资福利、绩效、员工关系等不同的职能板块。人力资源管理三支柱理论本质上是基于对企业人力资源组织和管控模式上的创新。

（一）人力资源专家中心（HR COE）

人力资源专家中心主要职责是为业务单元提供人力资源方面的专业咨询，包括人力资源规划、人事测评、培训需求调查及培训方案设计、绩效管理制度设计、薪酬设计和调查等专业性较强的工作。同时帮助HR BP解决在业务单元遇到的人力资源管理方面的专业性较强的难题，并从专业角度协助企业制定和完善HR方面的各项管理规定，指导HR SSC开展服务活动。

HR COE的角色和职责如下：

（1）设计者：运用领域知识设计业务导向、创新HR的政策、流程和方案，并持续改进其有效性；

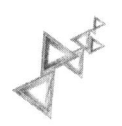

(2) 管控者：管控政策、流程的合规性，控制风险；

(3) 技术专家：对HR BP/HR SSC、业务管理人员提供本领域的技术支持。

（二）人力资源共享服务中心（HR SSC）

HR SSC将企业各业务单元中所有与人力资源管理有关的基础性行政工作集中起来统一处理，一般要建立一个服务中心来统一进行处理。

HR SSC的角色如下：

(1) 员工呼叫中心：支持员工和管理者发起的服务需求；

(2) HR流程事务处理中心：支持由COE发起的主流程的行政事务（如：发薪、招聘）；

(3) HR SSC运营管理中心：提供质量、内控、数据、技术（包括自助服务）和供应商管理支持。

HR SSC是HR效率提升的驱动器，其使命是为HR服务目标群体提供高效、高质量和成本最佳的HR共享服务。为此，HR SSC通常需要一个分层的服务模式来最大化工作效率。

（三）人力资源业务合作伙伴（HR BP）

人力资源业务合作伙伴是人力资源内部与各业务经理沟通的桥梁。HR BP既要熟悉HR各个职能领域，又要了解业务需求，帮助业务单元更好地维护员工关系，处理各业务单元中日常出现的较简单的HR问题，协助业务经理更好地使用各种人力资源管理制度和工具管理员工。

同时，HR BP也能利用自身的HR专业素养来发现业务单元日常人力资源管理中存在的问题，并将发现的问题交给人力资源专家，采用专业和有效的方法更好地解决问题或设计更加合理的工作流程完善所在业务单元的运营流程。

HR BP的角色和职责如下：

(1) 战略伙伴：在组织和人才战略、核心价值观传承方面推动战略的执行；

(2) 解决方案集成者：集成COE的设计，形成业务导向的解决方案；

(3) HR流程执行者：推行HR流程，支持人员管理决策；

(4) 变革推动者：扮演变革的催化剂角色；

(5) 关系管理者：有效管理员工队伍关系。

HR BP往往贴近业务进行配置，通过"指导员配到连队"，确保管理人员得到有效支持。业界往往根据BP/全职员工服务率配置BP；不同组织的HR对业务的支持程度和业务的复杂度不同，BP/全职员工服务率存在差异。HR COE、HR SSC、HR BP之间的职责关系如图3-3所示。

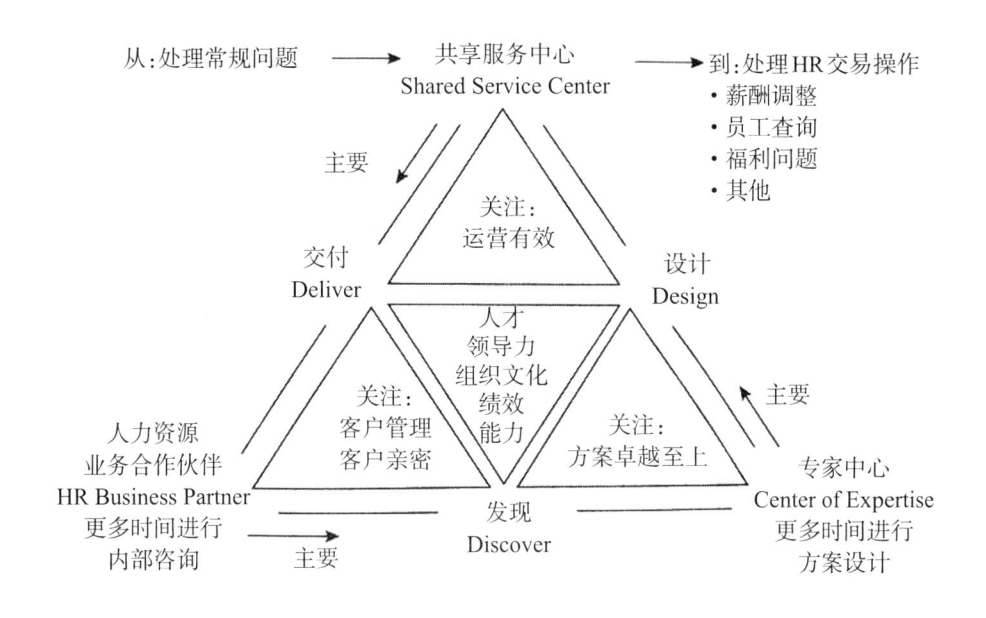

图3-3 人力资源管理三支柱模型

三、人力资源管理三支柱理论对传统人力资源管理的突破

（一）从专业导向到业务导向

传统HR不是不重视业务，而是往往习惯从HR自身职能出发，HR有什么能力，就给业务部门输送什么，而HR BP模式侧重需求导向，业务部门需要什么，我们穷尽能力去满足和支撑，这也叫从供给导向到需求导向。

（二）从事务型HR到策略型HR

HR BP模式，提倡人力资源管理和服务职能有效分离，让可流程化实施的事务性服务职能交给SSC或外包，让复杂程度高的技术性职能交给COE，而HR BP只需聚焦业务部门动态的需求变化，匹配相应的解决方案。

（三）从Function HR到Business HR

Function HR即职能型HR，在企业几乎没有话语权，总被业务部门牵着鼻子走。Business HR即合作型HR，强调平等协商，推崇"服务交付"理念，在商言商。业务部门不一定认同这一点，但HR自己应该树立这个理念。

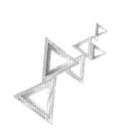

四、人力资源管理三支柱理论对人力资源管理的价值

（一）提升HR效能

HR BP：贴近业务配备HR资源，一方面提供统一的服务界面，提供端到端的解决方案；另一方面"将指导员配到连队"，为公司核心价值观的传承和政策落地提供组织保障。HR COE：建立HR专业能力，提高公司人力资源政策、流程和方案的有效性，并为HR BP服务业务提供技术支持。

（二）提升HR效率

HR SSC：提供标准化、流程化的服务，使主管和HR从操作性事务中释放出来，提升HR整体服务效率。HR SSC与COE、HR BP之间的角色关系如图3-4所示。

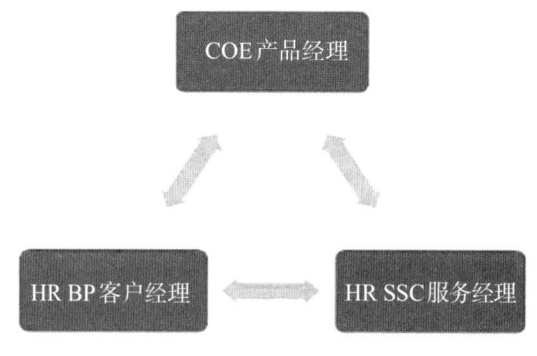

图3-4 人力资源管理三支柱角色关系

在对人力资源部门价值探讨的浪潮中，戴维·尤里奇秉承德鲁克的思想，回归人力资源管理的本源，强调人力资源管理的价值应该从业务出发，从结果出发，从解决实际问题出发。根据这个理念，他提出了人力资源管理三支柱模型，随后成为人力资源管理提升价值的重要手段。但随着时代的发展，近几年，尤里奇也在反思三支柱存在的问题，尤其是将HR BP作为一个岗位而非作为一种理念，很大程度上也会使SSC和COE产生与业务的距离感。尤里奇最近几年的演讲表明，HR更需要由外而内的视角，无论什么岗位，都需要有业务视角，需要有结果视角，需要对商业环境的审视，对外部利益相关者的审视。

第二节 企业实施三支柱模型的基础条件及其构建

实际上，IBM是全球最早实施三支柱模型的企业。很多中国企业现在也都在推行三支柱模型。但客观地讲，其中有失败的，也有成功的。因为，当传统企业真正实施三支柱模型时，其实面临很多的障碍。一个企业构建三支柱模型，需要很多的基础条件。

一、企业实施人力资源管理三支柱理论的基础条件

（一）企业要有一定的规模

企业有庞大的下属子公司或者机构，员工数量众多；各子公司或分支机构中均设立人力资源部，且各人力资源部均重复性地设立了很多职能相似的分部。

（二）企业人力资源活动的相似性

各子公司或下设机构的人力资源活动有较高的相似性，可以将某些人力资源工作从下面收归到集团层面来进行统一处理。

（三）企业要构建基于客户化、流程化的组织

很多企业现在根本没有真正打造流程化的体系，企业的业务流程没有进行系统的整合和梳理，更谈不上是基于客户的流程化体系建设。

IBM人力资源管理实践的演变如图3-5所示。

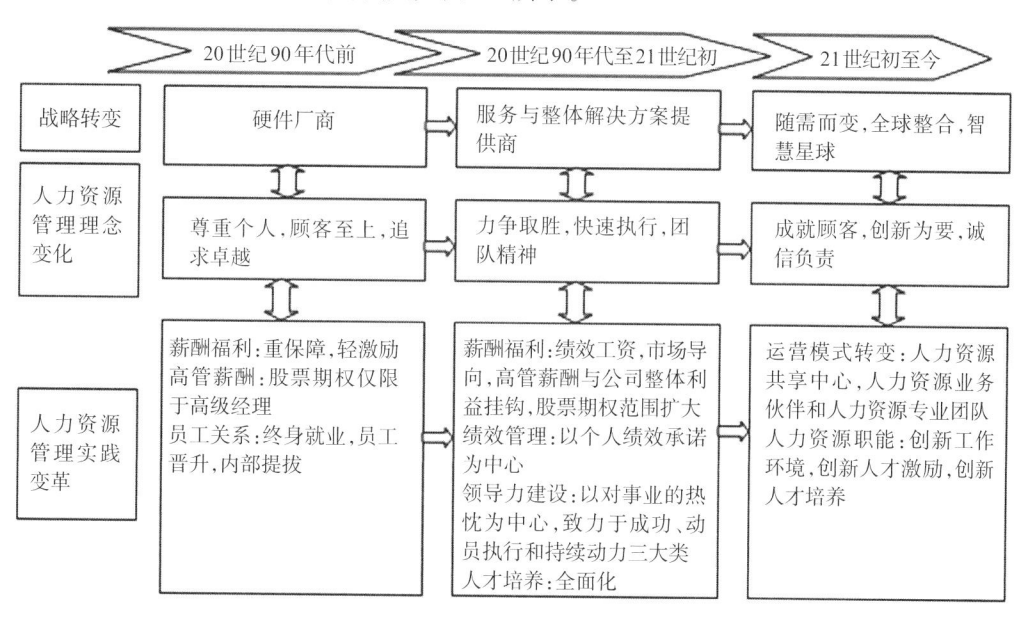

	20世纪90年代前	20世纪90年代至21世纪初	21世纪初至今
战略转变	硬件厂商	服务与整体解决方案提供商	随需而变，全球整合，智慧星球
人力资源管理理念变化	尊重个人，顾客至上，追求卓越	力争取胜，快速执行，团队精神	成就顾客，创新为要，诚信负责
人力资源管理实践变革	薪酬福利：重保障，轻激励 高管薪酬：股票期权仅限于高级经理 员工关系：终身就业，员工晋升，内部提拔	薪酬福利：绩效工资，市场导向，高管薪酬与公司整体利益挂钩，股票期权范围扩大 绩效管理：以个人绩效承诺为中心 领导力建设：以对事业的热忱为中心，致力于成功、动员执行和持续动力三大类 人才培养：全面化	运营模式转变：人力资源共享中心，人力资源业务伙伴和人力资源专业团队 人力资源职能：创新工作环境，创新人才激励，创新人才培养

图3-5　IBM人力资源管理实践的演变

真正要构建人力资源管理三支柱理论，首先人力资源要真正上升到战略和业务层面，而不再是一个事务性的工具。

（四）需要有真正熟悉人力资源管理三支柱理论及其操作的专业人才

在人力资源管理三支柱理论使用中，很多企业面临着人才的挑战。比如海尔，为

什么推行人力资源管理三支柱理论后，又退回去，因为建立人力资源三支柱首先要成立COE。人才短缺，是不可行的。要推行人力资源管理三支柱理论就必须确立专家权威。专家主要是根据公司的战略来制定人力资源政策、制度体系，如果企业还是官本位，专家所做的东西其实是找不到价值点所在的。这也是现在很多企业很困惑的地方。成立了专家中心，这些人既不懂战略又不懂业务，纯粹就是一个在人力资源领域能写文章的人，却并没有办法根据企业的战略和业务，去研究开发支撑企业战略的人力资源产品、服务。

（五）共享服务的标准化与HR BP的个性化

共享服务的前提就是人力资源平台的信息化、公开化、模块化、标准化水平，以及大数据的人力资源标准化产品的提供。这一点，中国的很多企业基本上很难真正实现。什么叫共享？必须由总部平台中心通过模块化、集约化、标准化管理来提供信息。谷歌为什么可以成立共享中心？就是基于大数据的管理，然后开发出模块化、标准化的产品，通过HR BP能够实现个性化的服务。

所谓的三支柱：专家主要侧重于战略层面；共享服务主要侧重于模块化、标准化、知识、管理以及公共产品的服务提供；到了HR BP层面来讲，主要是提供个性化的解决方案。

图3-6是谷歌支持创新的人力资源管理实践模型。

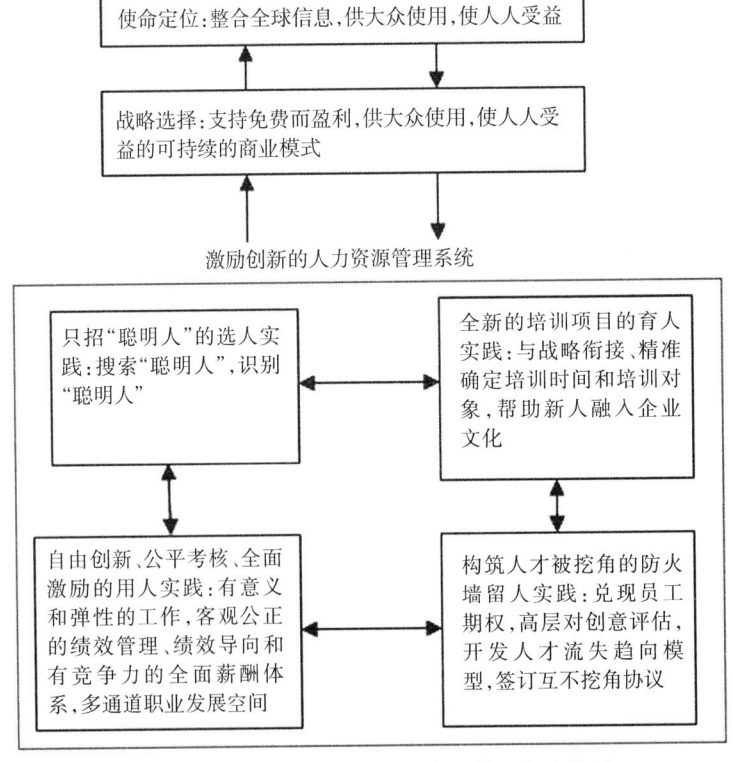

图3-6 谷歌支持创新的人力资源管理实践模型

（六）理顺人力资源管理的职能边界并提高专业水平

在人力资源管理三支柱模型中，有人（HR BP）负责客户管理、有人（COE）负责专业技术、有人（SSC）负责服务交付，这三项都需要专业的技能和方法，这就需要HR打好一定的基本功。在企业里完成事务性工作，这本身没有什么问题。但是如果HR有80%的时间都在应付例行的事务性工作，那么对于企业而言，HR的定位和角色就是"丫鬟"，而不是三支柱所提出来的"战略伙伴""变革推动者"的角色。这样又何谈三支柱。尽管很多企业在表面上的架构有了很大变动，职能名称也相应做了变化，领导也三令五申说要把人力资源三支柱做起来。但还是起不到应有的作用，这就是HR三支柱失败最明显的表现。

在实践人力资源管理三支柱理论的时候，一定要转变企业上下对人力资源管理的认识，要把"业务部门负责人就是部门人力资源管理的第一责任人"的理念灌输给每一位管理者。另外，还需要把"每个HR都是HR BP"的理念贯彻到HR团队的思想和工作行为之中，保证人力资源工作均是战略和业务服务导向。要对企业人力资源管理的主要模块进行系统梳理，规范各模块的工作；通过理念的转变和体系完善，发掘、培养出一批具备潜力的HR专家和HR BP人才。

二、企业人力资源三支柱模型的构建

尽管人力资源三支柱模型是未来人力资源转型的方向，但是人力资源三支柱模型的建立不是一蹴而就的，它需要一个过程，而国内很多企业在构建人力资源管理三支柱理论方面还没有具备很好的条件，还需要走很长的路。

1. 构建人力资源的专家队伍

国内企业目前遇到的一个问题就是人力资源专家匮乏，真正科班出身的人力资源人员不多，要想搭建起一个人力资源的专家中心相对比较困难。因此，建议从两方面来准备。一方面，提升企业现有人力资源专业人员的能力水平，多参与人力资源前沿沙龙，学习了解人力资源专业知识；另一方面，通过与外部咨询公司合作，在合作项目的过程中，提升自身的专业能力，转变思维模式，吸纳最先进的管理思想。

2. 构建大数据平台

人力资源要想构建共享平台，必须要有大数据做支撑。过去人力资源的决策大多是感性的，而大数据平台的构建能够帮助决策者理性决策。比如在谷歌，所有的与人有关的决策都是基于数据的，并配备有专门的人力资源数据分析人员。

目前，对于那些还没有建立起大数据平台的企业来说，可以从以下几方面入手。

首先，从基础的数据开始进行搭建，建立月度数据统计机制。不少企业连人力资

源的基础数据都没有，如果你问他去年人员流失率是多少，他会告诉你不知道。如果你问他去年管理职位内部晋升和外部招聘的比例是多少，他依然会告诉你不知道。所以对这类企业来说，需要从零起步，每月定期收集基础数据，建立人力资源月度报表。当形成这样的数据收集机制以后，人力资源的数据就能作动态地分析了。

其次，将人力资源软件用于人力资源管理中。对于经济相对较好的企业来说，可以购买HR软件，通过HR软件进行数据的收集。运用HR软件进行数据分析比人工分析更加高效快速。

最后，提升人力资源数据分析能力，修正和调整数据分析模型，使人力资源决策更加准确。有了人力资源数据之后，还需要有专业的人士进行分析，通常在进行人力资源数据分析之前都会建立一个模型，数据分析是基于这个模型构建的，在建模、分析、决策的过程中，对模型进行不断地修正和调整，使模型更加准确。

3. 提升HR BP人员对业务的熟悉程度与人力资源专业能力

目前，国内很多企业HR BP人员一般有两个来源：一个来源是从业务部门抽调的人员，这些人员熟悉业务，但是人力资源知识欠缺；另一个来源就是从人力资源部门抽调的人员，这些人员具备一定的人力资源知识，但对业务不熟悉。对业务的熟悉与人力资源专业知识的熟练这两者对HR BP同样重要，缺一不可。只有熟悉业务知识的专业HR才能更好地服务业务部门，才能真正成为业务部门的战略合作伙伴。

总之，人力资源三支柱模型是未来人力资源转型的方向，在企业构建人力资源三支柱模型的过程中，根据企业的实际情况，采取循序渐进的方式逐步完善HR COE、HR BP、HR SSC。腾讯基于三支柱的人力资源管理实践模型，如图3-7所示。

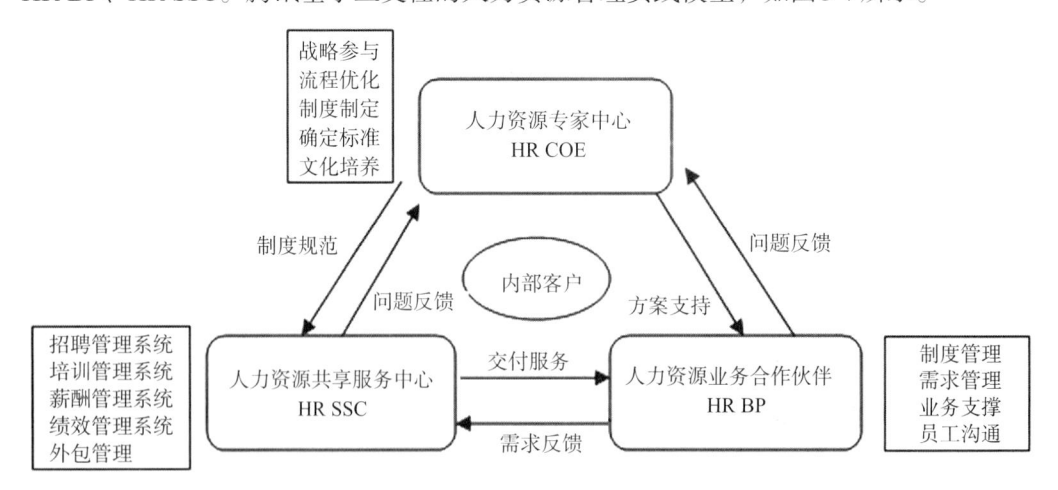

图3-7 腾讯基于三支柱的人力资源管理实践模型

第三节 人力资源管理三支柱模型在典型组织中的运用

人力资源体系是企业在人力资源管理过程中所形成的制度、流程、组织等的系统化产物,包括:招聘、培训、薪酬、考核、人力资源配置、劳动关系管理、企业文化建设等。企业建立起一套完善的人力资源管理体系,是实现人力资源管理的根本。人力资源体系本身的设计体现了组织对人力资源部门的定位,设计一个高效的人力资源组织体系是支持组织战略的重要环节。

近年来,人力资源三支柱理论成为许多优秀企业人力资源体系的基础架构。在使用人力资源三支柱模型时,大多数企业都是:将多数的职能设计整合为人力资源专家HR COE,它由组织内在员工配置、员工发展、薪酬管理、绩效管理、培训管理、员工关系管理等方面的专家构成,主要是针对以上职能方面提出专业性建议和设计有效的解决方案,同时为组织变革服务;将组织的招聘、薪酬福利、工资发放、社会保险扣缴申报等基础业务事项整合进人力资源共享中心HR SSC,为组织提供全方位高效的统一服务;设置人力资源业务合作伙伴HR BP,使组织的人力资源管理与业务经理直接沟通并提供直接的更具有针对性的服务。HR BP既熟悉人力资源管理各个职能领域的业务,又近距离高度了解业务部门的业务需求,所以既能很好地帮助业务单元维护好员工关系,又可以协助业务主管更有效地使用人力资源管理制度和工具助力业务目标实现。

一、华为公司人力资源体系转型模式

(一)华为公司人力资源管理三支柱理论的探索

华为技术有限公司(下文简称"华为")历史可以归纳为四个阶段。第一个阶段,1987年到1994年,创业求生存。初期所形成的领导团队到现在还保持稳定,这是中小企业研究华为的一个启示点。第二个阶段,1995年到2004年,二次创业与迈向国际化。这一阶段是最值得研究的,华为所有的变革——人力资源系统、管理体系、流程体系,都是在这九年完成的。这一阶段也是华为面临困难最多的时期,也正是在这一阶段,通过管理变革,华为销售收入名列前茅,并开始走向海外,真正成为国际化的公司。第三个阶段,2005年到2012年,华为商业模式变革期。它不再是简单地卖通信设备,而是提出要做电信解决方案供应商。过去是把竞争对手击倒,这个阶段把对手叫友军,"竞争"变"竞合",整个组织变革面向客户。第四个阶段,2013年到现在是华为组织转型期,就是追求"云管端"一体化。

伴随着华为发展的四个阶段,其人力资源管理也从传统的人事管理过渡到人力资源

管理三支柱理论阶段，经历了如下过程：1987年到1995年企业在创业阶段是基于传统人事管理的人事服务阶段，为了满足业务需要吸引保留人才，提升生产效率。1996年到2008年企业处于通过专业的人力资源管理来满足业务需求的发挥专业价值阶段。2009年到2013年，为了使人力资源管理职能支撑业务成功，企业处于将人力资源战略与业务战略结合的业务合作伙伴阶段。2014年以后为驱动业务成功走向战略人力资源管理阶段，HR的价值在于为公司战略护航，保障有效增长，成为行业领导者。如图3-8所示。

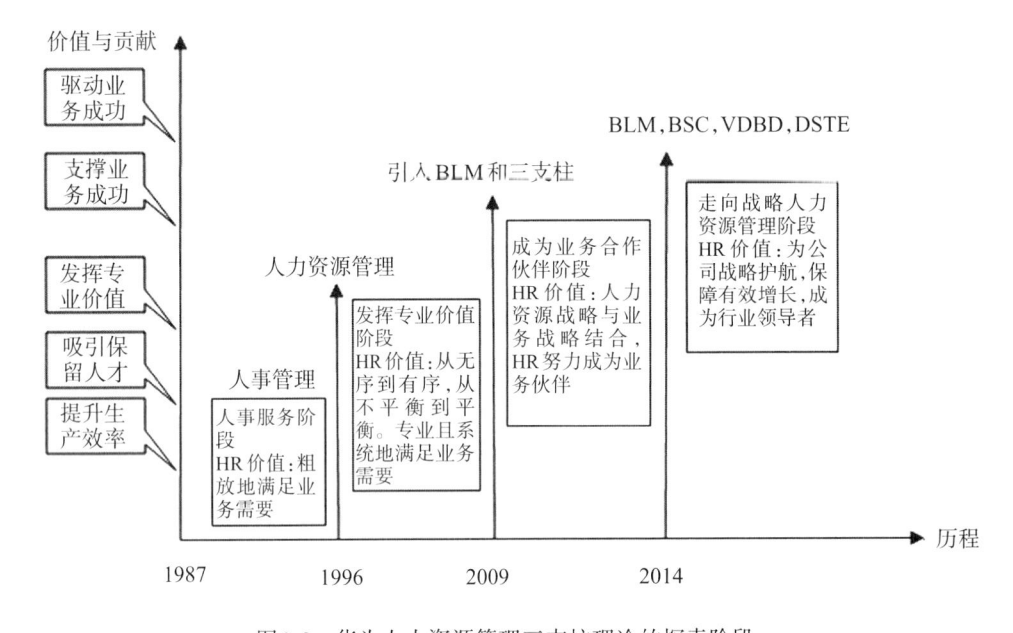

图3-8 华为人力资源管理三支柱理论的探索阶段

华为在2009年开启了人力资源管理三支柱理论的探索，在2014年逐步成熟。如图3-9所示，华为在HR BP上提出了V-CROSS模型，赋予了HR BP更多的职责和角色。

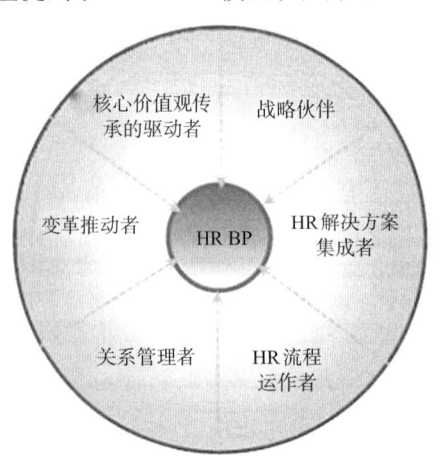

图3-9 华为V-CROSS模型

华为在2009年引入三支柱模型，跟当时IBM给华为介绍过的BLM模型（业务领先模型business leadership model）有关，BLM模型左半部分是熟悉的VDBD模型（基于价值驱动的业务设计）；右半部分则是把战略制定和战略执行一起系统考虑的工具。这个工具，系统考虑战略制定后要通过组织、人才、氛围来支撑战略的成功；保证战略执行，组织是否有效匹配战略；人才的数量和质量是否匹配战略需求；文化和氛围方面是否支撑战略；激励是否能有效促进战略的实施。可以看到这个工具正好弥补了业务部门战略落地的缺失，促进了业务和人力资源战略的有效连接，于是许多高科技企业将BLM模型引入研发并推广。人力资源工作产生效果需要时间，需要前瞻性地考虑业务战略对人力资源管理的需求，主动和业务需求对接，主动思考如何保证战略有效实施。

在咨询行业，IBM的BLM模型（如图3-10所示），可以和著名的波士顿矩阵、SWOT分析以及迈克波特的五力模型相提并论，是企业战略制定与执行连接的方法与平台。它源自IBM一套完整的战略规划方法论，这套方法论是IBM在2003年研发的。BLM模型从市场洞察、战略意图、创新焦点、业务设计、关键任务、正式组织、人才、氛围与文化以及领导力等几个方面，协助管理层进行经常性的战略制定、调整及执行跟踪。BLM模型分为四部分，最上面是领导力，公司的转型和发展归根结底在内部是由企业的领导力来驱动。最下面是企业价值观，这是底盘。中间的两部分被称为战略和执行，好的战略设计，还要有非常强的执行，没有好的执行，再好的战略也会落空。

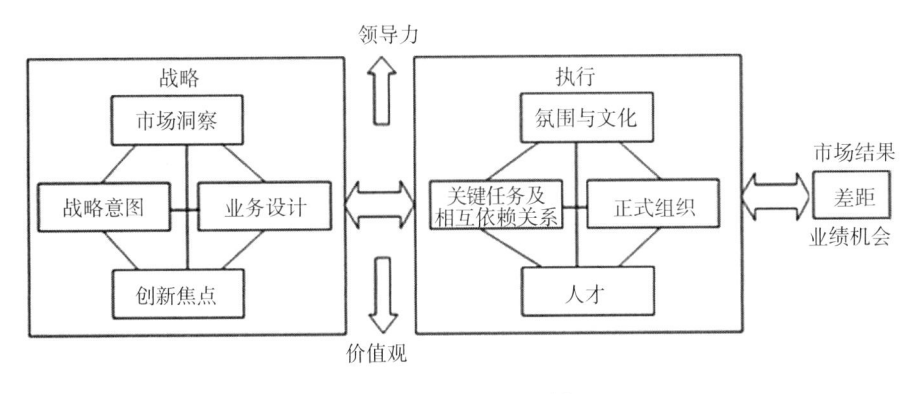

图3-10　IBM的BLM模型

2005年，华为销售服务体系和IBM合作领导力项目的时候，华为发现IBM的BLM工具可以弥补业务部门战略落地的缺失，促进业务和人力资源战略的有效连接，于是将BLM模型引入研发并推广。2005年正是华为实施全球化和超越战略的阶段（如图3-11所示），当时华为引进BLM模型，有两个目的：一是保证业务部门的战略从制定到落地。BLM模型的核心在于战略制定后要通过组织、人才、氛围来支撑战略的成功，要保证战略执行。二是如何保证人力资源与业务紧密关联。以前华为制定战略

的时候，人力资源是不被邀请的。唯一参与的是，有时候在业务战略里需要补充1~2页人力资源规划，也就是说，HR来填个空就行了。现在运用BLM模型之后，在战略执行环节，HR BP是引导员，成为主力。比如业务部门做某规划的时候，就有业务战略和人力资源战略两个部分，并形成了例行的机制，在各部门推行。人力资源管理和业务管理不再是割裂的。HR不再是可有可无。BLM模型认为企业战略的制定和执行部分包括八个方面，分别是战略意图、市场洞察、创新焦点、业务设计、关键任务、氛围与文化、人才和正式组织等。这样一来，人力资源管理和业务管理的联结就不可割断了。

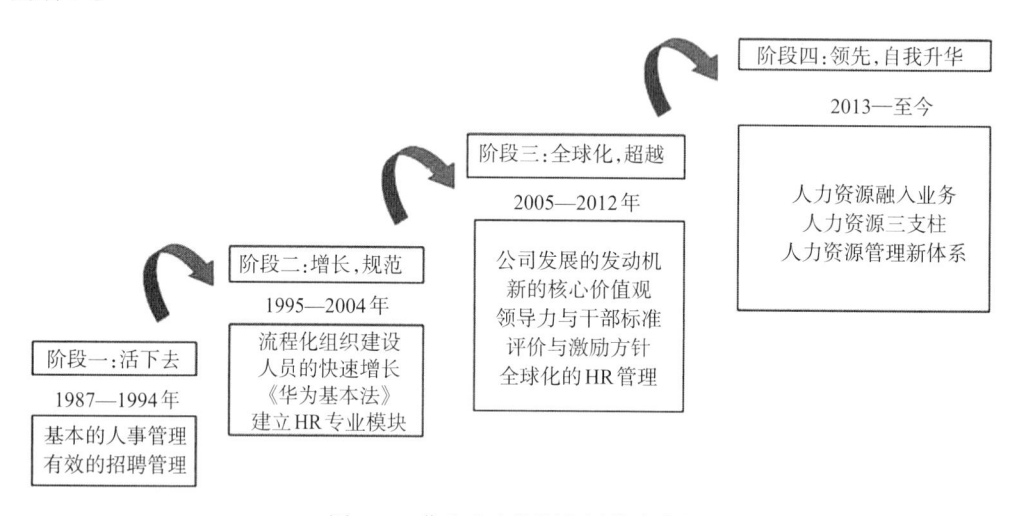

图3-11 华为人力资源发展战略阶段

（二）华为人力资源管理三支柱理论的特点

1. 华为人力资源管理三支柱理论的核心特点是"从业务中来到业务中去"

什么是从业务中来？需求从业务中来，HR要了解业务的需求和痛点，识别关键问题。什么是到业务中去？为业务创造价值的HR解决方案到业务中去。

HR结合公司的政策导向，设计人力资源解决方案，最后应用到业务中去，为业务创造价值。HR不能简单照抄照搬，或者机械执行，要基于公司的政策，结合具体的业务需求，要以终为始考虑问题，在做之前要思考：为什么做？做这个事情的价值是什么？先思考为什么，再解决怎么做的问题。要成为一个合格的HR，首先要了解公司的政策和导向。华为公司在人力资源管理方面有一些独特的原则和哲学理念，这是华为成功的基础，譬如："以客户为中心，以奋斗者为本""不让雷锋吃亏"等；其次，HR要提升专业能力，在专业方面给业务部门提供支持和帮助，体现专业价值；最后，HR要有使命感，敢于担责，实事求是。做一些事情，肯定会冒一些风险，承受一定的压力，甚至会不被理解，如何看待这些？一个好的HR，要得到主管和大多数员工的信任，这是一切工作的基础。HR既要了解"天气"，又要接"地气"，真正成为业务部门的伙伴。华为的人力资源管理三支柱模型如图3-12所示。

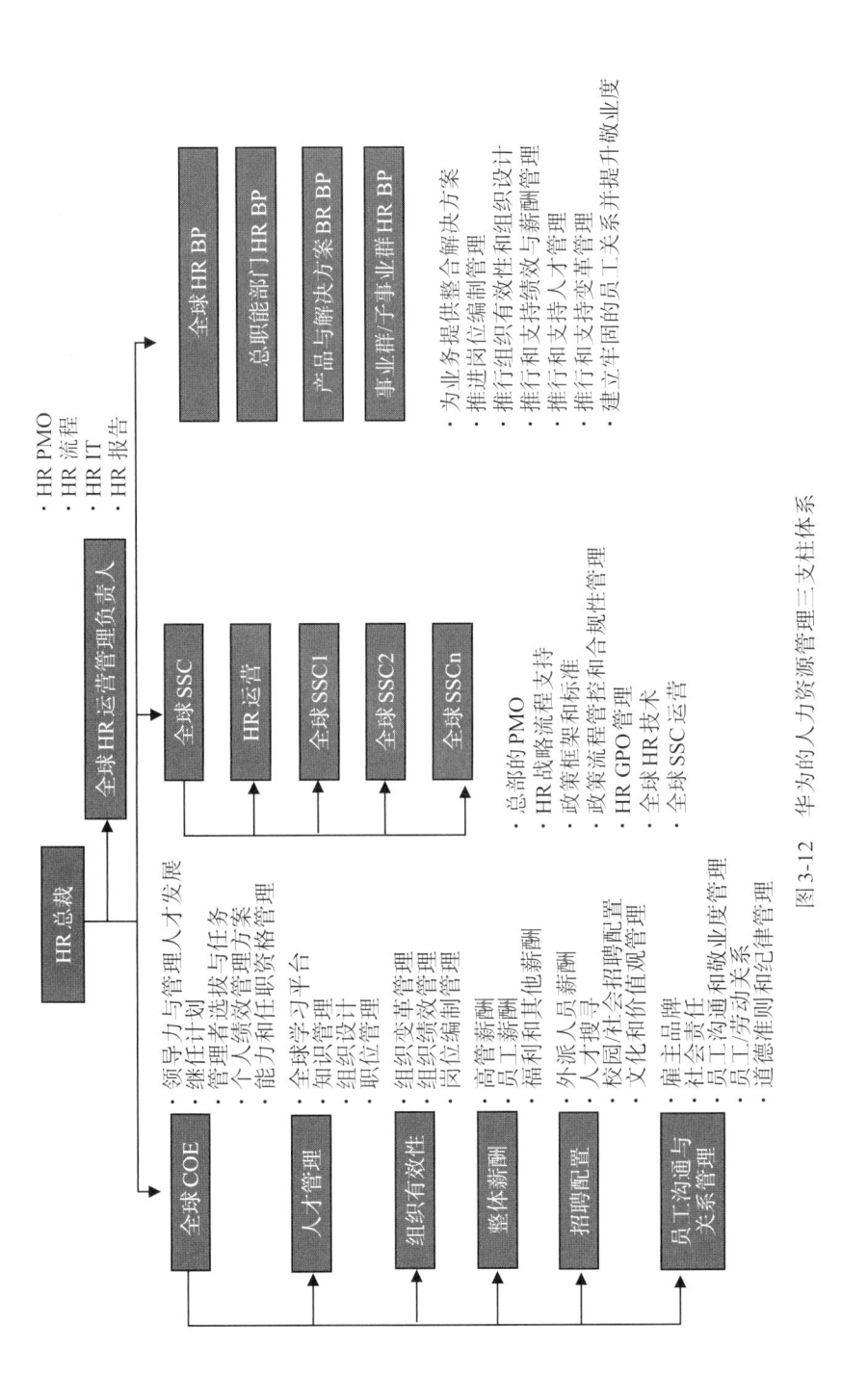

图 3-12 华为的人力资源管理三支柱体系

2. 以需求为导向

华为对组织核心价值观的描述就四句话，"以客户为中心，以奋斗者为本，长期艰苦奋斗，坚持自我批判"。首先是业务的需要。从前，公司很多业务主管反馈HR和业务是"两张皮"，HR尽管很努力，但业务部门评价不高，感觉HR做"二传手"的多，动不动还以公司的要求来推动。业务主管关注的事情HR不关注也不了解，HR着急的任务，业务主管不上心，所以好一点的HR在业务主管眼中是伙计，差一点的是监工。HR也觉得比较委屈，做了很多事，但人家不领情。这样，下面的员工和主管根本接触不到HR，HR只看"天气"不接"地气"，没有HR专门针对他们的业务需求提供有针对性的解决方案。为了解决此问题，华为提出"将指导员配到连队"，在基层团队设立HR BP，按比例在业务部门配备HR BP人员。这些HR懂业务、了解业务的需求，再通过赋能，把人力资源的政策、工具和方法传递给业务主管，就会与业务更好地连接，而不会出现以前那种"一个小部门生病，全体吃药"的状况。HR BP在业务一线，及时了解需求，有针对性地提出解决方案，业务就容易感受到HR的价值。华为以需求为导向的人力资源管理模式见图3-13。

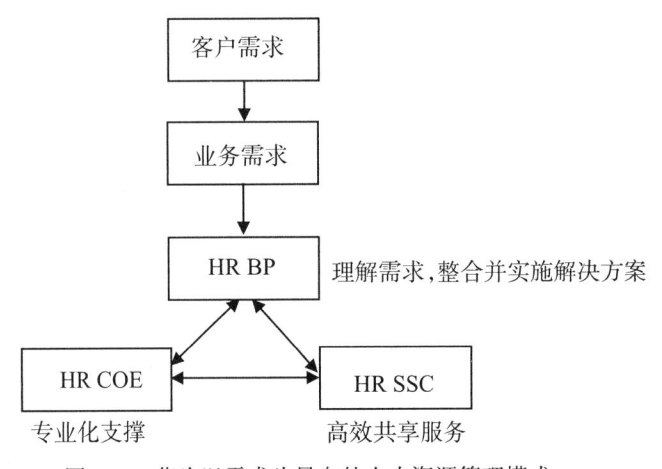

图3-13 华为以需求为导向的人力资源管理模式

3. 成长导向的人力资源管理三支柱理论

以增长效率为导向的HR业务管理架构，与华为战略导向的成长模式有密切的联系。华为的人力资源管理战略与业务战略对齐，指的是HR运作模式受业务驱动、HR战略立足于业务发展的需要。华为成长导向的HR三支柱需要如图3-14所示。

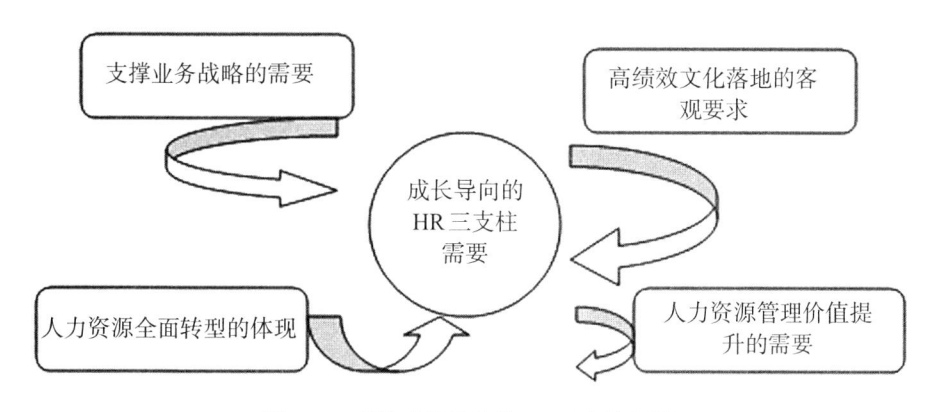

图3-14 华为成长导向的HR三支柱需要

4. HR BP建设过程中用管理实践赋能技术业务部门主管人员

要实施人力资源管理三支柱理论，要把"指导员配到连队"，势必要增加一些HR人员，当时华为从干部管理团队中抽调一批HR到一线做HR BP，另外从业务部门转一些管理者做HR BP。现在再回头看，这在当时是比较艰难，但是很有远见的决策。另外华为也"妥协"了一下，转过来的管理者，继续支撑本产品线，只在本产品线内交叉到另外一个部门做HR BP，就是说网络产品线A部门的管理者，继续在网络产品线，但是到网络产品线B部门做HR BP，这样业务部门就有动力输出优秀的管理者做HR BP。

怎么解决业务主管愿不愿意转做HR BP的问题呢？华为建立了一种机制，即优先选拔有人员管理经验的优秀管理者做HR BP，同时承诺在HR BP岗位工作两年左右的时间，可以选择回业务部门。这样先吸引优秀的人加入，他们没有后顾之忧，慢慢有了示范效应，一年之内就把全部HR BP配齐了。

怎么解决业务主管转做HR BP担心"做不好"的问题？毕竟他们以前是做业务的，对HR不了解，转做HR，大家担心万一干不好反而"阵亡"。为了解决这个问题，华为首先确保业务主管来了之后能力确实能提高，无论是人力资源战略（BLM项目）、教练式辅导，还是TSP（干部继任计划）、MFP（经理人反馈项目）、PLDP/PMDP、关键岗位的角色认知等项目，通过很多专业工作来提升HR BP的人员管理、团队建设、组织发展等水平，提倡每打一仗就总结一次，在实战中提升能力（第一次跟着别人做，第二次在别人的辅导下做，第三次自己独立做），尽快提升HR BP的能力。华为提出，要让大家感受到HR BP工作经历对自己的能力是一种提高，同时也认同HR工作的价值。理解了业务部门的想法和各方利益诉求，整个变革就比较顺利了。

（三）华为人力资源管理三支柱理论的六大角色

华为在HR转型过程中，提炼了HR BP的角色模型：V-CROSS。在这个模型中，华为的HR BP将扮演以下六大角色：战略伙伴（Strategic Partner）、HR解决方案集成者（HR Solution Integrator）、HR流程运作者（HR Process Operator）、关系管理者（Relationship Manager）、变革推动者（Change Agent）、核心价值观传承的驱动者（Core Value）。

1. 战略伙伴

（1）角色描述。

参与战略规划，理解业务战略，将业务战略与HR战略连接，并组织落地。

（2）关键业务活动。

① 战略理解。

作为战略规划的核心成员，参与战略规划；将战略规划作为"望远镜"，理解中长期业务战略。

② 从外至内。

关注客户需求（如客户满意度调查报告），分析竞争对手和业界标杆，洞察外部人才市场，发现组织、人才和氛围方面的机会和差异，提供有价值的人力资源分析作为战略规划的输入。

③ 战略连接。

组织制定人力资源战略（组织、人才、氛围），确保从业务战略到人力资源战略的紧密连接。

④ 执行落地。

根据业务规划和人力资源战略，制定人力资源年度工作规划，并纳入AT（行政团队，Administration Team，主要负责组织内干部的任用推荐和员工评议、激励的相关工作）议题，通过AT跟踪落地。

2. HR解决方案集成者

（1）角色描述。

理解业务诉求和痛点，集成COE专长，组织制定HR解决方案，将业务需求与HR解决方案连接，并实施落地。

（2）关键业务活动。

① 理解业务需求。

准确理解业务诉求和痛点，主动利用组织诊断等工具识别需求和问题，将业务需求转化为HR需求。

② 制定解决方案。

集成COE的专业化方法和工具，组织制定既符合公司核心价值观，又匹配业务需求的简洁适用的HR解决方案，并与管理团队达成一致。

③ 组织执行落地。

组织业务主管、COE、SSC等相关角色，制订实施计划，执行落地；及时衡量解决方案的实施效果，根据需要进行优化调整。

④ 总结并固化。

总结并固化经验；为COE在制定政策、流程和方案时提供业务输入，将经验固化到流程中。

3. HR流程运作者

（1）角色描述。

合理规划HR重点工作，有效运作AT，提升人力资源工作质量与效率。

（2）关键业务活动。

① 制定HR工作日历。

根据公司和上级部门的HR工作日历，结合业务需求，制定部门HR工作日历，保证HR工作规范化和可视化。

② 制定方案与实施。

结合公司的政策导向和业务需求，制定各项人力资源工作的实施方案；并根据执行情况持续优化，确保对业务的适用性。

③ 运作AT。

建立有效的运作机制，规划议题沙盘，提高决策质量，保证人员管理工作的客观和公正。

④ 赋能主管。

借助教练式辅导、90天转身等工具帮助主管（尤其是新任主管）理解和掌握HR政策、流程，提升其人员管理意识和能力。

4. 关系管理者

（1）角色描述。

有效管理员工关系，提升员工敬业程度；合法用工，营造和谐的工作环境。

（2）关键业务活动。

① 敬业度管理。

借助组织气氛评估工具，定期评估员工敬业度水平，识别改进机会，采取改进行动。

② 矛盾调停。

建立主管与员工的例行沟通渠道，让员工理解公司、让主管了解员工；认真处理好员工的建议和投诉，持续改进管理工作。

③ 员工健康与安全。

将员工的健康与安全纳入HR的工作流程中，以预防为主，通过压力测试、"3+1"等活动，引导员工积极正向思维，通过业务主管、HR BP、秘书等途径，提前识别风险人群，持续跟踪。

81

④ 突发和危机事件。

快速响应，组织制定应急方案，妥善处理。

⑤ 合规运营。

确保人力资源政策符合当地法律法规，防范用工风险。

⑥ 雇主品牌建设。

当地雇主品牌建设。

5. 变革推动者

（1）角色描述。

理解变革需求，做好风险识别和利益相关人沟通，促使变革的成功实施。

（2）关键业务活动。

① 变革方案制定。

风险识别：理解变革需求，提前预见和识别变革过程中在组织、人才、氛围方面存在的阻力和风险，提供相应变革方案供团队决策。

利益相关人沟通：帮助业务主管做好变革准备，确定变革方案，制订利益相关人沟通计划，积极主动影响变革相关利益者，做好变革沟通。

② 变革实施。

负责组织、人才、氛围方面的变革实施，及时发现并解决问题，促进变革成功。

③ 评估与固化。

评估变革效果，将好的实践融入业务流程和人力资源流程，固化变革效果。

6. 核心价值观传承的驱动者

（1）角色描述。

通过干部管理、绩效管理、激励管理和持续沟通等措施，强化和传承公司价值观。

（2）关键业务活动。

① 干部身体力行。

通过对干部选拔、辅导和管理，让干部践行公司核心价值观，并通过干部大会等方式定期回顾和研讨；各级主管在业务管理和人员管理工作中，持续向员工传递核心价值观。

② 员工理解实践。

组织部门员工学习理解核心价值观，讨论输出符合本职岗位的具体行为表现，并通过绩效管理、激励分配、树立标杆等强化。

③ 建立沟通渠道。

定期安排各级主管和员工学习公司政策和领导讲话，利用全员大会、案例宣传等形式持续传承核心价值观；对于核心价值观传承中的问题，及时反馈到管理团队，制定改进措施。

④跨文化传承。

尊重和理解文化差异，针对不同的文化背景，不同层级员工（如新员工、本地员工），制定针对性的传递方案，以其能够接受和理解的方式进行一致性传承。

（四）华为人力资源三支柱理论的运营模式

华为的人力资源三支柱理论中，HR BP 并不是一个孤立的存在，而是一种理念转变后的职能规划的转变。HR 部门将内部"客户"分成三种，高管：需要 HR 部门成为组织变革的推动者，更关注在体系建设、文化等方面的职能工作；部门经理：需要 HR 发挥咨询功能，提供技术或资源上的支持；普通员工：需要 HR 做事务性的服务支持工作。对于上述三种客户，员工需求可以标准化，且对 HR 专业要求不高，多是框定设定即可，对人员素质要求也不高；但高管的要求非常集中且专注，需要专家水平的支持；业务经理的要求相对灵活多变，难以适从。为了实现从传统的管理职能导向向支持业务导向的转变，人力资源部门重新划分三个核心职能：HR COE、HR BP、HR SSC。

在实施中：HR BP 通过整理业务部门需求提请解决方案和整改机制，提交到 HR COE 进行专业论述和技术支持指导，HR BP 再和 HR SSC 达成一致，推行服务方案，更好地支持业务部门的基础工作。上述描述（人力资源三支柱）较为简略，核心只有一个，就是让 HR 不再仅仅成为行政专家和员工事务代理人，而是更多地去支持业务。这种组织架构的改变，对企业的管理要求也很高。同时，对于 HR BP 的要求更高，一方面要对业务层面有足够的认识和了解；另一方面要对企业的政策和一致要求有清醒认识，能够准确地整理需求，逐步解决。

（五）华为人力资源管理三支柱理论中的 HR SSC

在人力资源转型为人力资源管理三支柱理论的过程中，越来越多的企业将目光从单纯地关注 HR BP，开始转移到 HR SSC 上。更多企业逐渐意识到，没有 HR SSC 做抓手，HR BP 无法全身心地投入业务合作伙伴的角色当中。然而，早期建设成本高、复杂度高、对系统平台的要求严苛等原因一直阻碍 HR SSC 在国内的发展。

近几年，企业数字化转型在全球范围都是热门话题之一。数字化转型已经成为所有企业应对挑战的主要战略。人力资源数字化成为企业数字化转型中的重要环节。而人力资源的数字化、信息化随着技术的发展，经历了从 Excel 工具、单机版 HR 软件，再到 e-HR 系统、HRSaaS 的进化过程。从功能角度来看，早期的 HR 软件主要专注于数据和档案管理。随后，随着流程工具和数据挖掘技术的整合，HR 软件的功能得到了扩展。发展至今，借助大数据模型、云计算和移动平台，HR 软件已经能够构建一个覆盖 HR 部门、直线经理、员工以及管理层等多个角色的综合应用平台。然而，尽管技术进步显著，这些功能仍未能完全形成协同效应，不足以为企业的业务发展提供

强有力的支持。

人力资源共享服务中心成为人力资源数字化转型的必经之路，HR SSC 可以承担企业全部的流程性事务工作，HR BP、HR COE 能够从企业的整体角度对业务部门带来促进与提升。在转型三支柱的实践过程中，特别是 HR SSC 的搭建是一个瓶颈。

对于华为而言，为什么要建立共享服务中心？实际上驱动力主要有两个：①华为实施人力资源管理三支柱理论，进行人力资源变革，是希望通过共享服务中心的快速建立，能够把 BP 和 COE 手中的事务性工作承接过来，尽快地释放 BP 和 COE 真正聚焦战略性的工作；②华为希望能够通过标准化、流程化、高效、优质的服务使得员工和管理者体验到一个消费级的服务体验。从建立历史来看，整个华为的共享服务实际上是从 2009 年成立的一个项目开始的，当时是做的人力资源变革的项目。从 2011 年 10 月开始，通过一段时间的准备，基本上开始逐渐交付共享服务，首先交付的地域是在中国，经过一年时间的交付和实践，到 2012 年开始逐渐把海外业务纳入服务交付中心。

华为 HR SSC 的角色和职责如下：

（1）员工呼叫中心：支持员工和管理者发起的服务需求；

（2）HR 流程事务处理中心：支持由 COE 发起的主流程的行政事务（如：发薪、招聘）；

（3）HR SSC 运营管理中心：提供质量、内控、数据、技术（包括资助服务）和供应商管理支持。

二、腾讯公司的人力资源管理转型

腾讯公司于 1998 年 11 月在深圳成立，是中国最早也是目前中国市场上最大的互联网即时通信软件开发商。1999 年 2 月，腾讯正式推出第一个即时通信软件"腾讯 QQ"；并于 2004 年 6 月 16 日在香港联交所主板上市。2018 年 3 月 7 日，腾讯和联发科共同成立创新实验室，围绕手机游戏及其他互联网娱乐产品的开发与优化达成战略合作，共同探索 AI 在终端侧的应用。2023 年 6 月 15 日，世界品牌实验室（World Brand Lab）在北京发布了 2023 年《中国 500 最具价值品牌》分析报告，腾讯居第六位。腾讯以"成为最受尊敬的互联网企业"为愿景，树立了"正直、进取、合作、创新"的价值观，希望"通过互联网服务提升人类生活品质"。这些愿景、价值观、使命构成了腾讯独特的企业文化，贯穿于腾讯发展的每个阶段。

（一）腾讯的人力资源管理变革历程

随着腾讯的超速发展，其员工的规模也在超速扩张，这对人力资源管理提出了前所未有的挑战。如何在瞬息万变的互联网行业中生存下来？腾讯用"大公司平台、小公司精神"完美演绎了互联网企业的成功之道。"大公司平台"就是要让企业无论大小都在自己的行业空间内，利用社交化、网络化、新技术打造出跨界影响力；"小公司精神"则是指互联网企业必须保持像小公司那样的反应速度、创业精神、业务导向和管理环境，及时响应客户需求，尊重用户的感受，把用户体验放在首位。

凭借着这种精神，腾讯人力资源体系在2012年公司组织架构调整时，游刃有余，成功地从原有的业务系统制升级为七大事业群制，七大事业群分别指企业发展事业群（CDG）、互动娱乐事业群（IEG）、移动互联网事业群（MIG）、微信事业群（WXG）、网络媒体事业群（OMG）、社交网络事业群（SNG）、技术工程事业群（TEG）。腾讯人力资源体系的成功也不是一朝一夕促成的，它经历了一次又一次的变革与突破，如图3-15所示。

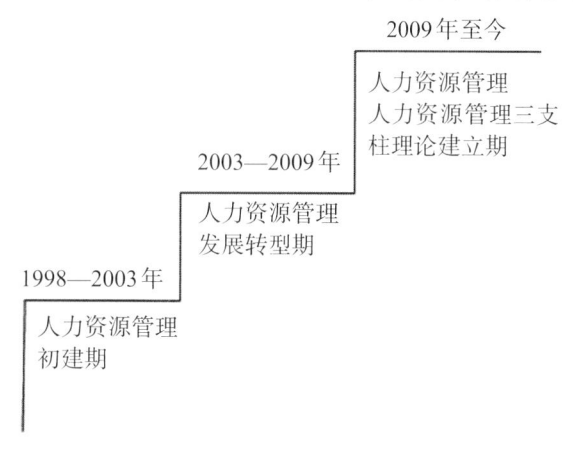

图3-15 腾讯的人力资源管理发展阶段

第一阶段：人力资源管理初建期（1998—2003年）。1998年，腾讯刚刚起步，由于员工人数较少，没有设置独立的人事管理部门。后来人事管理部门逐渐形成以职能为导向的组织结构，同时也出现了客户价值导向的理念与思想的萌芽。

第二阶段：人力资源管理发展转型期（2003—2009年）。2003年，公司人数不断膨胀，腾讯正式成立了人力资源部门，"员工是企业的第一财富"的观念逐渐深入人心。在这个时期，腾讯还面临着企业文化被稀释、人才储备和培养跟不上企业发展等问题。为了解决一系列相关问题，公司成立了企业文化管理委员会和腾讯学院，推广企业的价值观，加快新人融入公司的步伐。

第三阶段：人力资源管理新型组织结构——人力资源管理三支柱理论的建立期（2009年至今）。在这个阶段，随着移动互联网的发展，一个全新的"信息时代"降临了，它带来的是人与组织管理的新趋势。

（二）腾讯的人力资源管理三支柱模型探索及其结构

从人的角度来看，工业经济时代关注的是标准，管理的是群体行为。知识经济时代关注的是信息，管理的是群体知识。而在信息时代，人们谈管理，管的是人性，理的是人心，强调的是对个性的尊重，在去权威的环境中帮助员工自我管理、自我驱动与自我实现。

从组织的角度来看，过去组织强调大型化、内部化、集中化，现在组织更强调小型化、外部化、分离化这些特性。要求组织去中心化、扁平化、分布式，可以使组织更快速地响应外界的变化。在这样的组织特征下，企业渴望的是推动员工自驱动、自管理，从而形成一个从被动到主动的自组织管理形态。企业如何实现这样的自组织管理模式呢？腾讯对此做出了自己的探索，于2010年3月正式提出建立专家中心、共享服务中心、业务合作伙伴的HR三支柱组织架构的概念，形成了客户价值导向的人力资源管理组织结构。2014年，为进一步将HR服务产品化，为客户、用户提供端到端的交付，腾讯将共享服务中心（SSC）升级为共享交付中心（Shared Deliver Center，SDC）。

腾讯通过从HR价值出发进行重新定位，确保人力资源部门在公司战略推进和落地过程中成为可信赖的合作伙伴。通过重新定位，人力资源部门推动各HR支柱发挥前瞻性牵引作用、体系支撑作用、紧贴业务作用。如图3-16所示，腾讯推动的人力资源管理三支柱理论中，职能分布如下。

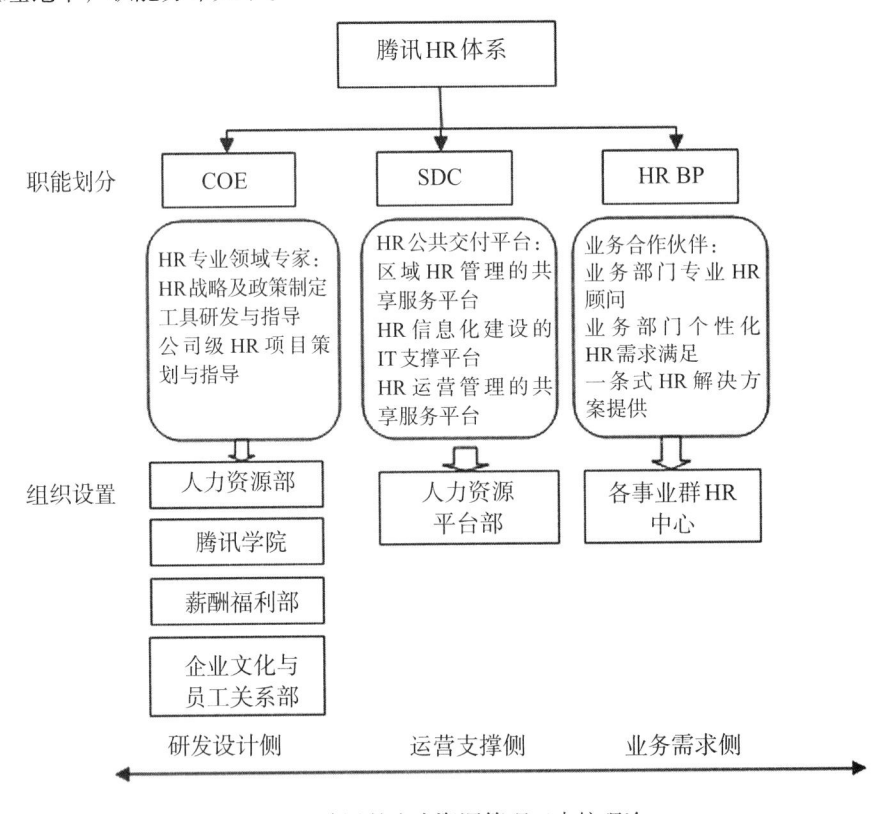

图3-16 腾讯的人力资源管理三支柱理论

COE：发挥前瞻性牵引作用，成为前瞻性业务变革活动的加速器。腾讯的COE下设四个部门，分别是人力资源部、腾讯学院、薪酬福利部、企业文化与员工关系部。COE的主要作用是根据公司战略导向，拟定前瞻性的HR战略，制定有战略连接性的HR政策制度，同时负责方法论、工具的研发与指导，做公司级HR项目的主导者、牵头人，在各专业职能领域推动变革，为公司及业务创造价值。

SDC：发挥体系支撑作用，成为HR产品、服务、系统高效交付的专家。腾讯的SDC包括HR信息建设中心、HR系统开发中心、运营服务中心以及四个区域人力资源中心（北京、上海、成都、广州）。为了发挥SDC的体系支撑作用，需要HR提供面向业务和员工的HR专业交付服务，搭建HR业务运营体系和功能管控的统一平台。

HR BP：发挥紧贴业务作用，成为业务部门、团队管理问题快速诊断的顾问。腾讯总共有七大事业群和一个职能系统，事业群或职能系统都设有HR中心，构成了HR BP。HR BP的主要职责就是诊断并且满足业务部门发展过程中的业务部门个性化HR需求，成为业务部门专业的HR顾问，为他们提供灵活的、有针对性的一站式HR解决方案。

腾讯的HR运作模式建立在更加关注业务需求的基础之上，从业务需求出发，衡量HR的价值定位。腾讯的HR运作模式设计思路是：首先，打造和强化COE，确保HR与公司战略发展紧密关联，从前沿与研发的角度确保HR站在战略前沿，通过各种人力资源工具和方法论的实施给予政策支持；其次，让HR深入BG，建立熟悉业务、懂业务的HR BP团队。HR BP团队成员每天参与BG的业务会议，了解不同BG业务的个性化的特征，对业务需求进行诊断，给出个性化的解决方案与项目管控；最后，建立中间平台，实现"资源共享、团队共享、能力共享、信息共享"。腾讯通过高效的EHR信息系统，为各部门提供一站式HR解决方案，提高HR团队的工作效率。腾讯HR架构模式按照上述思路设计，在保持COE和BP智能角色的同时，于2010年设立人力资源平台部，即SDC。

（三）腾讯的人力资源管理三支柱理论的特点

1.人力资源管理变革围绕其成长导向的人力资源战略

从1998年仅有五位合伙人到如今成功打造属于自己的互联网帝国，腾讯在摸爬滚打中制定出三大战略——聚焦战略、泛娱乐战略和双打战略。

聚焦战略是指在庞杂的业务体系中识别出自己的核心能力，把工作重心聚焦在核心能力的建设和持续优化基础服务能力方面，围绕用户的需求，提供统一的、易用的、整合式的一站式服务。泛娱乐战略是指基于明星产品的内容跨界，实现多领域共生，打造出围绕明星产品的粉丝经济。双打战略是指在腾讯超速发展的背景下提出的新的管理制度，即在重要的管理岗位上设置两个人，"成双成对"地搭建起互补的核心领导班子，保证公司决策层的稳定和企业发展的健步如飞。

三大战略一方面促进了腾讯在互联网行业中的飞速发展；另一方面也对人力资源提出了更高的要求，企业战略的落地与实施需要更多的人才储备，如何培养更符合公司战略需求的人才，保留企业核心人才，成为腾讯亟待思考的问题。在这样的背景下，腾讯选择了高投入、促增长的成长导向的人力资源战略，从选、育、用、留、出等多方面入手，为企业战略的落地打造核心人才梯队。腾讯于2015年结合企业战略从

人才和组织两个维度出发，确定了人力资源两大战略方向——保持人才攻防的绝对优势、提升组织活力，同时在人力资源管理三支柱理论下的各个部门又根据人力资源战略制定全年关键目标，通过从组织到部门，再到个人的目标分解，推动企业战略的落地。人才战略下有三个关键项目：①强将+精兵项目，主要是持续引进优秀人才。②好成长项目，主要是促进员工职业生涯发展、提升员工的专业岗位成就感和影响力。③好回报项目，主要是提升关键人才回报的竞争力。组织战略下主要有四个关键项目：深化提升组织活力项目；正向引导干部行为，激发干部正能量项目；深化干部授权项目；强化沟通项目。

基于两个人力资源战略重点方向，在系统层面腾讯集中三个支柱的力量分别从不同维度共同推进关键项目的实施。例如，为实现人才竞争力的提升，COE主要从战略层面出发，扫描战略领域的强将人才并建立联系，通过推动业务管理者与强将人才的沟通对话助力业务发展，建立强将人才的多样化交流、引入通道。同时，通过广开源与精甄选，建立招聘质量的评估与跟踪方法，持续提升招聘效果。HR BP主要从业务层面出发，打造强有力的雇主品牌，吸引优秀人才。同时针对业务产品的招聘需求，以定制化渠道开源、定制化流程甄选、定制化薪酬吸引，引入强将助力业务快跑。搭建精兵强将资源池，根据市场行情定期进行人才更新。SDC主要从服务出发，打造助力业务部门进行人才选拔的招聘服务产品以及提升员工满意度的产品专案。通过人才早市、简历库盘活等产品帮助企业以更高的效率挑选更合适的人才。通过打造区域茶馆、管理者俱乐部、新员工入职体验极致项目，促进员工对组织战略、企业文化的理解，从而提升员工的工作满意度。

2. 腾讯SDC开辟了一个全新的共享交付时代

腾讯人力资源管理三支柱理论中的COE、HR BP、SDC各具特色，特别是其SDC是对SSC的升级突破，以用户价值为依归，可以说SDC开辟了一个全新的共享交付时代。

腾讯认为，传统的SSC是一个舶来品，是福特、GE等根据美国的情况在工业发展时代提出的一个概念。但实际上，中国现在的环境已不同于SSC提出时的背景，处于互联网+时代。行业的快速发展，个体的个性化追求，用户需求的多样化……这些都对组织和人提出了全新的挑战，中国的企业、人力资源从业者该如何应对这一环境？该如何去面对这一挑战？基于对这些问题的思考，腾讯开启了SDC的探索之路。SDC的转型起源于时代背景的变化与用户对HR需求的提升，同时它又以用户需求为核心，希望为组织及员工提供稳定、可靠、可依赖的HR服务，打造体系化、可持续、一体化的HR服务交付平台，推动企业内自管理、自驱动和自组织形态的成长成熟，用大企业平台、小公司精神应对挑战。如果用一句话来简单地概括如何升级SDC，就是把原来只是去考虑事务性的工作、被动响应的SSC，升级成对COE、HR BP的内部客户，即业务部门、管理者、员工等内部用户需求的深度挖掘，在彻底理解内外部需求之后提供一个超出预期的交付。

腾讯的SDC在不断地发展，未来也不会一成不变。对于SDC的未来，腾讯从五个方面勾画了一幅蓝图，提出五个"新"。

◆ 新组织：要有一个合适的组织架构来体现交付链条的产出。

◆ 新属性：应该对SDC的工作赋予新的属性，让SDC工作更有用户属性、产品属性以及好玩儿属性。

◆ 新模式：要有科学合理的HR交付模式来支撑从需求出发实现超预期交付的过程。

◆ 新工具：要会用先进的工具和手段来提升交付的便利，以及辅助决策和可持续运作。

◆ 新能力：SDC员工要在基本的选、育、用、留、出方面，逐步具备HR交付管理的知识和技能。

3. 腾讯的HR三支柱之间也存在竞争关系

为了鼓励员工的个性化创新，为用户创造最好的产品体验，腾讯在内部引入竞争机制。在这种竞争环境下，各个业务部门独立运营，部门之间的业务内容和产品类别存在一些交叉。公司内部有统一的运营支持系统和平台研发系统，两个系统内部的数据和资源都是共享的，各个业务部门可以根据自己的需要获取相对应的数据信息，并且根据市场的需求和团队自身的技术优势独立研发产品。同样，腾讯的HR三支柱之间也存在这种竞争关系。

这种竞争模式鼓励员工进行个性化创新，在为用户创造更好的产品的同时，也产生了一些不必要的竞争、资源浪费等负面效应。例如，腾讯在COE和SDC两个HR支柱内部都设立了团队进行大数据分析。因此，两套HR团队都做离职分析，但最终只有一个项目得以保留。这在一定程度上导致资源的浪费和工作内容的重叠，降低了企业的效益。在这种背景下，原本应该相互协同的三个支柱变成了相互独立的关系，各自处在自己的象牙塔中，无法实现协同效益。如何才能让腾讯HR三支柱相互协同发展的同时保证企业内部的创新氛围？这需要腾讯HR三支柱在开发HR产品、提供HR服务时，首先从企业的人力资源管理对HR三支柱的整体规划出发，完成既定的战略目标。在推动战略落地，完成既定目标后，再深度挖掘内部客户新的需求，借助自身资源优势，创新性地满足内部客户需求。这个过程不同于一开始就想着如何通过各自支柱的资源优势在HR三支柱中占领先机和分割利益。

本章小结

人力资源管理三支柱理论是戴维·尤里奇在1997年提出的,即COE(专家中心)、HR BP(人力资源业务合作伙伴)和SSC(共享服务中心)。以三支柱为支撑的人力资源体系源于公司战略,服务于公司业务,其核心理念是通过组织能力再造,让HR更好地为组织创造价值。人力资源管理三支柱理论对传统人力资源管理的突破表现为:从专业导向到业务导向,从事务型HR到战略型HR,从Function HR到Business HR。人力资源管理三支柱理论对人力资源管理的价值表现为:提升HR效能,提升HR效率。

企业构建人力资源管埋三支柱理论的基础条件:要有一定的规模,企业人力资源活动的相似性,企业要构建基于客户化、流程化的组织,有真正熟悉三支柱理论及其操作的专业人才,共享服务的标准化与HR BP的个性化,理顺人力资源管理的职能边界并提高专业水平。

如何搭建人力资源三支柱模型:构建人力资源的专家队伍,构建大数据的平台,提升HR BP人员对业务的熟悉程度与人力资源专业能力。

思考题

1. 人力资源管理三支柱理论的内涵?
2. 企业构建人力资源三支柱模型的基础条件有哪些?
3. 如何搭建人力资源三支柱模型?

练习测试题

(一)判断题(正确的打"√",错误的打"×"。)

1. HR部门可以一分为三:战略层面的HR BP、业务咨询领域的HR COE、流程事务性的HR SSC。   (   )

2. 人力资源三支柱模型是重要的管理工具,引导人力资源部门由行政管理角色转变为业务协同角色。   (   )

3. 人力资源管理三支柱理论由戴维·尤里奇于1990年提出,现在正在大公司中加速普及。   (   )

4. 以三支柱为支撑的人力资源体系源于公司战略,服务于公司业务,其核心理念是通过组织能力再造,让HR更好地为组织创造价值。   (   )

5.对于全球性/集团型的大型公司来说，由于地域/业务线的复杂性，HR COE需要为不同的地域/业务线配置专属资源，以确保设计贴近业务需求。（ ）

6.人力资源共享服务中心（HR SSC）将企业各业务单元中所有与人力资源管理有关的顶层设计性行政工作统一处理。（ ）

7. HR BP既要熟悉HR各个职能领域，又要了解业务需求，帮助业务单元更好地维护员工关系，处理各业务单元中日常出现的较简单的HR问题，协助总经理更好地使用各种人力资源管理制度和工具管理员工。（ ）

8. HR BP模式，提倡人力资源管理和服务职能有效分离，让可流程化实施的事务性服务职能交给SSC或外包，让复杂程度高的技术性职能交给COE，而HR BP只需聚焦业务部门动态的需求变化，匹配相应的解决方案。（ ）

9.在人力资源的三支柱中，有人（HR BP）负责客户管理、有人（COE）负责专业技术、有人（SSC）负责服务交付，这三项都需要专业的技能和方法，这就需要HR打好一定的基本功。（ ）

（二）选择题

1. HR COE的角色和职责是（ ）。
A.设计者、管控者、技术专家
B.管理者、控制者、职能专家
C.开发者、监督者、职能专家
D.监控者、管理者、技术专家

2.下列不属于人力资源共享服务中心（HR SSC）的职责的是（ ）。
A.员工招聘、薪酬福利核算与发放
B.社会保险管理、人事档案、人事信息服务管理
C.劳动合同管理、新员工培训、员工投诉与建议处理、咨询服务等
D.顶层人力资源管理制度设计

3. HR BP的角色和职责是（ ）。
A.战略伙伴、解决方案集成者、HR流程执行者、变革推动者、关系管理者
B.战略制定者、计划执行者、HR流程执行者、变革推动者、关系管理者
C.战略参谋、决策方案集成者、HR流程设计者、辅导者、顾问
D.战略谋划者、部门监督者、HR流程执行者、变革推动者、关系管理者

4.下列不属于一个企业构建三支柱模型需要的基础条件的是（ ）。
A.要有一定的规模
B.企业人力资源活动的相似性
C.规章制度健全
D.企业要构建基于客户化、流程化的组织

5. 华为的HR BP将扮演的六大角色是（　　）。

A. 战略伙伴，HR解决方案集成者，HR流程运作者，关系管理者，变革推动者，核心价值观传承的驱动者

B. 战略参谋，HR解决方案集成者，监控者，关系推进者，激励推动者，核心价值观塑造者

C. 战略伙伴，决策者，HR流程运作者，管理者，变革者，组织文化建立者

D. 战略咨询者，顾问，HR流程运作者，关系管理者，变革推动者，核心价值观传承的驱动者

第四章　HR COE的运作

学习目标

学习本章知识后，你应该了解和掌握以下内容。
1. 了解企业战略与战略性人力资源管理的含义。
2. 了解人力资源3P管理模式向4P管理模式的转变。
3. 理解战略性人力资源管理的核心职能。
4. 掌握战略性HR COE及其具体职能，人力资源数字化转型与升级的含义。

引导案例

HR COE在进行顶层设计中的思维

《华为基本法》很重要的作用就是完成了华为人力资源的系统思考和顶层设计。本质上，《华为基本法》是围绕人来建立的，确定了企业价值创造的要素、组织和人才；主线是围绕知识型员工、人的价值创造和价值评价体系进行。过去，人力资源管理是基于专业化、职能化，局限性很大，不能真正上升到经营层面、业务成长层面、企业成长层面来思考人的问题。人力资源管理专家的作用就是上升到经营层面完成对人力资源的系统思考。

首先，真正上升到经营层面，人力资源管理的责任体系就发生了变化。责任体系不再是人力资源部的事情，而是上升到企业CEO及所有管理者的责任。上升到经营层面，强调人力资源管理要有企业家思维、要懂人性。其次，上升到经营层面，除了人的能力以外，还包括知识管理和智慧资源的管理。人才经营铁三角由知识管理、能力管理、心理资本管理组成。尤其是现在面临大量的知识型员工，在对人的管理时，着重在如何提高人的心理资本价值，提高员工的幸福指数，提升人力资源服务体验。人力资源管理的内容从专业的职能层面拓展到知识管理、能力管理以及心理资本的管理。再次，上升到经营层面，意味着人力资源管理不是成本支出的概念，不是节约成本的问题，而是增值的概念。过去，人力资源只是作为一种资源进行开发，重在提高人力资源这个生产要素的应用效率，但上升到人力资本层面后，人力资源管理不能只关注效率的提高，还要实现人本身的价值增值；对人的管理不再是把人简单作为一种工具或生产要素，而是作为一种价值创造的主导要素来看待，实现人自身的价值增值和自身的发展。因此，进行人力资源顶层设计需要建立在对人力资源管理的全新认识上。最后，从治理层面思考人力资源，涉及人力资本和货币资本关系的新认知，涉及

重构组织与人关系的新认知。人与组织的关系不再是雇佣关系，可能是一种平等的合作伙伴关系。当人力资本成为企业价值主导要素时，两者之间是相互雇佣、合作伙伴的关系，也就是要重构组织和人之间的关系，相应的解决之道涉及事业合伙机制。

事业合伙机制承认人力资本作为价值创造的主导要素，除了要有剩余价值所有权，还要有企业经营的话语权，而且组织要真正为人才提供平台，为人才赋能。企业是一个事业共同体、命运共同体、利益共同体，此时除了从专业职能层面上对员工进行管理以外，人力资源管理的核心命题是对企业家和高层领导力的发展。

资料来源：人力资源管理的系统思考和顶层设计．（2020年8月8日）．https：//www.sohu.com/a/412153461_760770.

HR的运作模式要服务于客户需求的满足。同服务外部客户一样，最难满足的是定制化需求，为此HR BP角色应运而生。这一角色定位于业务的合作伙伴，针对内部客户需求，提供咨询服务和解决方案。他们是确保HR贴近业务需求的关键。但是，提供解决方案意味着需要同时精通业务及HR各领域知识。寻找一群样样精通的人才是不现实的。在这种情况下，就出现了专业细分的需要，这就是HR COE。

HR COE的角色定位于领域专家，借助本领域精深的专业技能和对领先实践的掌握，负责设计业务导向，创新HR政策、流程和方案，并为HR BP提供技术支持。

对于全球性/集团型的大型公司来说，由于地域/业务线的复杂性，HR COE需要为不同的地域/业务线配置专属资源，以确保设计贴近业务需求。其中，总部COE负责设计全球/全集团统一的战略、政策、流程和方案的指导原则，而地域/业务线COE则负责结合地域/业务线的特点进行定制化，这样的COE设置可以实现在全公司一致的框架下，允许业务所需的灵活性。

HR COE和BP要形成沟通闭环，HR政策对公司的影响是敏感、广泛和深远的。如果HR COE和HR BP的沟通不畅，将无法确保HR政策支持业务发展。这就需要两者把沟通变成习惯，并将几个关键沟通节点流程化，形成闭环。具体来说要做到以下几点：

（1）年度计划时，和HR BP共同完成规划；
（2）设计时，将HR BP提出的需求作为重要的输入；
（3）实施时，指导HR BP进行推广；
（4）运作一段时间后，寻求HR BP的反馈，从而作为改进的重要输入。

第一节　HR COE是战略性人力资源管理的总设计师

人力资源的HR COE的角色需要其从组织人力资源管理的角度进行顶层思考，其实就是从战略的高度来思考人力资源的工作，主要是保证公司在需要的时候，有合适的人才使用，满足公司短期或长期的业务目标。而战略都是自上而下的，所以在思考人力资源工作时，必须加强对上的沟通，充分了解客户（老板）的意图，将意图分解后，再来制定人力资源的策略，这其实也是一种业务思维。故把 HR COE 称为组织的"战略性人力资源管理的总设计师"。

一、企业战略与人力资源管理

（一）企业战略

战略一词原为军事术语，《辞海》中对战略一词的解释是：军事名词。对战争全局的筹划和指挥。普鲁士军事理论家克劳塞维茨认为战略是一种以使用手段来获得战争目的的艺术。《中国大百科全书·军事卷》的解释是：战略是指导战争全局的方略。随着人类社会实践的发展，战略一词被广泛地应用于军事之外的领域，其含义演变为"泛指重点的、带全局性或决定全局的谋划"。20世纪60年代后，企业管理领域正式提出"战略"一词，替代了企业的"经营政策"。

美国"竞争战略之父"迈克尔·波特从广义上解释企业战略的定义：战略是公司为之奋斗的一些终点与公司为达到它们而寻求的途径的结合物。霍弗和申德尔从狭义上解释企业战略的定义：战略是企业目前的和计划的资源配置与环境相互作用的基本模式，该模式表明企业将如何实现自己的目标。企业战略是指企业为适应不断变化的环境，面对激烈的竞争，根据当前和未来有可能出现的各种条件，为确定企业发展目标和实现目标的途径、措施、手段，谋求企业生存和不断发展所作出的总体性、长远性的谋划和方略。

企业战略主要包括三个层面的战略，具体内容如下。

（1）公司层战略。主要描述一个公司的总体方向，包括一家公司如何建立自己的业务组合、产品组合和总体增长战略。比如：一家公司决定同时从事家电、IT 和通信终端设备等几个领域来保持企业的快速成长，或是某个公司是采取成本领先战略、差异化战略、集中化战略等，专注于特定市场细分领域或消费群体，以满足特定客户群体的需求。

（2）事业层战略。主要发生在某个具体的战略事业单位（比如事业部或子公司）。是指该战略事业单位采用什么样的策略来获取自己的竞争优势，保持本战略事业单位的成长与发展，以及如何来支持公司层面的总体战略。比如：某家公司决定在其彩电事业领域采取低成本战略吸引低端消费者来获取自己的竞争优势。

（3）职能层战略。主要在某一职能领域中采用，比如企业的人力资源战略、财务战略、研发战略、营销战略等，它们通过最大化公司的资源产出率来实现公司和事业部的目标和战略。

（二）战略性人力资源管理的含义

战略性人力资源管理是企业为能够实现目标所进行和所采取的一系列有计划、具

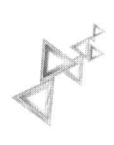

有战略性意义的人力资源部署和管理行为，是企业总体战略框架下对人力资源进行使用、管理、控制、监测、维护和开发，达成企业战略目标的方法体系。

在对内外部环境理性分析的基础上，明确企业人力资源管理所面临的挑战以及现有人力资源管理体系的不足，清晰地勾勒出未来人力资源愿景目标以及与企业未来发展相匹配的人力资源管理机制，并制定出能把目标转化为可行措施以及对措施执行情况的评价和监控体系，从而形成一个完整的人力资源战略系统。

（三）战略性人力资源管理的构成

战略性人力资源管理不是一个概念，而是一个有机的体系，由战略人力资源管理理念、战略性人力资源规划、战略性人力资源管理核心职能和战略性人力资源管理平台四部分组成。战略性人力资源管理理念是灵魂，以此来指导整个人力资源管理体系的建设；战略性人力资源规划是航标，指明人力资源管理体系构建的方向；战略性人力资源管理核心职能（人力资源配置、人力资源开发、人力资源评价和人力资源激励）是手段，以此确保理念和规划在人力资源管理工作中得以实现；战略性人力资源管理平台（人力资源专业队伍、人力资源组织环境、人力资源专业化建设和人力资源基础建设）是基础，在此基础之上才能构建和完善战略性人力资源管理职能。

具体在职能上包括以下内容。

（1）基于战略的人力资源规划：战略人力资源管理是在根据企业发展战略及经营计划、评估组织的人力资源现状、掌握和分析大量人力资源相关信息和资料的基础上，科学合理地制定人力资源规划。

（2）基于胜任素质模型的招聘与选拔：战略人力资源管理在面试评估时除关注应聘者与职位是否匹配外，更会特别关注应聘人的价值观念是否符合企业的核心价值观、应聘人的发展期望公司是否可以提供等因素，确保招聘的人选能长期为企业服务。

（3）基于职业生涯规划的培训与开发：战略人力资源管理会根据企业战略发展需要，结合员工的个人发展计划，提供系统完善的人力资源培训开发体系，确保为企业源源不断输送所需各种类型人才的同时，实现企业迅猛发展与员工职业生涯发展双赢。

（4）以职位和能力为基础的薪酬管理：战略人力资源管理会根据国家政策、经济环境、人才市场状况、行业及其他企业薪酬状况等因素，再结合本企业的实际情况制定切实可行的薪酬管理战略与体系，确保薪酬政策既能吸引优秀人才加盟，又能留住核心人才；更加注重人力资源投入成本与产出效益的核算与分析工作，从而不断地完善企业的薪酬管理体系。

（5）以关键业绩指标为核心的绩效管理：战略性人力资源管理会根据企业战略需要，结合员工能力制定全面的绩效管理体系，关注企业全面的绩效管理，包括绩效计划、绩效考核、绩效评估、绩效反馈与绩效激励等全过程；更加关注绩效反馈与激励，确保员工绩效不断提高的同时，实现企业绩效的螺旋式上升。

二、战略性人力资源管理的核心职能

战略性人力资源管理的核心职能包括人力资源配置、人力资源开发、人力资源评价和人力资源激励四方面。

（一）战略性人力资源配置的核心任务

战略性人力资源配置的核心任务就是要基于公司的战略目标来配置所需的人力资源，根据定员标准来对人力资源进行动态调整，引进满足战略要求的人力资源，对现有人员进行职位调整和职位优化，建立有效的人员退出机制以淘汰不满足公司需要的人员，通过人力资源配置实现人力资源的合理流动。

（二）战略性人力资源开发的核心任务

战略性人力资源开发的核心任务是对公司现有人力资源进行系统的开发和培养，从素质和质量上保证满足公司战略的需要。根据公司战略需要组织相应培训，并通过制定领导者继任计划和员工职业发展规划来保证员工和公司保持同步成长。

（三）战略性人力资源评价的核心任务

战略性人力资源评价的核心任务是对公司的员工的素质能力和绩效表现进行客观的评价，一方面保证公司的战略目标与员工个人绩效得到有效结合，另一方面为公司对员工激励和职业发展提供可靠的决策依据。

（四）战略性人力资源激励的核心任务

战略性人力资源激励的核心任务是依据公司的战略需要和员工的绩效表现对员工进行激励，通过制定科学的薪酬福利和长期激励措施来激励员工充分发挥潜能，在为公司创造价值的基础上实现自己的价值。

三、战略性人力资源管理的运行

战略性人力资源管理要做到以下几点。

（1）要与企业的战略、文化、结构、领导等管理系统的其他部分相互配合，对企业的战略起到重要的支撑作用。

（2）要保持人力资源系统的一致性和协调性，即企业员工的招聘、培训、薪酬、绩效、晋升、职业生涯等，这些政策之间是相互支持的。

（3）要符合外部的人力资源市场的动态变化，这样才能保证企业的人力资源管理工作在市场竞争中保持竞争优势。

（4）战略性人力资源管理要求人力资源管理者从企业战略的高度，主动分析和诊断人力资源现状，为决策者准确、及时地提供各种有价值的人力资源相关数据，协助决策者制定具体的人力资源行动计划，支持企业战略目标执行和实现。

（5）战略性人力资源管理要求全员参与，共同实现企业的战略目标。

美国密歇根大学的戴维·尤里奇教授将人力资源管理者应扮演的角色划分为四种，分别是战略伙伴、管理专家、员工激励者、变革推动者。现在人力资源部所履行的行政职能，如保持人事记录、审核控制、提供服务等方面所花费的时间比重已越来越小，而人力资源产品开发和战略经营伙伴的职能正日益上升。

战略性人力资源管理体现企业全员参与人力资源管理的特色，因为人力资源工作要想切实有效，没有各职能部门的执行、配合是不可能实现的。对高层管理者而言，所有的管理最终都会落实到人，只有管理好"人"的资源，才抓住了管理的精髓。对人力资源部门而言，只有企业全员参与人力资源工作，才能真正体现自己的价值、才能上升到战略伙伴。对直线经理而言，参与到企业人力资源工作，不仅能确保部门任务的顺利完成，而且可以使部门员工及自己得到调动与晋升的机会与空间。对员工而言，可以更好地领会企业战略，根据部门目标结合自己的发展计划，科学、合理地安排自己的工作与学习，实现自己的理想职业生涯规划。在战略性人力资源管理中，企业的高层管理者、直线经理、人力资源部门、员工自身都要充分履行自身的人力资源管理职责。

第二节　HR COE对人力资源管理组织结构的重组

一、传统的人力资源部组织结构

国内外大多数企业的人力资源部采用的是直线职能式结构，在传统的人力资源管理体系下，各个分公司的人力资源人员直接听命于上层的指令。

（一）中小企业人力资源部组织结构

国内中小企业人力资源管理制度不健全，职能有所缺失。中小企业由于成长的特点，其初创阶段的规章制度相对不完善，管理手段过分依赖创业者个人能力、经验和威望，常借助于传统的家族式、命令式随意性管理。随着企业的发展和竞争环境的变化，我国中小企业的这种人力资源管理制度已显现出严重的弊端。特别是当企业主意见与规章制度冲突时，制度往往让位于企业主意见，大大降低了制度的权威性和效应，制度适用在家族成员与雇员时执行偏差太大，造成对其他管理措施的冲击。许多中小企业人力资源管理部门职能缺失的原因：一方面，人力资源管理无法真正站在高层角度，进行紧贴战略的人力资源规划；另一方面，原本属于人力资源部门的目标体系制定、薪酬设计等职能，在企业中可能属于老板自己定，或是其指定的财务部门或其他管理部门来按照老板的意思做。对于较规范的中小企业，传统的人力资源部组织结构如图4-1所示。

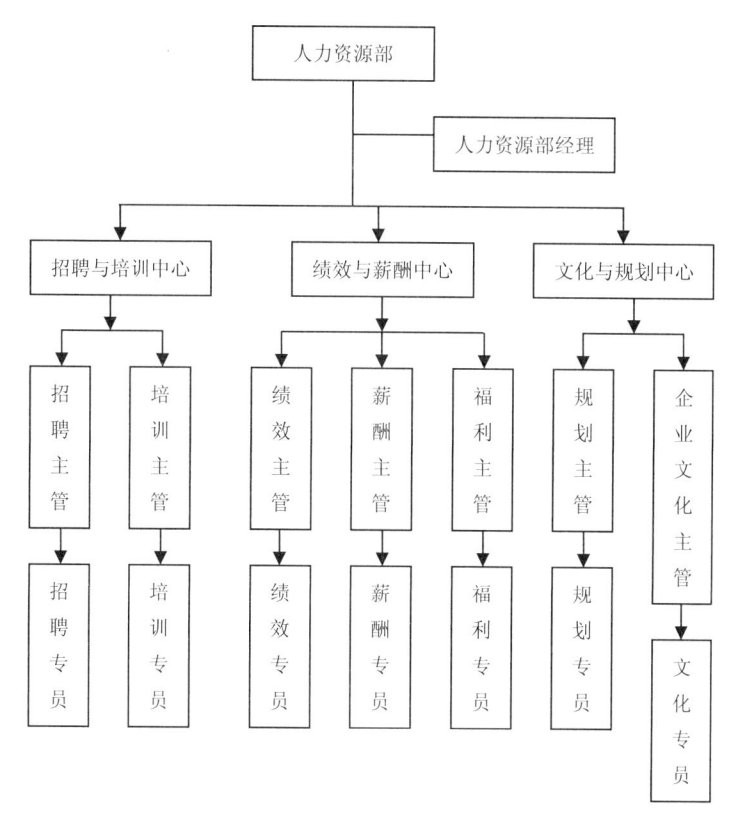

图4-1 传统的人力资源部组织结构

（二）集团公司人力资源部组织结构

集团公司由于其子公司较多，地域分布广，增加了集团化人力资源的管理难度。集团化人力资源管理效果与人力资源专业人员整体素质密切相关，其涉及不同层级的人力资源管理人员素质，包括企业集团的人力资源管理人员的专业素质和子公司的人力资源管理人员的专业素质。如果集团总部人力资源管理人员的专业素质不高，就很难对子公司进行有效的指导和管理。如果子公司人力资源管理人员专业水平低，没有能力制定差异化政策，也不能真正领悟集团政策，灵活处理各种问题，就会造成子公司在低端人力资源管理上徘徊不前。并且多层次管理需要跨越企业集团与子公司，也

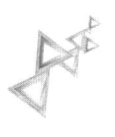

会涉及法律问题、子公司的独立性问题、可能与子公司的法人治理结构冲突的问题，因而集团化人力资源管理需要研究很多新课题。集团公司人力资源部组织结构如图4-2所示。

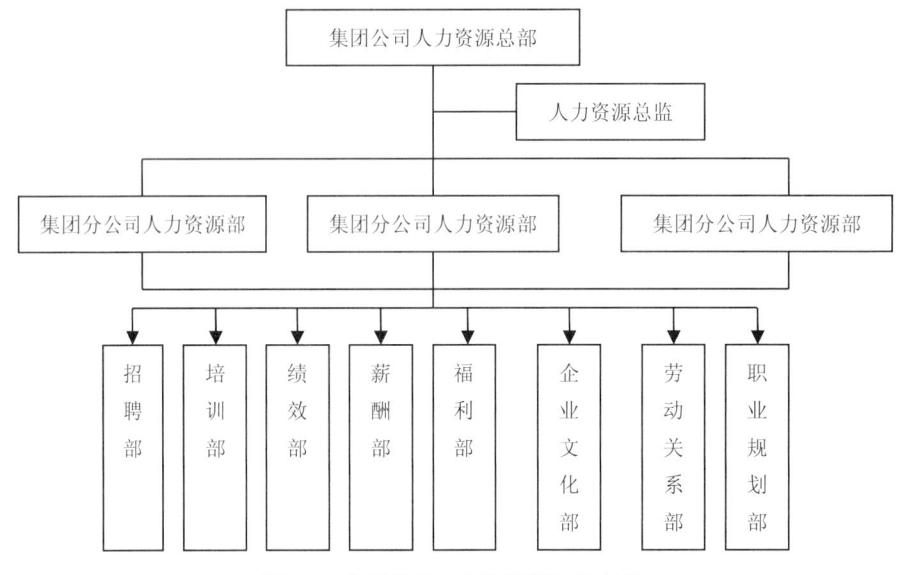

图4-2 集团公司人力资源部组织结构

二、基于三支柱理论的人力资源部组织结构

（一）人力资源部组织结构应满足内部客户的需求

人力资源部门通过满足内部客户（业务部门）的需求，从而间接实现外部客户需求的满足。借用营销的客户细分理论，依据向其提供满足其具体要求的服务内容，HR可以把自己的目标客户分成三类：第一类为高层管理人员：他们是对整个组织的管理负有全面责任的人，主要职责是制定组织的总目标、总战略，掌握组织的大致方针，并评价整个组织的绩效。HR主要是在战略执行所需的组织、人才、文化及变革管理等方面给予其支持；第二类为中层管理人员：他们的主要职责是贯彻执行高层管理人员所制定的重大决策，监督和协调基层管理人员的工作。HR主要是在人员管理所需的咨询、辅导及工具、数据等方面提供支持；第三类为员工：他们是组织中各种用工形式的人员，HR主要围绕政策解答，程序性事务办理如劳动合同、入职手续、薪资发放、社会保障、心理辅导、生涯咨询等，提供最便捷、最贴心、最可靠的服务。其中第一类客户的需求高度定制化，第三类客户的需求高度标准化，第二类客户介于两者之间。

（二）基于三支柱模型的公司人力资源部组织结构

HR的运作模式要服务于客户需求的满足。同服务外部客户一样，最难满足的是定制化需求，为此产生了三支柱模型。三支柱角色的职能使得HR COE、HR SSC、HR BP的各自能力及其素质要求有差异。

人力资源专家（HR COE）中心：对HR能力要求相对较高，要洞悉企业面临的外部竞争与内部问题；能解读公司战略，提取关键信息；能关注并迅速学习掌握该领域的理论框架，能运用概念思维迅速抓住问题所在；具有创新思维，能结合企业实际提出更有创意的落地方法。通俗地来说，HR COE需要信息获取、学习能力、概念思维、创新思维等素质。

人力资源共享服务中心（HR SSC）：对HR的能力要求相对简单，但是执行起来也并不容易：主要是在熟悉公司各个业务板块后，要因地制宜地提供优质的服务；并且在了解公司各项政策后，不仅能够让员工满意，也能为企业节省成本。HR SSC主要要求HR有工作关注、执行能力、客户服务意识、成本意识等素质。

人力资源业务合作伙伴（HR BP）：对HR的能力要求相对多元，能够落实公司人力资源政策、交付最有效的人力资源服务；他们也对业务部门的员工提供标准化的人力资源服务，比如政策宣导和业务咨询。HR BP需要信息获取、关系建立、战略思维、影响能力、执行能力等素质。

基于三支柱模型的公司人力资源部组织结构如图4-3所示。

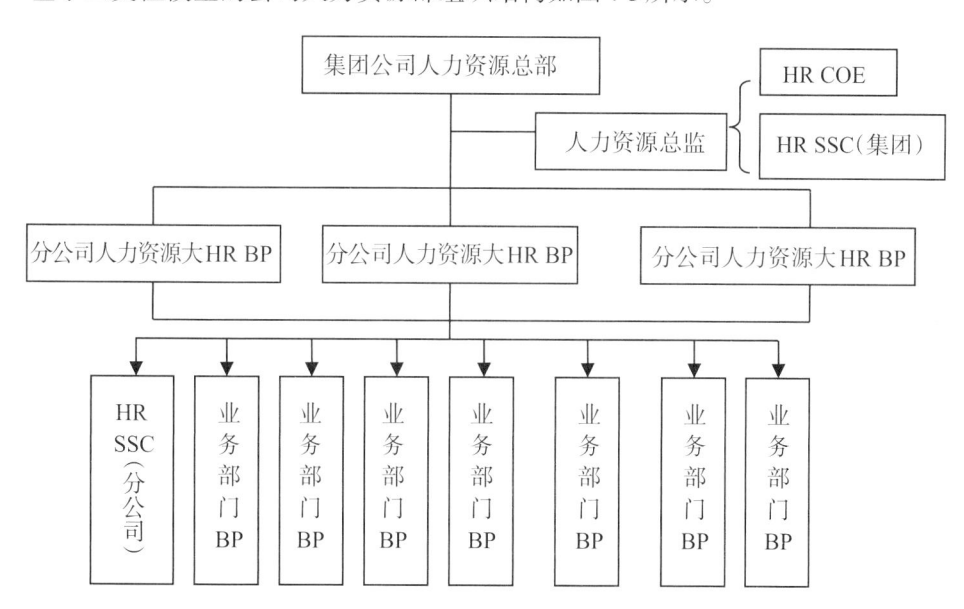

图4-3 基于三支柱模型的公司人力资源部组织结构

三、基于三支柱模型的人力资源部组织的各个角色职责

基于三支柱模型下人力资源部成为业务伙伴后，首先要把"人力资本"当成一项业务来经营。为此，需要重新定位，从职能导向转向业务导向。传统的HR团队按功

能板块划分（例如薪酬、培训等），总部HR和业务线HR各自为政。在这种模式下，总部HR往往只对上不对下，政策缺乏业务所需的针对性和灵活性，而业务线的HR难以平衡总部和业务要求，政策和执行割裂，HR流程效率低下，数据缺乏或不准确，IT应用落后，HR花费大量时间从事事务性工作，不能对业务主管进行有针对性的辅导，不能提供业务需要的高价值解决方案。HR要提升效率和效能，就要像业务单元一样运作。在这个业务单元里，有人负责客户管理，有人负责专业技术，有人负责服务交付，这就出现了业务模式变化的需要。人力资源转型将HR的角色一分为三：HR COE，HR SSC，HR BP，其各自职责如下。

（一）HR COE职责

HR COE职责如图4-4所示。

- 职责1：运用领域知识设计业务导向、创新的HR的政策、流程和方案
- 职责2：持续改进政策、流程和方案，有效、正确、及时地进行管控
- 职责3：管控政策、流程的合规性，控制风险
- 职责4：对HR BP/HR SSC、业务管理人员提供本领域的技术支持
- 职责5：为不同的地域/业务线配置专属资源，以确保设计贴近业务需求
- 职责6：其他需要协调处理的事项

图4-4　HR COE职责

（二）HR SSC职责

HR SSC职责如图4-5所示。

- 职责1：支持员工和管理者发起的服务需求
- 职责2：支持由COE发起的主流程的行政事务部分（如：发薪、招聘等）
- 职责3：提供质量、内控、数据、技术(包括自助服务)和供应商管理支持
- 职责4：维护网络自助服务流畅，使员工能通过网页自助服务解答HR问题和完成事务处理
- 职责5：通过电话、邮件进行HR问题处理
- 职责6：保证本地HR和/或HR BP可能根据具体的查询内容选择介入，负责处理HR问题

图4-5　HR SSC职责

（三）HR BP职责

HR BP职责如图4-6所示。

职责1	在组织和人才战略、核心价值观传承方面推动战略的执行
职责2	集成COE的设计，形成业务导向的解决方案
职责3	推行HR流程，支持人员管理决策
职责4	扮演变革的催化剂
职责5	有效管理员工队伍关系
职责6	贴近业务进行配置，确保管理人员能够得到有效支持

图4-6　HR BP职责

四、基于三支柱模型的人力资源部及人力资源总监的责权

（一）人力资源部职责

人力资源部职责如图4-7所示。

职责1	制定人力资源规划，拟定企业人员编制，编制人力资源支出预算，进行成本控制
职责2	修订、废止、发放、解释人力资源管理制度，划分各部门职责权限
职责3	人事问题的解决处理和人事关系协调
职责4	负责人事档案的汇集整理、存档保管、统计分析和劳动合同的签订
职责5	负责组织结构设计和职位说明书的编写
职责6	进行人员招聘与录用、员工升调和辞退管理
职责7	拟定薪酬制度，研究、改进薪酬管理制度，进行薪酬调整
职责8	员工绩效考核，员工假务、勤务管理
职责9	员工培训与开发管理
职责10	劳动关系管理
职责11	员工职业生涯规划管理

图4-7　人力资源部职责

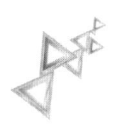

（二）人力资源部权利

人力资源部权利如图4-8所示。

权利1	参与制定企业人力资源战略规划
权利2	对违反人力资源管理制度的部门和个人进行处罚
权利3	对企业员工调动、任免给予建议
权利4	对各部门员工绩效实施考核及奖惩
权利5	各级管理人员任免建议
权利6	部门内部员工聘任、解聘的建议
权利7	部门工作协调
权利8	员工解聘
权利9	劳动争议调解

图4-8　人力资源部权利

（三）人力资源总监岗位职责

人力资源总监岗位职责如图4-9所示。

职责1	组织HR COE进行人力资源规划，制定人力资源招聘计划并组织实施
职责2	制定公司的培训计划，组织实施培训
职责3	引进具有竞争力、公平性的薪酬管理体系，组织HR COE制定公司的薪酬政策
职责4	组织实施员工绩效考核并负责审查各项考核、培训结果
职责5	管理HR BP和HR SSC，审批经核准的过失单和奖励单，并安排执行
职责6	受理员工投诉和员工与公司劳动争议事宜并负责及时解决
职责7	组织HR COE进行人力资源管理各项制度的设计，推动各项管理规章制度的建设和完善

图4-9　人力资源总监岗位职责

第三节　HR COE设计人力资源管理体系的关键要点

我们先来看看腾讯的HR COE组织架构。腾讯的HR COE是由人力资源各职能部门构成的，包括人力资源部、薪酬福利部、腾讯学院、企业文化与员工关系部，而每个部门又下设很多分支子部门。其架构如图4-10所示。

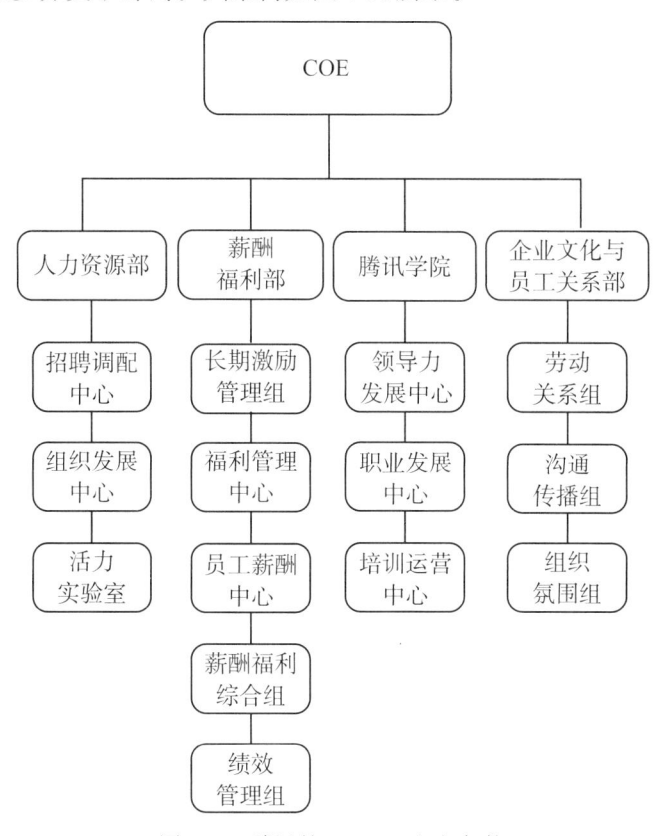

```
                            COE
     ┌──────────┬──────────┬──────────┬──────────┐
   人力资源部  薪酬福利部  腾讯学院  企业文化与员工关系部
     │          │          │          │
   招聘调配   长期激励   领导力     劳动
   中心       管理组     发展中心   关系组
     │          │          │          │
   组织发展   福利管理   职业发展   沟通
   中心       中心       中心       传播组
     │          │          │          │
   活力       员工薪酬   培训运营   组织
   实验室     中心       中心       氛围组
              │
              薪酬福利
              综合组
              │
              绩效
              管理组
```

图4-10　腾讯的HR COE组织架构

这些职能部门都借助本领域精深的专业技能和对领先实践的掌握，设计业务导向、创新的人力资源管理政策、流程和方案，并为HR BP（泛指人力资源部门高层领导者）提供适合业务的定制化人力资源解决方案。HR COE肩负着人力资源各个职能的政策制定、专业研究等任务。除了常规的人力资源职能部门，HR COE的核心功能是打造与时俱进的企业文化，这个使命主要由HR COE的企业文化与员工关系部完成。企业文化与员工关系部的使命是打造腾讯文化，对腾讯整个文化意识形态起到"大脑"的作用，是一个有知识的大脑、会研究的大脑、接地气会思考问题的大脑，主要承接组织活力战略，聚焦强化员工职业化、强化沟通等战略的实施。同时，HR COE企业文化与员工关系部还起到了"咨询师"的作用。凡是HR COE企业文化与员工关系部制定的制度、主办的文化活动，都会事先做用户调研，把员工当用户，关注员工的体验。人力资源部门负责战略，企业文化与员工关系部负责执行落地。文化的落脚点是员工的思维习惯和行为习惯。HR COE 的腾讯学院从架构上分为领导力发展中心、职业发展中心、培训运营中心等多个部分，为腾讯提供课程和培训方面的支持，构成了 HR COE 腾讯学院的培训发展大厦。

一、HR COE 的角色定位

（一）企业人力资源管理领域的专家

所谓专家是指在学术、技艺等方面有专门研究或特长的人。人力资源管理是指企业的一系列人力资源政策以及相应的管理活动。这些活动主要包括企业人力资源战略的制定，员工的招募与选拔，培训与开发，绩效管理，薪酬管理，员工流动管理，员工关系管理，员工安全与健康管理等。即，企业运用现代管理方法，对人力资源的获取（选人）、开发（育人）、保持（留人）和利用（用人）等方面所进行的计划、组织、指挥、控制和协调等一系列活动，最终达到实现企业发展目标的一种管理行为。

（二）人力资源管理体系的构建者

人力资源管理的最终目标是促进企业目标的实现。人力资源管理体系是指围绕人力资源管理职能而建立起来的一套按其内在联系形成的科学有机整体。阿姆斯特朗对人力资源管理体系的目标做出了如下规定。

（1）企业的目标最终将通过其最有价值的资源——它的员工来实现；

（2）为提高员工个人和企业整体的业绩，人们应把促进企业的成功当作自己的义务；

（3）制定与企业业绩紧密相连、具有连贯性的人力资源方针和制度，是企业最有效利用资源和实现商业目标的必要前提；

（4）应努力寻求人力资源管理政策与商业目标之间的匹配和统一；

（5）当企业文化合理时，人力资源管理政策应起支持作用；当企业文化不合理时，人力资源管理政策应促使其改进；

（6）创造理想的企业环境，鼓励员工创造，培养积极向上的作风；人力资源政策应为合作、创新和全面质量管理的完善提供合适的环境；

（7）创造反应灵敏、适应性强的组织体系，从而帮助企业实现竞争环境下的具体目标；

（8）增强员工上班时间和工作内容的灵活性；

（9）提供相对完善的工作和组织条件，为员工充分发挥其潜力提供所需要的各种支持；

（10）维护和完善员工队伍以及产品和服务。

在21世纪，员工从某种意义上来说已经成为本企业的客户，向员工持续提供客户化的HR产品与服务成为HR管理的新职能，吸纳、挽留、激励、开发企业所需要的人才成为HR管理部门的主要任务。企业向员工提供的产品与服务包括：满足员工的事业发展期望的共同愿景，提供富有竞争力的薪酬体系及价值分享系统，满足员工的多元化需求，提供持续的HR开发、培训，提升员工的人力资本价值的增值服务，授权员工参与管理，支持员工完成个人及组织发展目标。

所以，在上述背景下，为了实现人力资源管理的最终目标，就必须设置HR COE这个企业人力资源管理领域的专家来进行顶层设计及规划。HR COE角色定位见表4-1所列。

表4-1 HR COE角色定位

团队	HR COE
核心价值领域	HR的专业性，开发工具和制定解决方案；掌握HR发展趋势的程度
基本形象	企业人力资源管理总参谋长
主要产出物	制度、标准、工具、方案、方法
工作开展形式	解读需求，编制工具，量身定做解决方案，制定标准和制度；宣传推广和培训
核心能力要求	HR专业知识、概念性思维、提案能力、辅导/咨询能力、编制和开发管理工具的能力

二、HR COE构建人力资源管理体系的内容

战略性人力资源管理专家HR COE的具体职能：在不同时期组织人力资源管理战略及其政策的制定，组织依据其战略及组织自身特点进行人力资源管理的方法论及管理工具的研发与指导，组织高层级人力资源管理项目的策划等。

人力资源管理体系是指围绕人力资源管理六大模块而建立起来的一套人事管理体系，包括薪酬、绩效、素质测评、培训及招聘等。它是在企业战略、企业文化与人力资源管理融合的基础上，以员工和企业目标共同实现为基础，以关键业绩指标为核心内容，建立起的规范的、适应市场经济的、系统的战略人力资源管理体系。其核心框架包括以下内容。

（一）设计人力资源战略

紧扣企业战略规划目标和企业文化的要求，制定适合组织发展的人力资源战略规划及实现计划，包括人力资源战略方案、规划及目标等，使人力资源管理真正成为企业发展战略的核心内容，并成为战略目标实现的重要支撑和保证。

（二）设计业绩管理体系

依据企业管理需要，建立以工作分析为基础，以关键业绩指标为核心，以绩效管

理、薪酬管理为主要内容的业绩管理体系。业绩管理的手段是考评，核心是激励，目标是改善，包含绩效管理体系、薪酬管理体系、人员素质测评体系等。

（三）设计员工发展体系

员工发展的核心内容是员工能力的开发与培养，基于企业与员工的共同发展，设计人才的引进、培训开发、生涯管理等体系，不断提升员工队伍的整体素质，包括招聘、培训、能力管理、职业生涯管理等。

（四）设计组织变革发展体系

组织变革是指组织根据内外部环境的变化及时调整、改进和创新组织要素（如组织的管理理念、工作方法、组织结构、人员配备、组织文化和技术）的过程。组织变革与组织发展有十分密切的关系，组织发展可以看成实现有效组织变革的手段。企业的发展离不开组织变革。内外部环境的变化以及企业资源的不断整合和变化给企业带来了机遇和挑战，这就要求企业重视组织变革。组织发展是一个数据收集、诊断、行为规划、干预和评价的系统过程，它致力于增强组织结构、进程、战略、人员和文化之间的一致性，开发新的创造性的组织解决方法，以及发展组织的自我更新能力。这是通过组织员工之间及其与使用行为科学理论、研究和技术的变革推动者之间进行合作来达到的。

（五）设计组织文化建设体系

组织文化是指组织成员的共同价值观体系，它使组织独具特色，并区别于其他组织。组织文化是一种无形资产，对于组织发展具有凝聚内力、增强外力的重要意义。组织文化建设是指组织有意识地发扬其积极的、优良的文化，克服其消极的、劣性的文化过程，亦即是组织文化不断优化的过程。组织文化建设过程涵盖了四大体系：以塑造核心价值观为内核的组织文化理念体系，以提高管理者的文化自觉为牵引的组织文化组织领导体系，以文化力促进生产力为归宿的组织文化灌输渠道体系，以全面提升管理水平为标志的组织文化考核评价体系。

人力资源管理体系建设应该包括：人力资源管控模式的确定、管理职能的定位、组织体系建设、运营体系设计、监督体系设计、组织发展体系、组织文化体系建设。

三、在组织的顶层设计中HR COE的具体职能

我们可以从完整的人力资源管理体系层面来分析HR COE进行顶层设计时的具体职能，具体职能包括以下内容。

（一）人力资源管理管控模式的确定

人力资源管理管控模式决定了总部人力资源管理职能和整个集团人力资源管理体

系的组织建设，管理权限划分及各级人力资源管理部门的管理幅度、管理重点和业务模式等。在进行人力资源管理体系建设时，首先要确定企业集团的人力资源管理管控模式，见表4-2所列。

表4-2 企业集团的人力资源管控模式类型及特征[①]

全面管理型	监管型	分散型/顾问型
产业单一，地域集中，规模较小，首次集团化	快速发展阶段，实施战略管控型	地域分散，业务多元，产业复杂，分权程度较高的管控模式
初创期人力资源管理不完善，人员素质不高	进入成熟期，管理体系完善，人力资源管理专业人员素质高且经验丰富，能独立制定差异化制度和政策	下属企业管理成熟能独立开展人力资源管理工作
由集团本部拟定统一人力资源管理体系、政策、流程并监督下属公司实施	对下属企业人力资源管理体系建设进行政策性及专业性指导，对核心人力资源管理职能进行战略性管理和监控	集团人力资源部作为人力资源管理咨询服务中心面向集团层面，集团不能对员工及集团的参股/控股公司提供共享的人力资源服务平台和专业的人力资源服务
下属公司只负责实施，很少或不需要参与改进	下属企业在自主开展人力资源管理的同时，重要事项均需集团公司审批	下属企业自主制定并实施人力资源发展战略、管理体系、规章制度、管理流程

（二）人力资源管理职能的定位

1. 全面管理型管控模式

集团总部是整个集团人力资源管理的实施者，其工作内容包括整个集团人力资源战略的制定、人力资源规划及人力资源管理全部业务的作业。在此种模式下，各子公司不设人力资源管理部门，所有人力资源业务集中于总部。

2. 监管型管控模式

集团总部人力资源管理部门的主要职责包括制定人力资源政策、监督各子公司对人力资源政策的执行情况、负责各企业人力资源业务的具体监管、操作部分核心业务、制定集团人力资源规划、负责集团人力资源组织建设等。

3. 分散型/顾问型管控模式

集团总部人力资源管理部门充当咨询顾问的角色，帮助成员企业提升人力资源管理水平，协助、指导成员企业开展人力资源管理业务，为成员企业提供专业的人力资源服务，通过专业服务、资源调配发挥总部的价值。[②]

（三）设计工作分析系统并构建组织体系

工作分析也称"职务分析"，它是确定完成各项工作所需技能、责任和知识的系

---

① 李建伟. 重塑HRD：人力资源总监快速成长八部曲实战指南[M]. 北京：电子工业出版社，2018：65.
② 李建伟. 重塑HRD：人力资源总监快速成长八部曲实战指南[M]. 北京：电子工业出版社，2018：65-66.

统过程，它给出了工作的职责、与其他工作的关系、所需的知识和技能，以及完成这项工作所需的工作条件，是一种重要而普遍的人力资源管理技术。通过这一程序，可以确定某一工作的任务和性质是什么，以及哪些类型的人（从技能和经验的角度来说）适合被雇佣来从事这一工作，并最终形成工作说明书与工作规范。

HR COE设计工作分析系统的内容包括以下几点。

（1）工作分析制度；

（2）工作分析流程设计；

（3）组织架构设计及工作说明书编写；

（4）胜任力模型设计。

（四）设计人力资源管理运营体系

人力资源管理运营体系是人力资源管理具体业务操作及各项活动的具体落实体系，包括以下内容。

1.人力资源战略分解和落实制度

人力资源战略是企业为实现公司战略目标而在雇佣关系、甄选、录用、培训、绩效、薪酬、激励、职业生涯管理等方面所做决策的总称。如何在业务管理中进一步落实和体现人力资源战略和规划，需要有明确的和体系化的管理制度和规定。

2. 人力资源工作的组织与执行

根据确定的人力资源管控模式、职能定位、组织结构，人力资源管理如何开展、具体事项的组织和领导部门权责划分等，需要人力资源运营体系进行明确的规定。

3. 人力资源管理工作的协调与调度管理

在管理工作中，总部和下属单位人力资源工作、组织内部各个部门人力资源工作的协调等事项，需要明确的协调及配合机制。依据组织设计和工作分析来明确相关层级的权责划分和汇报关系等，尽可能减少管理的冲突和成本，提高效率。

4. 人力资源管理工作的监督与反馈

在人力资源管理工作中，各项制度和流程在设计运营中执行得如何，需要通过建立监督和反馈机制来保障。通过建立健全监督意见反馈整改机制，强化监督结果运用，形成监督工作的闭环。

（五）设计人力资源运营监控体系

人力资源运营监控体系是监督组织人力资源管理体系是否有效的检查考核评价体系，包括人力资源管理审计、日常人力资源信息调度和核查、人力资源管理人员业绩管理等。通过现在的网络及大数据技术对实时运行数据和统计分析指标进行监控，形成基础数据和运行数据的分层查询、统计、告警，从管理上实现了宏观管理指标到底层数据的逐级穿透，为精确定位影响人力资源管理统计指标的底层数据提供技术支撑；实现了"人力资源管理部—各业务部门—员工"的透明化监控，掌握部门人力资源的即时运行情况，实现精准人力资源管理服务，也为组织精益化管理提供辅助支持。

（六）设计人力资源规划体系

战略人力资源管理是在根据企业发展战略及经营计划、评估组织的人力资源现状、掌握和分析大量人力资源相关信息和资料的基础上，科学合理地制定人力资源规划。人力资源规划是指为确保企业在适当的时候、为适当的职位配备适当数量和类型的工作人员，并使他们能够有效地完成工作任务，为实现包括个人利益在内的该组织总体目标而拟定的一套措施。它将组织对雇员数量和质量的需求与人力资源的有效供给相协调。需求源于公司运作的现状与未来预测，供给则涉及内部与外部的有效人力资源数量。具体步骤如下。

（1）评价现有的人力资源；
（2）预测将来需要的人力资源；
（3）制定满足未来人力资源需要的行动方案。

HR COE设计人力资源规划体系的工作包括以下内容。

（1）人力资源总体规划的制定。具体有以下几点。

①与组织的总体规划有关的人力资源规划目标、任务、指导思想、原则的说明，组织现状分析，优势与薄弱点说明。

②有关人力资源管理的各项政策、措施及其说明。

③内部、外部人力资源需求与供给预测。

④供需分析并在供需一体化分析基础上制定相应的措施。

（2）业务型人力资源规划的制定。

业务型人力资源规划可涉及人力资源管理的各个方面，如招聘计划、培训开发计划、薪资计划、升迁计划、人员保留计划及人员裁减计划等。

（七）设计招聘与录用体系

在此过程中，首先要做工作分析，即对某一岗位的员工职责仔细分析，并做出岗位描述；然后确定应聘该岗位的候选人应具备的能力。并根据对应聘人员的吸引程度选择最合适的招聘方式。HR COE设计招聘与录用体系的工作包括以下内容。

（1）招聘录用管理制度；
（2）招聘录用及选拔的相关流程及工具设计；
（3）招聘渠道建设；
（4）招聘评估机制设计。

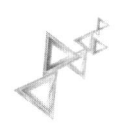

（八）设计培训体系

培训体系是将企业中培训类型和层次系统化，它明确了企业内各级各类培训的对象、目的、任务、形式、考评与资格认证以及相互之间的衔接关系。一个有效的培训体系应具备以企业战略为导向，着眼于企业的核心需求，充分考虑员工自我发展的需要和系统推进等基本特征。培训课程体系、培训讲师管理制度、培训效果评估体系是培训体系的核心内容。培训管理体系是把原本相对独立的培训课程体系、培训讲师管理制度、培训效果评估融入企业管理体系中，例如与晋升体系、薪酬体系相配套。

一般而言，HR COE设计培训体系包括以下内容。

（1）培训组织管理体系；
（2）组织学习体系；
（3）人力资源发展与职业生涯规划；
（4）培训需求分析体系；
（5）培训师资管理体系；
（6）培训预算管理体系；
（7）培训行政支持体系；
（8）培训课程设计、开发与管理体系；
（9）培训效果评估与跟踪辅导体系；
（10）培训制度规范保障体系。

（九）设计薪酬管理体系

广义的薪酬管理是一个组织为了实现战略和经营目标，维护企业文化以及吸引、留住、激励和开发员工，制定组织的薪酬战略、薪酬政策和薪酬制度，并且实施各项薪酬管理任务的整个过程。薪酬管理的内容包括：就薪酬水平、薪酬体系、薪酬结构、薪酬构成以及特殊员工群体的薪酬做出决策；持续不断地制订薪酬计划，拟订薪酬预算；就薪酬管理问题与员工进行沟通；对薪酬体系的有效性做出评价而后不断予以完善。因此，HR COE在薪酬管理中的重要决策包括以下内容。

（1）薪酬体系决策。企业确定员工基本薪酬的基础是什么。

（2）薪酬水平决策。薪酬水平是指企业中各职位、各部门以及整个企业的平均薪酬水平，薪酬水平决定了企业薪酬的外部竞争性。

（3）薪酬结构决策。薪酬结构是指同一组织内部的薪酬等级数量以及不同薪酬等级之间的薪酬差距大小。它涉及薪酬的内部一致性问题。

（4）薪酬管理政策决策。主要涉及企业的薪酬成本与预算控制方式以及企业的薪酬制度、薪酬规定和员工的薪酬水平是否保密的问题。

（十）设计绩效管理体系

绩效管理体系是人力资源管理体系的核心，也是整个企业管理体系中的重要组成部分。绩效管理体系是企业为了实现其战略目标，根据企业所处的发展阶段、背景及其他客观条件，对组织和员工的绩效进行开发和管理的一整套理念、原则、程序和方法的有机整体。它必须与其他管理体系相互配合，并得到良好支持才能充分地发挥作用。

绩效管理体系的构成包括以下内容。

（1）绩效管理的目标体系。建立绩效管理的目标体系要从分析企业战略开始，根据企业的战略目标确定企业级的KPI，然后再分解成部门或团队的KPI，最后进一步分解到具体岗位的KPI，以保证每个部门或团队、员工的努力都与公司战略目标要求相一致。

（2）绩效管理的过程体系。绩效管理的过程体系就是绩效管理的四个阶段组成的循环周期，通过绩效计划、绩效辅导、绩效考核和绩效反馈及面谈，及时解决员工在绩效管理过程中出现的问题，保证绩效目标的顺利实现，从而使公司的战略落到实处。

（3）绩效管理的相关制度体系。要保证绩效管理过程的顺利进行，保证基于组织战略的绩效目标得以落实，必须有一套与之相应的管理制度作为保证，为此必须建立健全各种相关制度，如上下级沟通制度、绩效考核制度、员工申诉制度、基于员工绩效的奖惩制度、培训制度、人事调整制度等。

（4）绩效管理的组织保障体系。绩效管理的效果在一定程度上取决于其组织保障是否得力，特别是公司高层管理者是否重视，因此必须建立公司绩效管理委员会、绩效管理办公室、绩效管理推进小组等职责明确的组织保障体系。

（十一）设计人事事务体系

员工的人事记录通常由人事部门集中管理，这些记录中包括最初的应聘材料，和后续工作中添加的反映员工资历、成绩和潜力的资料。员工档案是人事决策的一项重要依据。随着计算机的普及，许多公司采用了人力资源管理信息系统，用计算机来管理人事档案资料。

HR COE在设计人事事务体系中的内容包括以下几点。

（1）员工考勤管理制度；

（2）人事事务相关流程及工具设计；

（3）人事档案制度。

（十二）设计组织文化体系

组织文化是指组织全体成员共同接受的价值观念、行为准则、团队意识、思维方

式、工作作风、心理预期和团体归属感等群体意识的总称。组织文化的功能在于提高组织承诺，影响组织成员，助力提高组织效能。

HR COE在组织文化中的重要内容包括以下几点。

（1）组织文化建设制度；

（2）组织文化手册设计；

（3）组织文化宣导设计；

（4）组织文化执行设计。

（十三）设计组织发展体系

进行组织发展，往往要运用管理心理学和其他学科的理论和技术，以实现预定的组织变革计划和目标。组织发展比较强调正式的工作群体的作用，它的主要对象是工作群体，包括管理人员和员工。这一点不同于传统方式的组织改进活动，传统的办法集中于个别管理人员，而不是群体。全面的组织发展还包括群体间的相互关系以及整个组织系统的问题。组织发展的三大核心工作，包括以下内容。

（1）优化企业组织管理体系，理顺组织责、权、利关系；

（2）做好组织核心人才配置，盘点人才，分工合理，职责分明，责任到位；

（3）打造高绩效管理团队。

第四节　HR COE基于人力资源4P管理模式的操作

一、人力资源3P管理模式向4P管理模式的转变

（一）人力资源3P管理模式

1. 人力资源3P管理模式的提出

2001年，林泽炎博士在其专著《3P模式：中国企业人力资源管理操作方案》中首次从人力资源核心技术的角度出发，提出了人力资源3P管理模式，即岗位分析（position analysis）、绩效考核（performance appraisal）和工资分配（payment distribution）。3P管理模式迅速在全国中小型企业得到了较大的推广，表现出相当的生命力。根据林泽炎博士的研究，他认为就我国现状来看，或许并不缺乏人力资源管理和企业管理方面的理念与思想，但十分缺乏将这些理念、思想体现出来的规范化技术，并且由于我国企业目前的人员素质和物质条件等方面的限制，出于降低管理成本的目的，不可能进行全面、规范的人力资源管理，因此需要抓住人力资源管理的关键，在岗位职责、工作考核、工资分配等方面，充分体现现代人力资源管理"认识人性、尊重人性、以人为本"的核心和本质，就可以走出国内企业人力资源管理困境，迈上较为规范化的

轨道。3P管理模式核心链的三个步骤：①以岗位分析为基础工具，明确员工的岗位职责；②根据员工的岗位职责，设计出绩效考核的指标、方案和工具；③根据绩效考核结果，设计工资福利以及奖金发放。即人力资源3P管理模式的实质是以岗位分析为起点、绩效考核为中心、工资分配为结果，并以此为主线来展开和落实企业的人力资源管理活动。

2. 人力资源3P管理模式的优点、缺点

3P管理模式抓住了人力资源管理的核心技术，易于操作和实践，降低了人力资源管理成本，对于我国中小企业从无到有建立人力资源管理系统和在大中型企业迅速实现从传统的人事行政管理向现代的人力资源管理转轨无疑具有开拓性的作用。但是，随着企业内外环境的激烈变化，人力资源愈来愈成为企业的战略资源而不是人工成本，人力资源管理角色开始从人事管家、操作者向员工支持者、战略合作伙伴以及企业变革推进者转变。在这种新的情况下，3P管理模式的优点也就潜伏着它的缺点。

（1）人力资源3P管理模式在理念上依然是把人力资源归结为人工成本，过于重视人力资源管理在技术上、操作上的细节和短期人工成本的降低，而忽略人力资源管理在企业战略、员工发展、组织创新等方面的作用。因此，如不对3P管理模式进行理论上的挖掘和模式上的创新，将会无法发挥人力资源管理的价值创造功能，无法实现人力资源管理者角色的战略转变和地位的战略提升，从而伤及人力资源管理本身，不利于人力资源管理在我国的传播和发展。

（2）人力资源3P管理模式以企业岗位为基点开展绩效考核和工资分配，却忽视了在企业里与岗位相对的另一个重要基点即人本身。事实上，人和岗位是企业里不可或缺的两个基点，如果人力资源管理模式只是建立在岗位的基础上，其结果必然是按岗找人，强调把人改造得适应岗位，那么据此进行的人力资源管理将会得不到员工的参与和认同。人既是人力资源政策和措施的实施者、参与者也是其承受者，它需要高层领导在管理理念上进行根本的革新和转变，视员工为企业最重要的战略资产，视培训开发和薪酬福利为人力投资而非人工成本。它需要全公司中层管理者和直线经理的组织实施，进行全员人力资源管理，而非仅仅把人力资源管理视为人力资源部的职责。它需要员工的积极参与和合作，把人力资源管理视为自己职业发展和价值增值的过程，而非仅是控制、监督和管理自己的被动过程。因此，人力资源管理模式的选择既要建立在企业组织结构、工作流程、职位责任等基础上，与此同时也必须建立在企业员工的素质、能力、行为和态度之上。

（3）3P管理模式较少考虑人力资源管理与企业战略之间的相互关系，该模式把人力资源管理三个主要模块按照先后顺序进行排列，没有用企业战略把人力资源管理各模块统领起来，与此同时，该模式还把人力资源管理模块之间的横向关系过于简单化，甚至漏掉了在新的企业环境下人力资源管理的一些关键环节，如员工培训和职业生涯规划等。根据人力资源管理战略的观点，人力资源管理必须在纵向上与企业战略

相匹配，在横向上实现各人力资源管理模块的匹配。这意味着人力资源必须围绕企业战略这个中心，人力资源管理模块之间不是时序关系，而是匹配关系，必须在企业战略的统领下，基于企业岗位和人的这两个基点，进行人力资源管理各模块的协调整合管理。

（二）人力资源4P管理模式

1. 人力资源4P管理模式背景

随着经济全球化以及现代信息网络技术和知识经济的飞速发展，我国企业目前所面临的内外环境发生了重大变动，一是企业竞争愈加激烈化，组织不得不在全球化竞争中配置资源和创造顾客需求；二是企业核心资源日益知识化，组织必须在无边界的人才流动中确保核心员工的忠诚和承诺。这两种发展趋势都使得人力资源的价值性、独特性、难以模仿性以及组织化程度得到了进一步挖掘和拓展，人力资源愈来愈成为企业的"主动性"战略资产，从而客观上要求人力资源管理与企业战略融合起来，不仅要关注企业里的岗位和工作，还要关注企业里员工的能力和行为。用有形的劳动契约和无形的心理契约双重纽带把员工与企业紧密地联系起来，在企业里实现人与人、人与岗位、岗位与岗位以及人与企业的匹配，以不断提高员工的工作满意度和组织承诺感，并进一步转化高的顾客忠诚度和组织价值，把企业的战略实现过程统一为员工价值、顾客价值和股东价值的实现过程。

2. 基于战略的人力资源管理4P模式

战略性人力资源管理理论内核为"一个中心、两个基本点、四大匹配"。具体言之，所谓"一个中心"就是人力资源管理必须围绕企业战略这个中心，立足于企业竞争能力的提高和竞争优势的获取。所谓"两个基本点"是指在企业里存在两大子系统：一是以"人"为基本单元的子系统，二是以"岗位"为基本单元的子系统，两大子系统相互作用，以双螺旋的形式存在，从而形成企业的两个基本点。所谓"四大匹配"是指在企业里进行人力资源管理必须围绕企业战略这个中心，立足于"人"和"岗位"这两个基本点，实现人与人、人与岗位、岗位与岗位、人与企业的相互匹配。

（1）以企业战略为中心要求人力资源管理必须从操作层面走向战略层面，用资产的观点看待人力资源，用投资的观点看待培训开发和薪酬福利，从本组织的内外环境出发设计一个有利于战略实施的人力资源管理系统。例如，假设一个组织的主要战略目标是创新，它就必须留住核心员工，同时要在员工中传递组织内部积累的新知识，它要避免各层级人员的频繁流动，否则开发的创新产品、服务以及流程就会流入竞争对手那里。这就意味着在具体的人力资源管理操作过程中，不能孤立片面地进行岗位分析、绩效考核和工资分配，而应把人力资源管理看作一个系统，让企业的创新战略统领岗位分析、员工招聘、员工培训、绩效考核和薪酬管理等模块，使它们相互匹配并协调一致地促进企业留住员工和员工的知识库，直到这种"新知识"为组织自身所拥有而不是员工个人所拥有。

（2）立足于"人"和"岗位"两个基本点则要求在人力资源管理中，要根据企业的具体情况来决定岗位和人之间的辩证关系，到底是因人设岗还是按岗找人，到底是把人改造得适应岗位还是把岗位改造得适应人，必须因时、因人和因地而异。目前，许多企业凸显岗位的地位，强调按岗找人，竭力把人改造得适应岗位。但这并不能排斥和否定在某些情况下因人设岗的客观需要。事实上，随着大部分岗位的体力要求减少，脑力要求提高，使得工作场所中的体力劳动者正在被知识工人所替代，企业组织结构变得扁平化，团队工作开始出现甚至成为主要的工作方式。在这种情况下，因人设岗成为一种必然现象，正是由于某些特质员工的存在，从而可以组成一个任务团队，在新岗位上实现企业的某个目标。另外，由于知识员工表现出更强的自主性、创造性、流动性，以及劳动过程的隐蔽性及劳动成果的复杂性，决定了知识员工对企业来说是一种主动性极强的资产，因此在确定他们与岗位的关系时，更应强调"以人为本"。

（3）人与人的匹配要求在人力资源管理过程中做到员工与员工之间在知识上互补、能力上互补、性格上互补和气质上互补，从而协调合作。因此必须通过素质管理，在识人和承认员工差异的基础上，围绕企业战略目标的实现，把差异性的员工组合起来，形成高绩效的工作团队。一方面能较好地分工与合作，提高组织的效率和效能；另一方面能增加员工的组织归属感和工作投入。需要强调的是，人与人的匹配不是静态的和一次性的，必须动态地看待，因而要通过培训开发和职业生涯规划，不断提高员工的就业能力和岗位胜任力，实现员工之间的动态匹配。

（4）人与岗位的匹配包括人的素质要与岗位对人的要求相匹配以及岗位给人的报偿要与人的需求相匹配这两个方面。人的素质与岗位对人的要求相匹配就是要在人力资源管理中做到适得其才，人尽其用。因而必须进行素质管理和岗位管理，或通过岗位再设计把岗位改造得适应人的素质；或通过培训开发以提高人的素质从而适应工作岗位的要求；或根据企业员工素质的具体情况，组合形成新的工作形式和工作岗位。岗位给人的报偿与人的需求相匹配就是要在人力资源管理过程中做到酬适其需，人尽其才，最大奉献。这要求必须进行绩效管理和薪酬管理，让员工的努力能最大程度地取得好的绩效水平，使员工的绩效能最大程度地得到报偿，并且这种报偿正是员工所追求的，从而促使员工与企业能一同成长。

（5）岗位与岗位的匹配则要求在人力资源管理中必须使岗位之间权责有序，灵活高效，确保工作流程发挥整体优势，有利于员工最大效能的发挥。因而必须在岗位分析的基础上进行岗位管理，根据企业的战略要求和企业员工素质的具体情况，对岗位进行设计和再设计，对岗位的价值进行正确的评估和界定，确定合理的工作流程、工作形式和岗位设置，并通过竞聘上岗、岗位轮换、工作团队等多种形式不断提高员工的工作参与感和工作满意度。

(6) 人与企业的匹配则要求在人力资源管理中必须使员工的价值观与组织的价值观相匹配，员工的期望与组织的期望相匹配，员工的责任与组织的责任相匹配。社会心理学者布劳认为，员工与企业之间的关系可区分为经济性交换与社会性交换两种形态，并且他指出虽然这两种交换关系存在着差异，但同样都必须建立在互惠的基础上。因此要做到人与企业的匹配，就是要通过素质管理、岗位管理、绩效管理和薪酬管理对员工进行招聘前、招聘中和招聘后的管理，从而用有形劳动契约和无形心理契约双重纽带把员工与企业联系起来。一方面使员工拥有其工作所要求的知识、技能和能力，并培养员工对组织的认同感、归属感和献身精神；另一方面不断满足员工在内在报酬和外在报酬上的期望和需要。

综上所述，随着经济全球化、技术的信息化和企业资源知识化的发展，人力资源愈来愈成为企业的战略资源，人力资源管理"一个中心、两个基本点、四大匹配"的基本理论要求企业必须超越操作层面上的人力资源3P管理模式，进行战略层面上的4P人力资源管理，围绕企业战略这个中心，以企业里"人"和"岗位"为两个立足点，进行素质管理、岗位管理、绩效管理和薪酬管理，以实现人与人、人与岗位、岗位与岗位、人与企业的匹配。

二、人力资源4P管理模式的基本内容

（一）素质管理

素质管理是指在素质测评的基础上，通过构建基于企业战略、组织结构和工作岗位的素质模型，对员工进行素质增进的过程。员工素质必须在测评的基础上进行管理，素质管理对企业的实际管理具有非常重要的意义。对于员工来说，就是要通过素质管理从而不断提高员工的工作胜任力和终身就业能力，实现从"终身雇用"（1ife-time employment）向"终身可以雇用"（lifelong employability）的转变。对于企业来说，就是要形成适宜的员工素质组合，从而保证一方面建立起具有多项技能的员工队伍，满足企业战略的实现；另一方面能有效地控制人工成本，增强企业的竞争力。

素质管理包括以下几个方面的内容。

(1) 素质获取管理，即通过素质测评和招聘甄选，在素质模型的指导下，使组织获得某种优势资源；

(2) 素质保持管理，即通过激励体系的构建把某种优势资源保留在组织内；

(3) 素质增进管理，即通过员工培训和职业生涯规划，不断提高员工的岗位胜任力和终身就业能力；

(4) 素质使用管理，即通过为员工创造发挥聪明才智的工作岗位、工作环境和工作舞台，使员工素质得到充分利用并促使其潜能得到充分激发。

由此可知，战略指导下的员工素质管理既提高了员工自身素质和就业能力，又提高了其企业服务能力和工作胜任能力，实现了企业与员工的共同发展。

（二）岗位管理

岗位管理是以组织中的岗位为对象，科学地进行岗位设置、岗位分析、岗位描述、岗位监控和岗位评估等一系列活动的管理过程。我们认为，岗位必须在分析和评价的基础上进行管理，岗位管理较之于岗位分析具有更丰富的内涵和意义。4P模式的岗位管理与以往一劳永逸的岗位设置和岗位分析不同，它的着眼点在于通过对岗位的管理，既开发出与企业战略相匹配的组织结构、工作流程和工作岗位，又通过工作再设计以适应劳动力多元化和知识工作者的兴趣，提高员工的工作满意度和工作内在激励。

4P模式中的岗位管理是动态变化的，必须综合考虑多种因素，从而确定到底是把人改造得适应岗位还是把岗位改造得适应人，到底是因人设岗还是按岗找人，以及如何实现之。具体来讲包括以下几个方面的内容。

（1）岗位设置管理，即从企业战略出发，根据组织变革和员工素质的具体情况，通过工作分析，确定工作内容和职责，进行定岗定编，或者是对原有岗位再设计，或者是设定新的工作岗位，或者精简一些在新企业环境下战略价值小的岗位；

（2）岗位价值管理，即通过战略导向的岗位评价，确定每个岗位对企业的价值并动态调整，从而为企业的薪酬体系的设计提供客观基础；

（3）员工上岗和下岗的管理，即动态地确定什么样的员工与岗位是匹配的，如何进行员工上岗的引导和下岗的面谈，如何进行在岗员工的管理以及如何对待离岗员工的再上岗，等等。

（三）绩效管理

绩效管理是管理者和员工个人经过沟通制订绩效计划、绩效监控、绩效考核、绩效反馈与改进，以促进员工绩效持续提高并最终实现企业目标的一种管理过程。绩效管理是人力资源管理制度的重要组成部分，也是企业生产经营活动正常运行的重要支持系统。绩效管理是以绩效考核制度为基础的人力资源的子系统，它表现为一个有序的复杂管理活动过程。

（四）薪酬管理

薪酬管理是指一个组织针对所有员工所提供的服务来确定他们应当得到的报酬总额以及报酬结构和报酬形式的一个过程。它从广义上说是一个组织为了实现战略和经营目标，维护企业文化以及吸引、留住、激励和开发员工，制定组织的薪酬战略、薪酬政策和薪酬制度，并且实施各项薪酬管理任务的整个过程。4P模式的薪酬管理是战略性薪酬管理，就是通过为组织提供正确的人员以及所需的知识、技能和行为对组织战略的实现提供强大支持的各种薪酬管理活动。

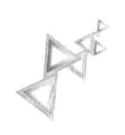

三、HR COE基于人力资源4P管理模式的体系设计

在我国经济快速发展的现阶段，国内绝大多数企业仍然处于传统的人事管理阶段，许多企业尚未完全建立起健全的人力资源管理体系。一些企业已具备了人力资源管理3P模式的体系和其他部分职能，而真正向战略性人力资源管理过渡的企业其人力资源管理4P模式的构建尚无章法。下面就HR COE基于人力资源4P管理模式的体系设计展开叙述。

（一）人力资源规划

1. 人力资源规划的含义

人力资源规划是企业人力资源管理与企业战略结合的计划，是以企业发展战略为指导的涵盖人力资源管理各项管理工作的重要环节，在企业人力资源管理乃至整体战略规划中具有举足轻重的作用，对于企业管理人员规划人力资源发展、合理配置人力资源、配合组织高层战略、降低用人成本等具有重要的意义。

人力资源规划是先预测未来的组织任务和环境对组织的要求，再根据组织任务和环境对组织的要求而制定人力资源管理的行动方针的过程。人力资源规划应当可以预见未来人力资源管理的需要，人力资源规划是以组织的战略目标为基础的，当组织战略目标发生变化时，人力资源规划也随之发生变化。一个组织需要通过人力资源规划来确定行动方针，制定新的政策、系统和方案来指导人力资源管理的政策和实践，使人力资源管理在变化的条件下保持有效和一致。制定人力资源规划必须回答以下几个基本问题：

（1）我们所处的环境怎样？
（2）我们的目标是什么？
（3）我们怎样才能实现目标？
（4）我们做得如何？

2. 人力资源规划的类型

（1）从规划的时间上来看，人力资源规划可分为三种：短期规划一般为6个月至1年，长期规划为3年以上，中期规划介于两者之间。

（2）从规划所涉及的范围上来看，企业的人力资源规划可分为企业总体人力资源规划、部门人力资源规划、专项任务或工作的人力资源规划。

（3）从规划的性质上来看，可分为战略性人力资源规划和战术性人力资源规划。

3. 人力资源规划的内容

人力资源规划的内容可分为人力资源总体规划和人力资源业务计划。

人力资源总体规划是人力资源管理活动的基础，它是以企业战略目标为基础，对规划期内人力资源管理的总目标、总政策、实施步骤和总预算的安排。人力资源总体规划的主要内容，有如下几个方面。

（1）阐述在企业战略规划期内组织对各种人力资源的需求和各种人力资源配置的总的框架。

（2）阐明人力资源方面有关的重要方针、政策和原则，如人才的招聘、晋升、降职、培训与发展、奖惩和工资福利等方面的重大方针和政策。

（3）确定人力资源投资预算。

总之，人力资源总体规划着重于人力资源方面的总的、概括性的谋略和有关重要方针、政策和原则。

人力资源业务计划是指总体规划的具体实施和人力资源管理具体业务的部署。它是人力资源总体规划的展开和具体化，其执行结果应能保证人力资源总体规划目标的实现。主要包括：人员配备计划、人员补充计划、人员使用计划、人员培训与开发计划、绩效考核计划、薪酬激励计划、劳动关系计划、退休解聘计划等，见表4-3所列。

表4-3 人力资源规划的内容

规划类别	目标	政策	预算
总体规划	总目标：人员的层次，素质与年龄结构，人员的总量及分类；绩效目标：战略性人才培养目标，员工满意度等	基本政策（扩员、收缩或保持稳定政策，人力资源的管理方式与职责等）	总预算
人员配备计划	由各部门确定人员结构优化目标，实现绩效改善或提高	人员配备政策、任职条件	人员总体规模变化而引起的费用变化
人员补充计划	人员类型、数量，人力资源结构，绩效的改善	人员素质标准、人员来源范围、起点待遇	招聘、选拔费用
人员使用计划	定岗定员标准、后备人员数量保持、职务轮换幅度、改善人员结构、提高绩效目标	人员晋升政策、晋升时间、职位轮换的范围和时间、未提升人员的安置	职位变化引起的工资、福利等支出的变化
人员培训与开发计划	人员素质及绩效的改善、长短期培训类型与数量、提供新人员和转变员工的劳动态度	培训时间与效果、对培训获证资格的认定	教育培训费用支出、脱产培训误工费用
绩效考核计划	增加员工参与、增进绩效、增强组织凝聚力、改善企业文化	绩效考评标准和方法、沟通机制	绩效考评引起的支出变化
薪酬激励计划	人才流失减少、士气提高、绩效改进	薪酬政策、激励政策、激励重点	薪酬福利的变动额
劳动关系计划	减少投诉和不满、降低非期望离职率、改善干群关系	参加管理、加强沟通	法律诉讼费和可能的赔偿费
退休解聘计划	劳动成本降低、劳动生产率提高	退休政策、解聘程序	人员安置费和重置费

4. 人力资源规划实施的具体步骤

人力资源规划的实质是根据企业经营方针，通过优化企业人力资源的途径来实现企业目标的过程，人力资源规划的实施程序流程图如图4-11所示。

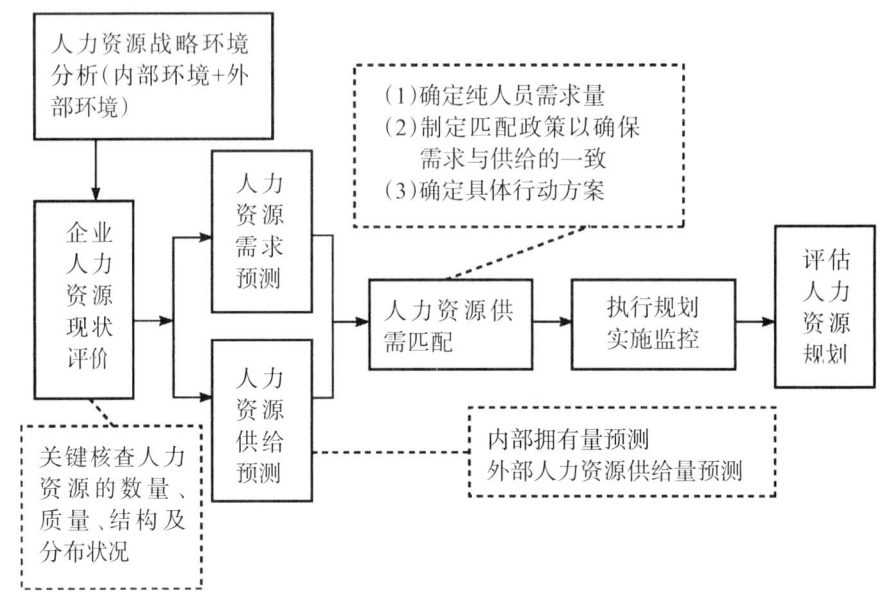

图4-11 人力资源规划的实施程序流程图

人力资源规划实施的具体步骤有如下几个方面。

（1）人力资源战略环境分析。

人力资源战略环境分析包括外部环境分析和内部环境分析。

外部环境分析主要包括：组织所处地域的经济形势及发展趋势，组织所处行业的演变、生命周期、现状及发展趋势；组织在行业中所处的地位、所占的市场份额，竞争对手的现状及增长趋势、竞争对手的人力资源状况、竞争对手的人力资源政策，预计可能出现的新竞争对手，组织外部的劳动力市场状况，政府的人力资源政策、法规对组织人力资源战略的影响等。外部环境分析通常采取PEST分析法。

内部环境分析主要包括：企业内部的资源，企业所处的生命周期、发展阶段，企业总体发展战略，企业的组织文化，企业员工的现状和他们对企业的期望。

（2）企业人力资源现状评价。

理清企业现有人力资源的现状是人力资源规划的基础工作，也是人力资源规划实施的前提。企业人力资源现状的评价主要通过人力资源调查和工作分析来完成。

人力资源调查主要是通过查阅现有的档案资料、发放调查问卷、访谈等途径来获取企业现有员工年龄、学历、职称、能力和专长等方面的信息。

（3）企业人力资源的供需预测。

企业人力资源的供需预测是人力资源规划实施工作中的一个重要环节。人力资源规划的预测包括人力资源需求预测和人力资源供给预测，二者的差额就是组织对人力资源的需要。企业人力资源需求预测是在考虑内外部环境和企业战略目标的基础上，根据企业的优势和劣势、机会和威胁，制定相应的人力资源战略，确定企业的组织结构和工作设计。

人力资源需求预测包括如下11个步骤：

①根据职务分析的结果，确定职务编制和人员配置；
②进行人力资源盘点，统计出人员的缺编、超编及是否符合职务资格要求；
③将上述统计结论与部门管理者进行讨论，修正统计结论；
④该统计结论即为现实人力资源需求；
⑤根据企业发展规划，确定各部门的工作量；
⑥根据工作量的增长情况，确定各部门还需增加的职务及人数，并进行汇总统计；
⑦该统计结论为未来人力资源需求；
⑧对预测期内退休的人员进行统计；
⑨根据历史数据，对未来可能发生的离职情况进行预测；
⑩将步骤⑧和⑨中的统计和预测结果进行汇总，得出未来流失人力资源需求；
⑪将现实人力资源需求、未来人力资源需求和未来流失人力资源需求汇总，得出企业整体人力资源需求预测。

人力资源供给预测包括如下8个步骤：

①进行人力资源盘点，了解企业员工现状；
②分析企业的职务调整政策和历史员工调整数据，统计出员工调整的比例；
③向各部门的人事决策人员了解可能出现的人事调整情况；
④将步骤②和③的情况汇总，得出企业内部人力资源供给预测；
⑤分析影响外部人力资源供给的地域性因素，包括所在地的人力资源整体现状、所在地的有效人力资源的供求现状、所在地对人才的吸引程度、薪酬对所在地人才的吸引程度、能够提供的各种福利对当地人才的吸引程度、本企业对人才的吸引程度；
⑥分析影响外部人力资源供给的全国性因素，包括全国相关专业的大学生毕业人数及分配情况、国家在就业方面的法规和政策、该行业全国范围的人才供需状况、全国范围从业人员的薪酬水平和差异；
⑦根据步骤⑤和⑥的分析，得出企业外部人力资源供给预测；
⑧将企业内部人力资源供给预测和企业外部人力资源供给预测汇总，得出企业人力资源供给预测。

（4）企业人力资源供需匹配不平衡的调整。

一般而言，组织人力资源的供求完全平衡在实践中很难出现，更多的情况是出现三种供求不平衡的结果：人力资源供给大于需求，人力资源供给小于需求，人力资源供求总量平衡但其结构不平衡。

人力资源供给大于需求的情况出现时，因员工过剩使得组织内部人浮于事、生产效率低下。此时应该采取的措施是:减员增效、提前退休、合并或关闭一些机构或部门、开拓新业务、减少工作时间、进行人员再培训等；人力资源供给小于需求的情况出现时，又因员工短缺使得组织设备闲置、固定资产利用率低下，造成巨大浪费。此时一般可以采取的政策和措施是：招聘、强化员工培训使其能够胜任一人多岗、业务外包、内部调整满足缺员岗位需要、技术创新等；当组织的人力资源出现供求结构不平衡时，应该采取的措施是:通过内外部人力资源流动来平衡人员需求，对结构化过剩的员工进行培训增加新技能以便转到空缺岗位，推动内部人员流动等。

总之，组织人力资源的供求平衡不仅仅是保持员工需求和供给的总量平衡，更要实现员工在质量、层次、类别等方面的供需结构上的平衡。

（5）人力资源规划实施的监控。

为了确保最初制定的人力资源规划能够有效地实现组织预期的目标，必须建立一套科学且有效的监控体系。这一体系能够确保人力资源规划与其具体实施过程之间保持动态的、实时的相互适应。人力资源规划实施监控的主要内容应包括：

①关键监控点的选择：在人力资源规划的关键环节中确定需要重点监控和评估的点。

②评价和控制基准的确立：建立用于评估规划实施效果的评价标准和控制基准。

③监测和评估：跟踪监测关键控制点的实际变化及其变化趋势，以便及时了解规划实施的状态。

④实施控制方法的选择：选择合适的实施控制方法，并在必要时对出现的偏差进行调整。

通过这些措施，可以确保人力资源规划的实施与组织目标保持一致，及时调整和优化规划，以应对内外部环境的变化。

人力资源规划实施的监控步骤：建立目标→事项识别→建立指标体系→实施监测→例外分析→结果报告。

（二）工作分析与岗位管理

1. 工作分析的概述

工作分析是指系统全面地确认工作整体，以便为管理活动提供各种有关工作方面的信息所进行的一系列的工作信息收集、分析和综合的过程。工作分析是人力资源管理工作的基础，其分析质量对其他人力资源管理模块具有举足轻重的影响。它的结果是产生工作描述和任职说明。

（1）工作描述。

具体来讲包括以下几个方面的内容：工作概况，工作目的，工作职责，工作条件和物理环境，社会环境，聘用条件。

（2）工作规范。

工作规范又称"任职要求"，具体说明从事某项工作的任职者所必须具备的教育背景、工作经验、生理要求和心理要求等，主要包括以下几方面的内容。

①一般要求：主要包括年龄、性别、学历、工作经验、知识、技能等。

②生理要求：主要包括健康状况、力量和体力、运动的灵活性、感觉器官的灵敏度等。

③心理要求：主要包括观察能力、集中能力、记忆能力、理解能力、学习能力、解决问题的能力、创造能力、计算能力、语言表达能力、决策能力、沟通交际能力、性格、气质、兴趣爱好、态度、事业心、合作性、领导能力等。

2. 工作分析的相关概念

由于工作分析与职位以及职位对应的工作活动是紧密联系在一起的，因此，人力资源管理人员有必要知晓与之相关的一些概念。

①工作要素。指工作中不能再分解的最小劳动单位。例如，从工具箱中取出夹具，将夹具与加工件安装在机床上，开启机床，加工件等均是工作要素。

②任务。指为了达到某种目的所从事的一系列活动。它可以由一个或多个工作要素组成。如工人加工工件、打字员打字都是一项任务。

③职责。指个体在工作岗位上需要完成的主要任务或大部分任务。它可以由一个或多个任务组成。

④职位。指由一个人完成的一项或多项相关职责组成的集合，又称"岗位"。职位与个体是一一匹配的，也就是有多少职位就有多少人，二者的数量相等。

⑤职务。指主要职责在重要性和数量上相当的一组职位的统称，或指一组重要责任相似或相同的职位。

⑥职系（职种）。指职责繁简难易、轻重大小及所需资格条件并不相同，但工作性质充分相似的所有职位集合，如人事行政、社会行政、财税行政、保险行政各属于不同的职系。每个职系中的所有职位性质充分相似。一个职系就是一个职位升迁的系统，也是一种专门职业。

⑦职组。指若干工作性质相近的所有职系的集合，如人事行政和社会行政可并入"普通行政"职组。

⑧职级。指同一职系中职责繁简、难易、轻重及任职条件十分相似的所有职位的集合。如"中教一级"与"小教高级"的数学教师属同一职级。

⑨职等。指不同职系之间，职责的繁简、难易、轻重及任职条件充分相似的所有职位的集合，如大学讲师与研究所的助理研究员均属于同一职等。

3. 工作分析的程序

工作分析是一个细致而全面的评价过程，它主要包括前期准备阶段、调查和分析

阶段、编写工作说明书、工作说明书的保持和更新四个阶段。

（1）前期准备阶段。

这一阶段的主要任务是熟悉情况，明确工作分析的目的、组成工作分析小组、确定工作分析的样本、培训工作分析人员、准备各种工作分析问卷和调查提纲。其具体步骤包括以下内容：确定工作分析的目的，取得领导的支持，确定工作分析参与者，培训工作分析人员，确定调查和分析对象的样本。

（2）调查和分析阶段。

调查阶段的主要任务是对整个工作过程、工作环境、工作内容和工作人员等主要方面做一个全面的调查与分析，具体工作如下。

①编制各种调查问卷和调查提纲。

②到工作场地进行现场观察。

③对主管人员、在职人员广泛进行问卷调查，并与主管人员、"典型"员工进行面谈，收集有关工作的特征以及需要的各种信息，征求改进意见，注意做好面谈记录，注意面谈的方式方法；谈话一般是根据事先拟定的调查问卷和调查提纲内容来进行的。

④若有必要，工作分析人员可直接参与要调查的工作，或通过实验的方法分析各因素对工作的影响。

⑤仔细审核已收集的各种信息，如果有必要，可以进行第二次现场考察，验证谈话所获信息。

⑥创造性发现有关工作和任职人的关键信息。

⑦归纳、总结出工作分析所需要的材料和要素。

（3）编写工作说明书。

这一阶段的任务就是根据分析阶段所获信息编制可供操作使用的工作描述与工作规范，并对工作分析本身进行总结评述，为今后的工作分析提供经验与信息基础。其具体步骤如下。

①草拟。根据工作分析的内容，用经过分析处理的信息，草拟出工作描述和工作规范。

②对比。将草拟的工作描述和工作规范与实际工作对比，根据对比结果决定是否需要进行再次调查研究与修正。

③修正。修正工作描述和工作规范草稿，对特别重要的岗位，可能还需多次修订与完善。

④编写并完善工作说明书。将工作描述和工作规范合并，汇总形成最终的工作说明书，并将其应用于实际工作中，同时注意收集应用的反馈信息，不断完善。

（4）工作说明书的保持和更新阶段。

一方面，工作说明书完成后，还要建立一个系统去维持它的正确性；另外，由于企业不停地变化，整个分析的系统过程需要相应地进行更新。

人力资源部门的相关人员要承担确保工作说明书准确性的责任。在这个过程中，员工和他们的管理人员扮演了重要角色，因为他们清楚地知道什么时候发生了变化。一个有效的办法是在其他人力资源活动中使用工作说明书。例如，当出现了职位空缺时，在招募新人之前要重新修改工作说明书。类似地，一些企业的管理人员在业绩评估时要参阅工作说明书，从而可以识别工作说明书是否能充分说明工作、是否要修改。另外，在进行人力资源计划时通常要开展综合的、系统的复审。许多企业每三年或当技术发生变化时就开展一次彻底的审查活动，更普遍的是当发生了组织性的变化时，审查活动也随之展开。

4. 工作分析的方法

（1）观察法。

观察法是指工作分析人员通过在工作现场对员工正常工作的状态进行观察，获取工作信息的方法。分析人员通过对信息进行比较、分析、汇总等方式，得出工作分析的成果。

观察法的适用范围是有限的，许多工作循环持续时间较长，不宜完整地观察到全过程。所以观察法适用于重复性的工作，并要和其他方法相结合。比如，体力工作者和事务性工作者，如流水线工人、搬运员、操作员、文秘等职位适合用观察法。

管理人员或职业分析家通过观察部分工作执行情况，同时借用其他方法对工作情况、工作环境有一个大概的了解。不同时刻的多次观察也有助于其他方法的实施效果。

工作抽样是观察法的一种，它不要求对整个工作循环的每个细节都观察到，相反，管理人员可以借助抽样数据决定一个工作日的内容和节奏。另一种观察法是员工日志法，它要求员工持续地将自己工作的情况记录在工作日志上，这在提供有效信息的同时可能会加重员工的负担，员工要填写详细的日志，他们会认为这是浪费他们的工作时间。

（2）访谈法。

访谈法是通过工作分析人员与员工面对面的谈话来收集工作信息资料的方法。它是工作分析中大量运用的一种方法。

提高访谈质量的方法与技巧如下。

①尊重被调查人，接待要热情，态度要诚恳，用语要适当；

②营造一种良好的气氛，使被调查者感到轻松愉快；

③调查者应启发、引导，对重大问题应尽量避免发表个人的观点与看法；

④尽量与被访问者处于同一位置，尤其是普通的员工，要想办法打消他们的顾虑，并在工作中，信守对这些普通员工的承诺，要注意非语言的交流；

⑤鼓励访谈对象用自己习惯的方式表达他们的想法；

⑥灵活安排时间，让访谈对象来确定日程；

⑦协助者应起到一定的引导作用。

（3）问卷法。

问卷法是工作分析人员通过结构化的问卷要求任职者和他们的主管以书面形式记录有关工作分析的信息。调查问卷的设计是问卷法成败的关键，所以问卷一定要设计得完整、科学、合理。

工作分析人员首先要拟定一套切实可行、内容丰富的问卷，然后由员工进行填写。问卷的问题一般集中于各种工作的性质、工作的特征、工作人员的特征或业绩评价标准等方面，提问的方式可以是封闭式的，也可以是开放式的。

封闭式问题要求答卷者从问卷提供的选项中进行选择，主要用于任务分析和能力分析。另外，对于一些事实性的问题应尽可能采用封闭式问题，这样问卷结果就具有较高的统一性，也相对客观，便于分析。封闭式工作分析调查问卷样式见表4-4所列。

开放式问题允许答题者按自己的观点和想法回答，也可以作为封闭式问题的补充，便于获取更广泛的信息。

因为员工对工作与问卷上的问题有不同的理解，读写水平也有不同，所以问卷法通常与观察法和访谈法结合使用。

问卷法的优点如下。

①它能够从许多员工那里迅速得到进行工作分析所需的资料，可以节省时间和人力。这种方法一般比其他方法费用低、速度快。

②调查表可以在工作之余填写，不会影响工作时间。

③这种方法可以使调查的样本量很大，因此适用于需要对很多工作者进行调查的情况。

④调查的资料可以数量化，由计算机进行数据处理。

问卷法的缺点如下。

①设计理想的调查表要花费很多时间、人力和物力。由于它属于一种"背靠背"的方法，不易了解对方的工作态度与工作动机等较深层次的内容。

②填写调查表由工作者单独进行，缺少交流，因此被调查者可能不积极配合与认真填写，从而影响调查的质量。

（4）工作分析的其他方法。

①参与法。也称"职务实践法"，顾名思义，就是工作分析人员直接参与到员工的工作中去，扮演员工的工作角色，体会其中的工作感受。参与法适用于专业性不是很强的职务。参与法与观察法、问卷法相比较，获得的信息更加准确。要注意的是，工作分析人员需要真正地参与到工作中去体会工作，而不是仅仅模仿一些工作行为。

②文献资料分析法。如果工作分析人员手头有大量的工作分析资料，比如类似的企业已经做过相应的工作分析，则比较适合采用本办法。这种办法最适用于那些比较常见而且非常正规、并已有一定历史的工作。

③专家讨论法。专家讨论法是指请一些相关领域的专家或者经验丰富的员工通过讨论的方式来进行工作分析的一种方法。这种方法适合于发展变化较快，或岗位职责还未定型的企业。由于企业没有现成的观察样本，所以只能借助专家的经验来规划未来希望看到的职务状态。

表4-4 封闭式工作分析调查问卷

姓名		职称		现任职务(工作)		工龄	
性别		部门		直接上级		进入公司时间	
年龄		学历		月平均收入		从事本工作时间	
工作时间要求	1. 正常的工作时间每日由_____时开始至_____时结束。 2. 每日午休时间为_____小时，_____%的时间可以保证。 3. 每周平均加班时间为_____小时。 4. 实际上班、下班时间是否随业务情况经常变化(总是，有时是，偶尔是，否)。 5. 所从事的工作是否忙闲不均(是，否)。 6. 若工作忙闲不均，最忙时常发生在哪段时间_____。 7. 每周外出时间占正常工作时间的_____%。 8. 外地出差情况：每月平均几次_____，每次平均需要_____天。 9. 本地外出情况：平均每周_____次，每次平均需要_____天。 10. 外地出差时所使用的交通工具按使用频率排序。 11. 本地外出时所使用的交通工具按使用频率排序。 12. 其他需要补充的问题。							

续表

	主要目标：	其他目标：
工作目标	1.	1.
	2.	2.
	3.	3.
	4.	4.
	5.	5.

工作概要	用简练的语言描述一下您所从事的工作：

	活动名称	作业程序	依据	管制基准
工作活动程序				

续表

	名称	结果或形成的文档	占全部工作时间的百分比(%)	权限		
				承办	需报审	全权负责
工作活动内容	1.					
	2.					
	3.					
	4.					
	5.					
	6.					
	7.					
	8.					
	9.					

			说明				
失误的影响	经济损失	1.		1	2	3	4	5
		2.	轻	较轻	一般	较重	重
		3.					
	公司形象受损	1.	其他情况:				
		2.					
		3.					
	经济管理损害	1.					
		2.					
		3.					
	其他损害(请注明)	1.					
		2.					
		3.					

	若您的工作出现失误,会发生下列哪种情况? 1. 不影响其他人工作的正常进行。 2. 只影响本部门内少数人。 3. 影响整个部门。 4. 影响其他几个部门。 5. 影响整个公司。	说明: 如果出现多种情况,请按影响程度由高到低依次把编号填写在下面的括号中。 ( )
内部接触	1. 在工作中不与其他人接触。( ) 2. 只与本部门内几个同事接触。( ) 3. 需要与其他部门的人员接触。( ) 4. 需要与其他部门的主管接触。( ) 5. 需要与所有部门的主管接触。( )	将频繁程度等级填入左边的括号中 偶尔　经常　非常频繁 　1　　　2　　　3

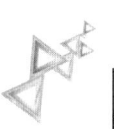

外部接触	1. 不与本公司以外的人员接触。 2. 与其他公司的人员接触。 3. 与其他公司的人员和政府机构接触。 4. 与其他公司、政府机构、外商接触。	( ) ( ) ( ) ( )	将频繁程度等级填入左边的括号中 偶尔　经常　非常频繁 　1　　　2　　　3
监督	1. 直接和间接监督的人员数量。 2. 被监督的管理人员数量。 3. 直接监督人员的层次：一般职工、基层管理人员、中层管理人员、高层管理人员。		
	1. 只对自己负责。 2. 对职工有监督指导的责任。 3. 对职工有分配工作、监督指导的责任。 4. 对职工有分配工作、监督指导和考核的责任。		
工作基本特征	1. 不需要对自己的工作结果负责。 2. 仅对自己的工作结果负责。 3. 对整个部门负责。 4. 对自己的部门和相关部门负责。 5. 对整个公司负责。		
	1. 在工作中时常做一些小的决定，一般不影响其他人。 2. 在工作中时常做一些决定，对有关人员有些影响。 3. 在工作中时常做一些决定，对整个部门有影响，但一般不影响其他部门。 4. 在工作中时常做一些大的决定，对自己部门和相关部门有影响。 5. 在工作中要做重大决定，对整个部门有重大影响。		
	1. 有关工作的程序和方法均由上级详细规定，遇到问题时可随时请示解决，工作结果须报上级审核。 2. 分配工作时上级仅指示要点，工作中上级并不时常指导，但遇困难时仍可直接或间接请示上级，工作结果仅由上级大概审核。 3. 分配任务时上级只说明要达成的任务或目标，工作的方法和程序均由自己决定，工作结果仅受上级原则审核。		
	1. 完成本职工作的方法和步骤完全相同。 2. 完成本职工作的方法和步骤大部分相同。 3. 完成本职工作的方法和步骤有一半相同。 4. 完成本职工作的方法和步骤大部分不同。 5. 完成本职工作的方法和步骤完全不同。		
	在工作中您所接触到的信息经常是： 1. 原始的、未经加工处理的信息。 2. 经过初步加工的信息。 3. 经过高度综合的信息。		说明： 如出现多种情况，请按"经常"的程度由高到低依次填写在下面的括号中。 (　　　　　　　　　　　　)
工作基本特征	在您做决定时一般依据以下哪种资料： 1. 事实资料。 2. 事实资料和背景资料。 3. 事实资料、背景资料和模糊的相关资料。 4. 事实资料、背景资料、模糊的相关资料和难以确定是否相关的资料。		说明： 如出现多种情况，请按"依据"的程度由高到低依次填写在下面的括号中。 (　　　　　　　　　　　　)
	在工作中，您需要做计划的程度： 1. 在工作中无须做计划。 2. 在工作中需要做一些小的计划。 3. 在工作中需要做部门计划。 4. 在工作中需要做公司整体计划。		说明： 如出现多种情况，请按"需要"的程度由高到低依次填写在下面的括号中。 (　　　　　　　　　　　　)

续表

工作基本特征	在您的工作中接触资料的公开性程度： 1. 在工作中所接触到的资料均属公开性资料。 2. 在工作中所接触到的资料属于不可向外公开的资料。 3. 在工作中所接触到的资料属于机密资料,仅对中层以上领导公开。 4. 在工作中所接触的资料属于公司高度机密,仅对少数高层领导公开。	说明： 如出现多种情况,请按"公开性"的程度由高到低依次填写在下面的括号中。 （　　　　　　　　　　　　）
	您在工作中所使用的资料属于哪几种,使用的比例约为多少？ 1. 语言的　　　　　　（　　%） 2. 符号的　　　　　　（　　%） 3. 文字的　　　　　　（　　%） 4. 形象的　　　　　　（　　%） 5. 行为的　　　　　　（　　%）	
工作压力	1. 在每天工作中是否经常要迅速做出决定？ □没有　□很少　□偶尔　□许多　□非常频繁	
	2. 您手头的工作是否经常被打断？ □没有　□很少　□偶尔　□许多　□非常频繁	
	3. 您的工作是否经常需要注意细节？ □没有　□很少　□偶尔　□许多　□非常频繁	
	4. 您所处理的各项任务彼此是否相关？ □完全不相关　□大部分不相关　□一半相关　□大部分相关　□完全相关	
	5. 您在工作中是否要求高度的精神集中,如果是,占用工作时间的比重大约是多少？ □20%　□40%　□60%　□80%　□100%	
	6. 在您的工作中是否需要运用不同方面的专业知识和技能？ □否　□很少　□有一些　□较多　□非常多	
	7. 在您的工作中是否存在一些令人不愉快、不舒服的感觉(非人为的)？ □没有　□有一点　□能明显感觉到　□较多　□非常多	
	8. 在工作中是否需要灵活地处理问题？ □不需要　□很少　□有时　□较需要　□很需要	
	9. 您的工作是否需要创造性？ □不需要　□很少　□有时　□较需要　□很需要	
	10. 您在履行工作职责时是否有与员工发生冲突的可能？ □否　□很可能	

续表

	1. 您常起草或撰写的文件资料有哪些？	等级	频率
任职资格要求	(1) 通知、便条、备忘录 (2) 简报 (3) 信函 (4) 汇报文件或报告 (5) 总结 (6) 公司文件 (7) 研究报告 (8) 合同或法律文件 (9) 其他		说明： 1　　2　　3　　4　　5 极小　偶尔　不太经常　经常　非常经常
	2. 您常用的数学知识	等级	频率
	(1) 整数加减 (2) 四则运算 (3) 乘方、开方、指数 (4) 计算机程序语言 (5) 其他		1　　2　　3　　4　　5 极小　偶尔　不太经常　经常　非常经常

3. 学历要求
□初中　□高中　□职业高中　□大学专科　□大学本科　□硕士研究生　□博士研究生

4. 为顺利履行工作职责，应进行哪些方面的培训？需要多少时间？

培训科目	培训内容	最低培训时间（月）

5. 一个刚刚开始从事本职位的人，要多长时间才能基本胜任您所从事的工作？

6. 为顺利履行您所从事的工作，需具备哪些方面的工作经历？多长时间？

工作经历要求	最低时间要求

7. 在工作中您觉得最困难的事情是什么？您通常是怎样处理的？

困难的事情：	处理方法：

续表

	8.您所从事的工作有何体力方面的要求？
	
	    1 2 3 4 5
	    轻 较轻 一般 较重 重	

任职资格要求	9. 其他能力要求	等级	需要程度
	(1) 领导能力 (2) 指导能力 (3) 激励能力 (4) 授权能力 (5) 创新能力 (6) 计划能力 (7) 资源分配能力 (8) 管理技能 (9) 组织人事技能 (10) 时间管理能力 (11) 人际关系能力 (12) 协调能力 (13) 群体技能 (14) 谈判能力 (15) 冲突管理能力 (16) 说服能力 (17) 公关能力 (18) 表达能力 (19) 公文写作能力 (20) 倾听敏感能力 (21) 信息管理能力 (22) 分析能力 (23) 判断、决策能力 (24) 实施能力 (25) 其他		说明： | 1 | 2 | 3 | 4 | 5 | |---|---|---|---|---| | 低 | 较低 | 一般 | 较高 | 高 |
	10. 请您详细填写从事工作所需要的各种知识和要求程度		
	知识内容	等级	需要程度
	如：计算机知识	4	说明： | 1 | 2 | 3 | 4 | 5 | |---|---|---|---|---| | 低 | 较低 | 一般 | 较高 | 高 |

续表

	8.您所从事的工作有何体力方面的要求？		
	1　　2　　3　　4　　5 轻　　较轻　一般　较重　　重		
任职资格要求	9.其他能力要求	等级	需要程度
任职资格要求	(1)领导能力 (2)指导能力 (3)激励能力 (4)授权能力 (5)创新能力 (6)计划能力 (7)资源分配能力 (8)管理技能 (9)组织人事技能 (10)时间管理能力 (11)人际关系能力 (12)协调能力 (13)群体技能 (14)谈判能力 (15)冲突管理能力 (16)说服能力 (17)公关能力 (18)表达能力 (19)公文写作能力 (20)倾听敏感能力 (21)信息管理能力 (22)分析能力 (23)判断、决策能力 (24)实施能力 (25)其他		说明： 1　　2　　3　　4　　5 低　　较低　一般　较高　　高
	10.请您详细填写从事工作所需要的各种知识和要求程度		
	知识内容	等级	需要程度
	如：计算机知识	4	说明： 1　　2　　3　　4　　5 低　　较低　一般　较高　　高

岗位职责	工作任务	占全部工作时间的百分比	职责级别	工作标准
薪资和编制管理	1. 日常及年度编制调整初审和申报工作	25%	部分	及时审核,材料齐全,依据充分,符合报批程序
	2. 负责总部工资表的编制,各司月工资表的审核		全部	符合工资相关制度规定,工资计算准确无误
	3. 日常工资、福利待遇调整的初审和申报		部分	及时审核,材料齐全,依据充分,符合报批程序
	4. 调查市场工资水平,提出年度调资方案的建议,负责调资录入、初审、汇总统计分析		共同	每月有调查记录,季度汇总上报;文字录入和统计准确无误
招聘和员工管理	5. 发布招聘信息,筛选求职简历,应答求职电话,组织笔试和面试,通告面试结果	45%	全部	通过各种渠道发布,确保有效性;每天进行网上筛选,熟知公司和招聘岗位工作职责和任职条件,人员录用使用符合公司有关规定
	6. 总部各部门员工入职、转正、离职手续办理,劳动合同和保密协议签订和续签工作		全部	符合公司相关制度规定,各项资料齐全无遗漏;员工劳动合同或返聘协议保持有效
	7. 建立并更新系统中高层管理人员档案,及时录入相关信息		全部	建立系统中高层管理人员电子和书面档案,及时补充更新相关信息
	8. 审核各司员工入职、转正、离职各项手续,监督劳动合同签订和续签、劳动纠纷处理		部分	及时办理,手续齐全,协助、指导、监督到位,符合相关制度程序
	9. 办理系统内人员调动手续,更新系统员工花名册,掌握重点岗位人员动态		全部	掌握重点岗位人员动态,花名册信息按月更新
保险审核	10. 收集各公司每月参保人员增减名单,审核参保资格	5%	全部	每月9日前收集审核,符合公司相关规定
内勤事务	11. 部门收发文件的统计及归档工作	10%	全部	归档及时,无遗漏和丢失
	12. 部门员工的考勤,收集并审核总部其他各部门的月考勤表		全部	符合公司考勤规定,无虚假考勤和记录错误
	13. 本部门固定资产和低值易耗品的登记和管理,办理资产增减手续,按月进行盘点		全部	每月有盘点记录,增减、损坏有相关手续

续表

岗位职责	工作任务	占全部工作时间的百分比	职责级别	工作标准
报表	14. 收集、审核各司人员变动月报表，编制汇总人员变动月报表	10%	全部	每月10日前汇总出表，数据准确、无误，符合公司相关规定
	15. 收集、审核各司分部门工资分项统计表，编制汇总表		全部	每月25日前汇总出表，数据准确、无误
	16. 编制重点岗位市场工资水平调查季度汇总表		全部	每月有调查记录，每季度第一个月30日报上一个季度汇总调查记录
其他	完成上级交办的其他工作	5%	全部	符合时间和质量要求

工作权限：
1. 公司编制的初审权；
2. 转正和岗位变动工资调整的初审权；
3. 员工招聘方案和招聘费用的建议权；
4. 各部门考勤的审核权；
5. 薪酬和福利方案的建议权。

主要业务（工作）的程序：
1. 岗位编制：现状分析→提出修订计划→董事会讨论→上报总部→审核→报批→批准→实施。
2. 管理人员招聘：需求申请→审核→报批→批准→发布信息→筛选→初试→复试→录用。
3. 试用及转正工资水平：用人单位提出→审核→报批→批准→实施。
4. 中高层离职：提出辞职申请→各级谈话→批准→工作移交→离职审核→批准离职→解除劳动合同。
5. 年度调资：现状分析→拟定方案→方案审查→报批→批准→实施→评价→归档。
6. 福利待遇政策拟订：调查研究→拟定方案→审核→报批→批准→实施。

任职者基本要求：

年龄限制	35岁以下	最低学历要求	本科
专业要求	人力资源管理、企业管理等相关专业		
相关知识要求	掌握人力资源管理各模块专业知识，熟悉国家、地方劳动用工法律法规		
专业技能要求	具有先进的人力资源管理观念和管理方法，熟悉人力资源招聘、薪酬、劳动关系管理等模块操作实务		
岗位资格证书	助理及以上人力资源管理师资格		
工作经验要求	2年以上人力资源管理工作经验		
综合能力要求	具备理解与分析能力、执行能力、沟通能力		
其他要求	熟练使用办公软件		
工作环境	室内		
所需信息	法律法规、政策规定		
其他条件	无		

上述工作说明书的功能：让员工了解工作概要，建立工作程序和工作标准，阐明工作任务、责任与职权，为员工聘用、考核、培训等提供依据。

（三）绩效管理设计

4P模式的绩效管理包括以下几个方面的内容：

（1）绩效的计划管理，企业应根据其战略目标和外部市场的具体情况，通用KPI和平衡计分卡等战略工具，正确制定企业的总体绩效计划和各部门及主要员工的绩效计划。

（2）绩效的实施管理，即通过目标管理、标杆管理等管理工具将绩效目标落到实处，并为各部门、团队和员工完成绩效目标提供必需的资源和条件。

（3）绩效的考评管理，即通过一定的考评程序，采用科学的考评方法，对各层次的绩效进行公正和客观的考核和评定。

（4）绩效的增进管理，即通过绩效面谈和反馈，实现员工与组织的互动，一方面帮助员工总结经验教训，提高下一考核期的绩效水平；另一方面促进企业不断改善管理，更好地为员工改进绩效提供支撑条件。

（5）绩效考评结果的运用管理，即把考评结果与员工发展、员工调配、薪酬福利等联系起来，以不断优化人力资源管理体系。

（四）薪酬管理设计

4P模式的薪酬管理的最大特点是强调分享成功和战略导向，在理念上要实现把薪酬福利从视为人力成本向视为人力投资的转变，在具体操作上要实现从交易式的工资分配到共赢式的薪酬管理的转变。

4P模式的薪酬管理的具体内容由以下几个方面构成：

（1）薪酬的目标管理，即薪酬应该怎样支持企业的战略，又该如何满足员工的需要。

（2）薪酬的水平管理，即薪酬要满足内部一致性和外部竞争性的要求，并根据员工绩效、能力特征和行为态度进行动态调整，包括确定管理团队、技术团队和营销团队薪酬水平，确定跨国公司各子公司和外派员工的薪酬水平，确定稀缺人才的薪酬水平以及与竞争对手相比的薪酬水平。

（3）薪酬的体系管理，这不仅包括基础工资、绩效工资、期权股权的管理，还包括如何给员工提供个人成长、工作成就感、良好的职业预期和就业能力的管理。

（4）薪酬的结构管理，即正确划分合理的薪级和薪等，正确确定合理的级差和等差，还包括如何适应组织结构扁平化和员工岗位大规模轮换的需要，合理地确定工资宽带。

（5）薪酬的制度管理，即需要决定薪酬决策应在多大程度上向所有员工公开和透

明化，需要明确谁负责设计和管理薪酬制度，需要考虑如何建立和设计薪酬管理的预算、审计和控制体系。

四、转型升级与变革新时代 HR COE 基于组织战略的顶层设计

当今是我国企业从量变到质变的时代，也是我国整体转型升级与系统变革的新时代。这就说明企业的转型升级不是单一的问题与机会导向，而是需要基于企业的文化价值观，基于企业的战略完成转型与变革的系统思考与顶层设计。

2018年，华为在其人力资源管理纲要中明确提出，华为人力资源管理的出发点就是导向开放与熵减，以此持续激发个体创造活力。华为人力资源管理的基石主要有三个：一是构筑公司核心价值观底座，二是形成自我批判的纠偏机制，三是打造价值创造的管理循环。华为人力资源系统升级的抓手主要是形成两种创造驱动力：精神文明+物质文明，构建三个创造要素管理体系：干部+人才+组织。

（一）国内企业引入了 HR 三支柱模式存在的问题

虽然许多企业从人力资源组织架构的角度引入了 HR 三支柱模式，但是 HR 三支柱中的 HR COE、HR BP、HR SSC 在实践过程中难以达到预期成效。首先，HR COE 在企业中的角色存在"上不来，下不去"的问题。目前，HR COE 的工作集中在运营层面，缺乏参与战略制定的能力与影响力，这导致 HR COE 上不能连接战略、承载战略任务，下不能指导业务；其次，面对业务扩张和人员规模的扩大，HR BP 往往靠增加自身人员投入来被动地适应变化，而不是通过专业技能提升和工作效能提升来满足业务发展的需要；最后，随着人工智能的发展，HR SSC 如果仍旧立足行政事务工作的整合，而不与时俱进地进行角色升级，提升整合创新的人力资源产品交付能力，该支柱会逐步被人工智能取代。

（二）HR COE 基于组织战略的顶层设计方法

HR COE 基于组织战略的人力资源顶层设计，不仅使组织变得更加灵活，也让员工有意愿和能力创造高绩效，充分激发组织与员工的潜能。

1. 设计人才供应链体系

人才要优先投入，优先发展，真正将人才作为企业战略成长和业务发展的第一要素。企业应确立人才供应链战略思维，打造一个高效和优质的人才供应链，以满足组织战略和业务发展的需求。高品质产品与服务的背后是高素质与高效能的人才供给。因此，企业要以战略需求为核心打造战略性顶尖人才供应链（精准选人，全球搜寻最聪明、最能干、最有意愿干的人才），以业务发展为核心构建能力发展链；以人才需求为核心打造人力资源产品服务链。

2. 设计科学合理的人力资源管理三支柱体系

为了推动人力资源专业职能部门的转型升级，企业应引入、优化并创新三支柱模式，使人力资源管理真正成为企业战略伙伴、业务合作伙伴与变革推动者。这要求人力资源部门从权力驱动转变为客户价值驱动，学会如何将人力资源产品与服务的产品化和客户化，以满足客户的需求并提升服务的价值。

3. 设计科学合理的组织体系

设计一个科学合理的组织体系的关键在于通过组织变革与人才机制的创新，使组织始终充满活力并能创造价值。这为高素质人才提供充足的动力和创新创业的机会。企业如何打造客户化组织，反官僚主义，反形式主义，驱动人才主动面向客户与市场，是新时代组织变革与人才机制创新所要解决的首要问题。组织设计要求更多的是跨团队、跨职能的平行合作，要打破部门边界去引导、开放任务市场，真正建立平台+项目化+生态组织模式。

4. 设计人力资源管理信息化基础平台

为满足当前人力资源管理数字化转型的需求，在云计算、大数据、人工智能等新兴技术的支持下，企业应尽快构建人力资源管理信息化基础平台。通过创建数字化工作环境和提供智能化的员工服务，我们能够优化员工体验，并推动企业人力资源管理向科学化、流程化方向发展。这将使企业能够更有效地管理和控制人力资源，提高人力资源管理部门的工作效率，并充分发挥其管理价值。

5. 设计有效的牵引与约束机制

企业的绩效文化价值取向与考核指标设计导向是组织、团队、个体行为的指挥棒，也是其内在的约束机制。绩效文化追求什么，考核指标偏重什么，企业和员工的行为就导向什么。变革与创新绩效的价值取向与文化，构建出一个全新的绩效文化和绩效管理体系。

6. 设计科学的价值回报机制

给予人才资本剩余价值索取权，通过制度创新推进人才资源资本化。应把按劳分配和按生产要素分配有机结合起来，大力推行年薪制、股权制、期权制，积极探索知识、技术、管理等要素参与分配的实现形式。应健全奖励机制，对组织内部创业成效突出、有重大发明等突出贡献的人才给予相应的奖励，充分调动各类人才建功立业的积极性。

7. 设计适宜的组织文化机制

企业文化虽然是一种看不见摸不着的东西，但当员工乐于接受并遵循时，会使他们产生强烈的归属感，并愿意奉献忠诚、责任心和创造力。如中国人民大学教授彭剑锋先生提出的企业奋斗者文化，就是企业对内要激活价值创造，对外要保持持续竞争

力；必须要以奋斗者为本，以价值创造者为尊；要创造以奋斗者为本的人才机制和文化土壤，让懒人、庸人、不创造价值的人痛苦并被淘汰出局，让奋斗者和价值创造者快乐并脱颖而出。

五、HR COE顶层设计与人力资源管理数字化转型

进入21世纪20年代，数字化、虚拟化、人工智能在企业内得以全方位运用，但国内人力资源管理目前难以适应数字化时代的要求。第一，大多数企业的人力资源管理者尚缺乏数字化战略思维，在决策时过度依赖自己的主观判断，而不是客观数据。第二，人力资源管理的信息化建设难以达到预期，中国大量企业还没有完善的信息化平台。第三，人力资源数字化专业人才、跨界人才短缺。第四，人力资源管理的数据量积累不足。

对于中国企业而言，如何加速人力资源管理数字化转型，提升人力资源管理的数字化生存能力是值得倍加关注和加大投入解决的问题，对此发展趋势，组织的HR COE不可不察。中国企业的人力资源数字化转型与升级主要包括以下内容。

（1）要构建数字化的人性与需求思维。未来，人才特征与人的需求都可以通过数字化来精准表达、呈现与画像，人与组织、人与岗位、人与人的协同可实现个性化、精准化、敏捷化、动态化的匹配。

（2）要确立数字化的人才供应链思维。整个企业的人力资源管理要跟企业的战略和业务去对接。因为战略和业务都是数字化的，所以，人力资源管理的人才供应链也要契合企业的数字化战略和业务发展需要，建立企业战略、业务数字化与人才数字化的连接与交付。

（3）要具备数字化能力发展思维。从管理者的角度来看，人力资源管理要有数字化经营与管理意识，数字化人才能力发展地图，数字化知识体系与任职资格、数字化应用与工作技能、数字化沟通与协同能力、人才数字化信用价值与数字化伦理道德约束，要助力人才实现数字化转型与数字化能力的发展。

（4）要确立数字化领导力。未来，数字化时代需要愿景与赋能型领导。在现代许多著名企业的组织结构图中，中层管理者基本消亡，员工在组织内部做什么、达到什么样的要求，不再靠领导来指挥、命令、控制，而是靠数据驱动的数字化领导，领导者的职能是愿景牵引与赋能。

（5）要打造数字化的人力资源平台与基于大数据的人才决策体系。传统的人力资源管理职能可能消失，以后通过集成化数据平台，实现分布式精准人才配置；构建基于大数据的人才决策机制与系统。

（6）人才价值创造过程与成果用数字化衡量。人才价值创造过程与成果全部是数

字化衡量、数字化表达、数字化呈现。除少量创新性工作外，大量的工作数字化驱动，人的价值创造过程及成果可以精确计算到每一流程节点、每一分钟。人才的协同合作价值可积分、可进行虚拟货币交易。

（7）要注重数字化工作任务与数字化人才团队建设。消费者需求数字化，于是工作任务数字化，工作任务数字化则形成人才数字化需求与组合，再形成数字化工作合作团队。工作任务管理成为人力资源管理核心内容。

（8）组织与人的关系的数字化。人与岗位的数字化动态匹配，人与人沟通与协同的数字化，组织雇佣关系与合伙关系的数字化连接；半契约与非雇佣合作员工的工作任务数字化连接与交付。

（9）构建数字化的工作场景体验。构建数字化的工作场景体验与数字化的员工激励，比如企业的很多激励可能变成了积分制，人的价值创造报酬可能变成了一种基于人才区块链的内部虚拟货币与内部任务市场化价值的交换。

（10）构建赋能型人力资源专业职能。构建模块化、组合化、插件化的赋能型人力资源专业职能体系。这种体系能够根据工作任务的组合、团队灵活的组合，来提供能为人员赋能的专业化职责和服务。

本 章 小 结

战略性人力资源管理是企业为能够实现目标，所进行和所采取的一系列有计划、具有战略性意义的人力资源部署和管理活动。它是企业总体战略框架下对人力资源进行使用、管理、控制、监测、维护和开发，达成企业战略目标的方法体系。战略性人力资源管理不是一个概念，而是一个有机的体系。它由战略人力资源管理理念、战略性人力资源规划、战略性人力资源管理核心职能和战略性人力资源管理平台四部分组成。战略性人力资源管理核心职能包括人力资源配置、人力资源开发、人力资源评价和人力资源激励四方面职能，从而构建科学有效的人力资源管理机制。

战略性人力资源管理专家HR COE的具体职能：在不同时期组织人力资源管理战略及其政策的制定，组织依据其战略及组织自身特点进行人力资源管理的方法论及管理工具的研发与指导，组织高层级人力资源管理项目的策划等。

人力资源数字化转型与升级的内容：要构建数字化的人性与需求思维，要确立数字化的人才供应链思维，要具备数字化能力发展思维，要确立数字化领导力，要打造数字化的人力资源平台与基于大数据的人才决策体系，人才价值创造过程与成果用数字化衡量，要注重数字化工作任务与数字化人才团队建设，组织与人的关系的数字化，构建数字化的工作场景体验，构建赋能型人力资源专业职能。

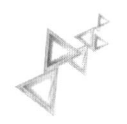

思考题

1. 战略人力资源管理的核心职能有哪些？
2. HR COE 的角色定位是什么？
3. HR COE 基于组织战略的顶层设计方法有哪些？

练习测试题

（一）判断题（正确的打"√"，错误的打"×"。）

1. IIR 的运作模式要服务于客户需求的满足。同服务外部客户一样，最难满足的是定制化需求，为此 HR BP 角色应运而生。（　　）

2. HR COE 的角色定位于领域专家，借助本领域精深的专业技能和对领先实践的掌握，负责设计业务导向、创新 HR 的政策、流程和方案，并为 HR BP 提供技术支持。（　　）

3. 战略性人力资源管理体现企业全员参与人力资源管理的特色，因为人力资源工作要想切实有效，没有各职能部门的执行、配合是不可能实现的。（　　）

4. 基于三支柱模型下人力资源部成为业务合作伙伴后，首先要把人力资本当成一项业务来经营。为此，需要重新定位，从职能导向转向业务导向。（　　）

5. 人力资源管理体系是指围绕人力资源管理六大模块而建立起来的一套人事管理体系，包括薪酬、绩效、素质测评、培训及招聘等。（　　）

6. 培训体系是将企业中培训类型和层次系统化，它明确了企业内各级各类培训的对象、目的、任务、形式、考评与资格认证以及相互之间的衔接关系。（　　）

7. 薪酬结构指的是企业中各职位、各部门以及整个企业的平均薪酬水平。（　　）

8. 建立绩效管理的目标体系要从分析企业财务指标开始，根据企业的利润目标确定企业级的 KPI，然后再分解成部门或团队的 KPI，最后进一步分解到具体岗位的 KPI，以保证每个部门或团队、员工的努力都与公司财务目标要求相一致。（　　）

9. 进行组织发展，往往要运用组织变革和组织文化理论和技术，以实现预定的组织变革计划和目标。（　　）

10. 人力资源 3P 管理模式，即岗位分析、培训开发和薪酬管理。（　　）

（二）选择题

1. 战略性人力资源管理不是一个概念，而是一个有机的体系，由（　　）组成。
A. 战略人力资源愿景、战略性人力资源规划、战略性培训和战略性人力资源管理平台
B. 战略人力资源管理理念、战略性人力资源规划、战略性人力资源管理核心职能

和战略性人力资源管理平台

C. 战略人力资源规划、战略性培训、战略性绩效管理和战略性薪酬管理

D. 战略培训、战略性绩效管理、战略性薪酬管理和战略性职业生涯管理

2. 在（   ）模式下，各子公司不设人力资源管理部门，所有人力资源业务集中于总部。

A. 监管型管控模式

B. 分散型管控模式

C. 顾问型管控模式

D. 全面管理型管控模式

3. 设计人力资源管理运营体系包括（   ）。

A. 人力资源战略分解和落实制度、人力资源工作的组织与执行、人力资源管理工作的协调与调度管理、人力资源管理工作的监督与反馈

B. 人力资源战略、人力资源盘点、人力资源调度管理、人力资源管理工作的监督与反馈

C. 人力资源战略规划、培训、绩效管理、人力资源管理工作的监督与反馈

D. 人力资源制度、人力资源工作的组织与执行、人力资源管理调度管理、监督与反馈

4. 下列不属于组织发展的三大核心工作的是（   ）。

A. 优化企业组织管理体系，理顺组织责、权、利关系

B. 做好组织核心人才配置，盘点人才，分工合理，职责分明，责任到位

C. 风险管控

D. 打造高绩效管理团队

5. HR COE 基于组织战略的顶层设计方法，下列各项不属于的是（   ）。

A. 设计人才供应链体系、设计科学合理的人力资源管理三支柱体系

B. 设计科学合理的组织体系、设计人力资源管理信息化基础平台

C. 设计有效的牵引与约束机制、设计科学的价值回报机制、设计适宜的组织文化机制

D. 设计适宜的组织质量管理机制

6. 华为人力资源管理的基石主要是（   ）。

A. 构筑公司核心价值观底座，形成自我批判的纠偏机制，打造价值创造的管理循环

B. 构筑公司愿景，形成激励机制，打造组织文化

C. 构筑公司顶层框架，形成纠偏机制，打造奋斗者文化

D. 构筑公司核心岗位胜任力模型，形成自我激励机制，打造价值创造的管理循环

7. 系统的人力资源管理顶层设计要从（   ）四个层面完成系统思考与设计。

A. 愿景、使命、组织战略与人

B. 使命、战略、组织结构与管理

C. 文化、战略、管理与价值观

D. 文化、战略、组织与人

8.4P模式的绩效管理闭环是（　　）。

A. 绩效计划—绩效实施—绩效考核—绩效反馈

B. 绩效计划—绩效辅导—绩效考核—绩效反馈与沟通

C. 绩效计划与期望—绩效监督与支持—绩效考核与评估—绩效反馈与沟通

D. 绩效计划与期望—绩效实施与支持—绩效考核与评估—绩效反馈与发展

第五章　HR SSC设计

学习目标

学习本章知识后，你应该了解和掌握以下内容。
1. 了解HR SSC的概念与作用。
2. 了解人力资源共享服务中心的构建。
3. 理解人力资源共享服务中心的职能及运作架构。
4. 掌握HR SSC与HR BP、HR COE的关系。

引导案例

国网信通的人力资源共享服务中心

近日，国网信通产业集团人力资源共享服务中心成立。这是国网信通产业集团为加快建设泛在电力物联网，满足"三年攻坚"战略突破期对组织优化与管理质效提升的要求，打破人力各专业之间的"条块化"限制，通过"共享化"和"协同化"推动人力资源管理模式变革。据介绍，国网信通产业集团人力资源共享服务中心主要为该集团所属9家单位5000多名员工提供标准化、规范化、集中化的人力资源管理服务，通过业务集中办理，提升人力资源交付质量，实现减员增效并通过定期的人力资源大数据分析，为经营管理提供决策参考。该中心的运营，让管理者从事务性工作中解放出来，更好地从战略视角加强顶层设计，并通过构建共享中心与人力资源管理专家、人力资源业务伙伴之间的协同运转机制，提升人力资源服务支撑能力。

资料来源：国网信通产业集团推动人力资源管理模式变革.（2019年10月28日）.网易订阅. https://www.163.com/dy/article/ESJJ1SIM05118NRH.html..

HR SSC是企业组织将各业务单元所有与人力资源管理有关的行政事务性工作集中起来，建立的一个服务中心。该部门提高了人力资源的运营效率，也使组织的人力资源部门摆脱行政事务，专注于战略性人力资源管理，聚焦员工能力提升、团队建设和战略绩效的落实。

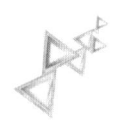

第一节 HR SSC共享体系设计

人力资源共享服务中心（HR SSC）是一种新的管理模式。它是一个独立运作的运营实体，引入了市场运作机制，即为企业内部服务。它通过服务创造价值。它的本质是由信息及网络技术推动的运作管理模式的变革和创新。

一、人力资源共享服务中心的概念与作用

（一）人力资源共享服务中心的含义

为了使人力资源基础业务能够规模化、标准化的运作，企业通过建立内部人力资源服务中心，进一步形成人力资源服务外包中心。在市场机制的作用下，该中心与其他部门的关系已经从原来的职能管理性质转变为提供内部服务性质。这种转变是基于计算机信息系统及网络技术发展起来的一种人力资源管理模式。

该中心为集团所有的业务单元提供人力资源管理服务，业务单元为其支付服务费用。通过人力资源共享服务中心的建立提高人力资源的运营效率，更好地服务业务单元。而企业集团的人力资源部门则专注于战略性人力资源管理的实施，使人力资源管理实现战略转型。人力资源共享服务中心的角色定位，见表5-1所列。

表5-1 人力资源共享服务中心角色定位

团队	人力资源共享服务中心
核心价值领域	业务归集度,响应速度,流程的精益化,服务的稳定性,BI服务
基本形象	高效的服务者
主要产出物	精益化流程,流程执行结果,数据报表
工作开展形式	流程精益化,信息系统优化,维护和分析基础数据,执行流程,响应员工个人需求
核心能力要求	执行团队:心态稳定,细致认真,质量与效率,客户服务,快速响应 专业团队:精益化能力,流程专家

（二）人力资源共享服务中心的作用

构建人力资源共享服务中心的目的是整合专业资源、降低运营成本、提高运作效率和提供优质服务。它主要发挥以下三个方面的作用。

1. 集中服务和降低成本

企业集团创建人力资源共享服务中心后，集团内所有业务单元的人事行政工作集中起来统一由共享服务中心来完成。共享服务中心不行使人力资源的管理职能，它与业务单元是服务与支持关系，依据业务单元的需要提供服务。集中服务有利于资源的集中利用，形成规模效应，达到从规模中实现效益的同时降低成本的目的。

2. 服务专业化和标准化

共享服务中心通过集中服务，建立统一的服务标准和流程。通过实施专业分工，打造专业化的队伍以提供专业服务，减少和避免以前分散在各业务单元中的因人力资源工作标准不统一所带来的不公平性和执行标准不一致而造成的偏差，从而提高人力资源政策执行的公平性，提高员工满意度。

3. 提高效率和聚焦战略

集中的专业化、标准化的服务，提高了人力资源的运营效率，也使集团人力资源部门摆脱行政事务，专注于战略性人力资源管理，聚焦于员工能力提升、团队建设和战略绩效的落实。

建立人力资源共享服务中心后，业务单元可以更加专注于核心业务的开展，提高业务单元的运营效率，从而更加专业化，更具有竞争力。同时，人力资源共享服务中心在服务业务单元的过程中，也可增进与业务单元的合作伙伴关系。

二、人力资源共享服务中心的职能

人力资源共享服务中心一般具有集中的人事行政服务职能、人力资源专业咨询服务职能、人力资源业务伙伴职能三个方面的职能。

（一）集中的人事行政服务职能

共享服务中心的主要职能是提供集中服务，因此共享服务中心要建立专业化的人事服务队伍，制定专业的服务流程和服务标准，以满足内部客户的需求。这些人事行政服务主要包括人员招聘、薪资核算、福利发放、社会保险缴纳、劳动合同管理、人事档案管理、人力资源信息、职业培训、员工沟通、投诉建议处理等。因此，企业集团的人力资源共享服务中心要设立相关的专业部门开展专业活动。如招聘部，专门负责招聘，类似于内部猎头；薪酬福利部，负责薪酬的核算与发放，社会保险的缴纳、异动、劳保福利的发放等；培训中心，负责新员工培训、员工技能培训，管理人员培训等；员工关系部，负责员工劳动关系管理，劳动合同管理（合同签订、变更），劳动争议处理，员工档案管理，员工投诉、员工建议管理；人事信息中心，基于管理信息系统专门建立人事信息，生成各种管理报表供管理决策使用。

（二）人力资源专业咨询服务职能

共享服务中心要建立专业的咨询机构负责为业务单元提供人力资源专业咨询，包括人力资源规划、素质模型构建、人事测评、薪酬设计、薪酬调查、绩效管理制度设计、培训需求调查、培训课程开发、培训体系建立等专业性的工作，指导人事行政服务中心开展服务活动。

（三）人力资源业务伙伴职能

共享服务中心的人员主动跟进业务部门的发展需要，进行调研，了解其人力资源管理需求和员工的需求，制定解决方案，调整人事政策或者与咨询服务部门的专家一同提出解决方案，由人事行政服务中心来执行。

综上所述，人力资源共享服务中心承担着多项关键职能，以支持组织内的业务单元：业务合作伙伴：此职能类似于市场部门，致力于深入了解客户的需求和期望。它要求具有前瞻性，主动了解业务动态，并与业务单元保持紧密沟通，确保及时准确地传递业务单元的需求。咨询服务：此职能扮演智囊团的角色，为业务单元提供专业的咨询服务。它旨在帮助业务单元完善管理实践、改善流程，并宣传和推动人力资源管理政策及企业文化的有效实施。人事行政服务：此职能专注于政策和制度的执行，主要负责确保人力资源政策和程序得到正确落实，以服务业务单元和员工的日常需求。

通过这些职能的协同工作，人力资源共享服务中心能够为业务单元提供全面的服务和支持，从而提升整个组织的运营效率和员工满意度。

三、人力资源共享服务中心的构建

以共享为基础的人力资源共享服务体系对人力资源管理变革非常重要。近年来，云计算、大数据、物联网、移动互联网等新技术层出不穷、发展迅猛，在电子商务、互联网运用方面发生了比较大的变化，也为人力资源共享服务中心的构建提供了强大的技术支撑手段。那么在这一背景下，该如何构建人力资源共享服务中心呢？

（一）项目论证和启动阶段

在此阶段要认真仔细地对项目进行论证，研究实施变革后的利弊和可能出现的问题及应对措施。在项目论证中要争取企业高层管理者的支持，同时要对员工进行宣传培训，以增强员工对共享服务概念的认识。

（二）设计和构建共享服务模式阶段

这个阶段是项目实施的核心阶段，包括选择共享服务的内容、范围和对象，费用收取的结算方式，共享服务中心的选址、服务内容的流程、共享技术的确定等。

（三）实施阶段

实施阶段的重点是按照设计的共享服务模式，进行组织建设、人员选定，运营规则的制定，相关服务渠道的贯通等。

（四）运营阶段

运营阶段的关键是满足客户需求，不断提高服务水平、保证财务指标的实现。

（五）提高和改善阶段

在运营过程中，发现问题并及时改进，不断完善运营体系，改善运营流程，以提高运营质量。

如图5-1所示，该公司数据中台是企业数字化转型过程中，对各业务单元业务与数据的沉淀、构建，是实现数据赋能新业务、新应用的中间、支撑性平台。它是一套可持续让企业数据用起来的机制，要做采集、储存、打通、使用四个方面的工作。它通过采集各条业务线的业务数据、日志数据、用户行为数据等有用数据，并用科学方式存储形成数据资产，打通内外部用户的行为数据和业务数据，并依据打通的数据赋能业务人员、领导层进行决策，使得数据反哺业务。数据中台需要具备数据汇聚整合、数据提纯加工、数据服务可视化、数据价值变现四个核心能力，使企业管理者、员工、客户、合作伙伴都能够便捷地应用数据。

如图5-1所示，该公司人力资源应用中台将原人力资源管理系统中需要频繁且流

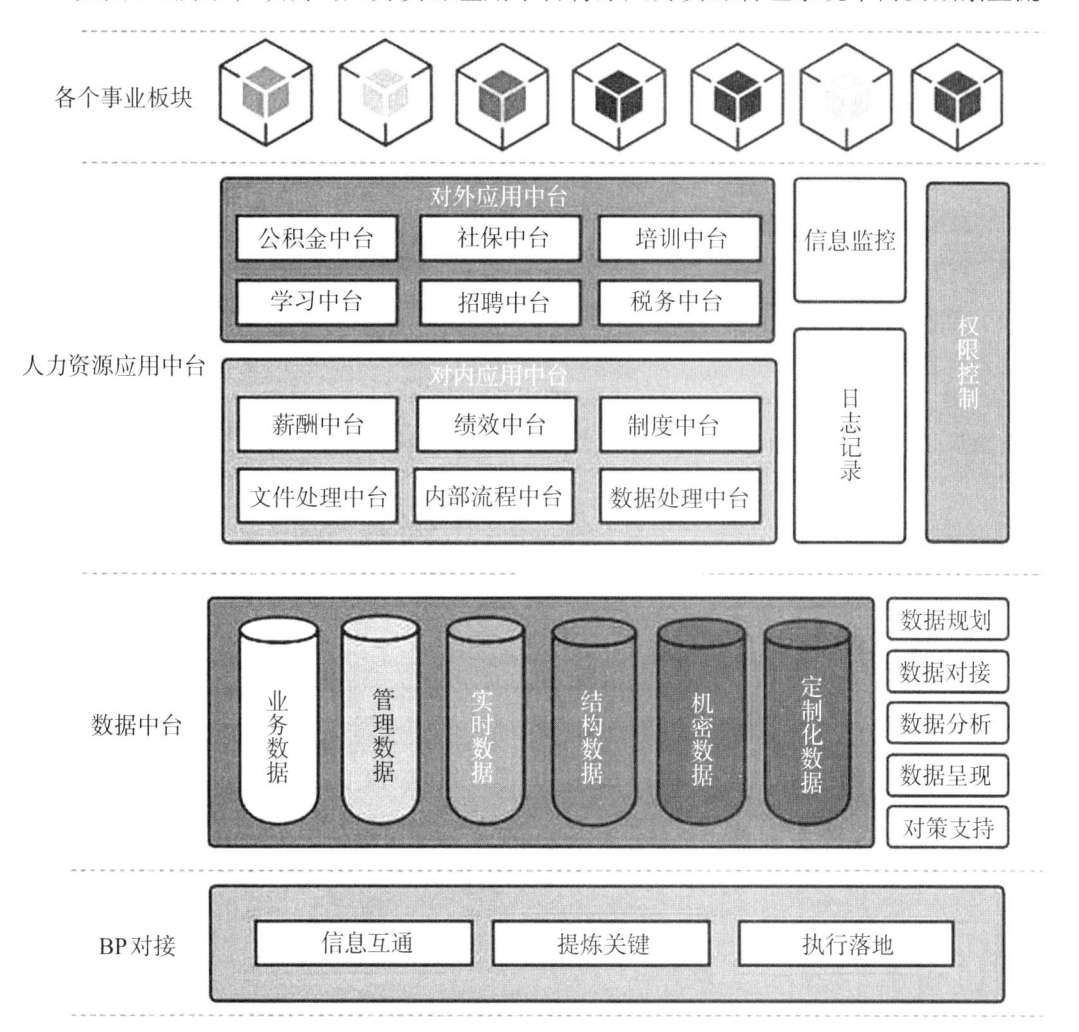

图5-1　某公司HR SSC设置结构图

程性操作的业务整合到中台层,使流程优化后的人力资源管理工作更加高效。它通过将对内和对外的一些关键流程先行标准化和模块化,帮助人力资源部门从烦琐的事务性工作中解脱出来,通过信息化技术做到产品化和组件化。

HR BP要持续洞察企业发生的日常业务,处理大量的管理数据、业务数据、人的数据。通过该平台能够及时而精准地获取这部分数据信息,通过加工提炼运用于其人力资源合作伙伴业务,以更好地执行落地并升华其职能。

四、人力资源共享服务中心的组织结构及运作架构

人力资源管理是组织战略的贡献者。它的运作目的是提高企业的绩效,扩展人力资本,保证人力资源管理的成本有效性。为了更好地节约人力成本,更有效地进行信息共享,提高人力资源管理的运作效率,越来越多的跨国公司开始实施人力资源共享服务中心。

(一)人力资源共享服务中心的组织结构

按用户导向来分,主要有两种人力资源共享服务中心:第一种是一个大型组织建立的共享服务中心,它不仅向自己的组织提供HR服务,还向外部客户组织提供外包服务,这样的组织有英国的BAE系统公司;第二种人力资源共享服务中心是大型跨国组织通过集中化的创新内部市场系统来重新建构其HR服务的提供方式,只向内部提供HR服务。这些公司包括SAP(Systems, Applications, and Products in Data Processing)公司、IBM(International Business Machines Corporation)公司、惠普、飞利浦、西门子、福特、宝洁、汉高、摩托罗拉、爱立信和壳牌等。现在主要研究第二种HR共享服务方式。

随着公司贸易范围的不断扩大,诸多跨国公司开始使用扁平化的组织结构。共享服务则是一种新的资源组织方式。企业可以通过共享服务形成网络型分布式结构,可在地域上由大到小地进行划分。以一个跨国公司的HR部门为例,其全球HR SSC部门组织结构图如图5-2所示。

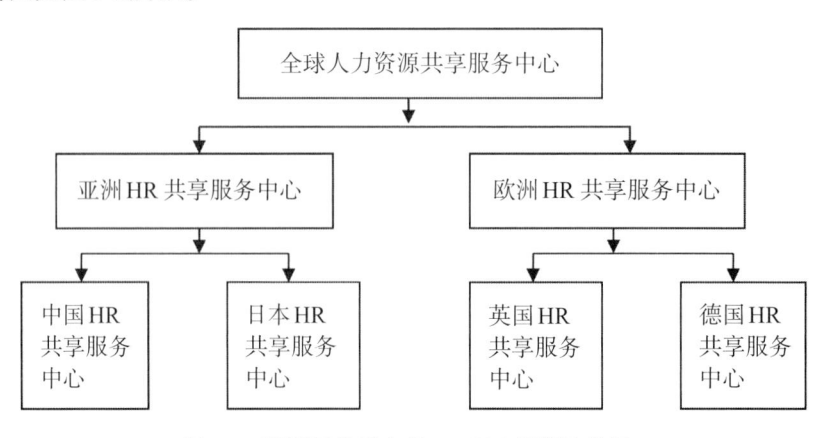

图5-2 某跨国公司全球HR SSC组织结构图

跨国企业实施人力资源共享服务中心按地域可做如下划分：①全球中心；②区域中心；③国家中心。为了降低成本和提高服务质量的内部驱动，人力资源共享服务的实施已经跨越了诸多不同性质的行业，并且被普遍认为是大型跨国公司人力资源管理的主要模式。

（二）人力资源共享服务中心的运作架构

人力资源部门作为一个共享服务部门，其职责是对内部其他部门提供低成本、规模化、标准化和专业化的HR服务。HR SSC的运作如同经营一个公司，因为HR SSC在公司内是一个独立的运营体。HR部门已经不仅仅是传统的成本中心。即使它不产生利润，但至少应做到收支平衡。也有的HR SSC用收益和损失来评估运营的财务结果，这为公司节省了许多财务成本。这一管理模式在公司的内部运作引入市场机制，并采用政策条例来管理公司其他部门在HR方面的需求，所提供的服务更有章可循、更专业。它与其他部门是平等的业务关系。HR SSC要对自己提供的服务承担责任，其他业务部门有权选择外部外包，即HR SSC与外部外包商是竞争关系。这区别于传统的只作为管理职能部门存在的HR部门。

由于各大型公司在一个区域或国家内有不同的分支机构、不同的业务部门，于是在共享服务中心之下，要求有相应的HR的业务伙伴来做HR共享服务中心与业务部门的协调工作，这样相对应的又有以下HR运作管理的结构，以某跨国公司为例，如图5-3所示。

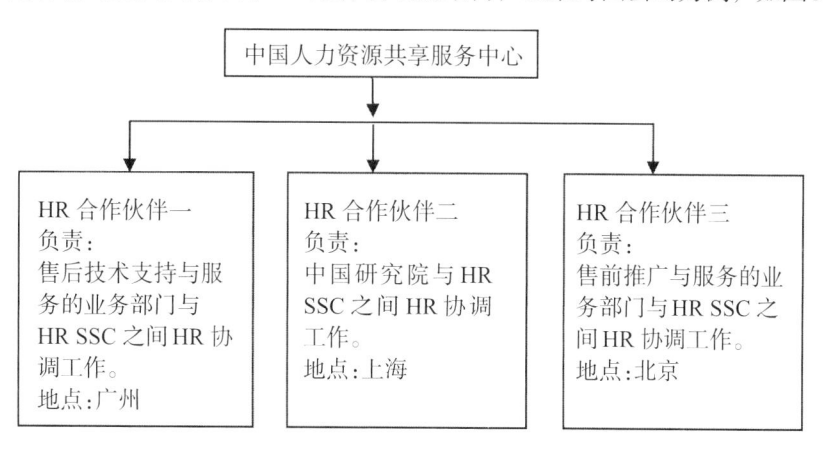

```
              中国人力资源共享服务中心
        ┌───────────────┼───────────────┐
   HR合作伙伴一      HR合作伙伴二      HR合作伙伴三
   负责：            负责：            负责：
   售后技术支持与服   中国研究院与HR    售前推广与服务的业
   务的业务部门与     SSC之间HR协调     务部门与HR SSC之
   HR SSC之间HR协    工作。            间HR协调工作。
   调工作。          地点：上海        地点：北京
   地点：广州
```

图5-3 HR SSC的人力资源管理结构

从组织结构模式上来看，过去传统意义上的人力资源管理模式一般按职能划分，例如招聘、学习发展、薪资福利和员工关系等。而HR SSC的管理模式主要由人力资源共享服务中心、专家中心和人力资源业务合作伙伴这三部分构成。

1. HR SSC是在一个区域或国家的HR共享服务中心

HR SSC是在一个区域或国家的HR共享服务中心，它为不同地方（北京、上海、

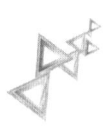

广州等）或不同的业务部门（研发、售前、售后服务等）提供统一的人力资源管理服务的业务群。这主要提供3个服务内容：① 负责全国或区域的岗位招聘；② 实施统一整体的薪酬福利计算及执行，部分员工岗位的安置工作；③ 负责员工的培训工作。这部分工作与传统的HR工作内容相似，但把它们更集中化操作以达到规模效应，改变了以往分布不均匀，各地系统重叠且不统一的状况，使得在业务量不断增加的情况下人员减少或不增加，进而节约人力物力，以达到降低成本和提高工作效率的目的。

2. HR COE专业等方面的专家

HR COE是将公司内在员工安置、员工发展、薪酬、组织绩效、通信、组织设计、员工关系和组织关系等方面的专家或小组集中到一起，以便让业务部门充分利用这些资源来解决业务问题。其工作内容是变革服务，这部分工作不是常规的行政性的HR工作，而是为公司变革服务的。主要包括帮助实施公司战略，创造新的企业文化，以及完成业务目标等HR服务。也有的公司把专家中心单独分出来，如飞利浦公司。但这都是概念上的划分，其组成成员及服务于公司变革的服务内容都是一样的。

3. HR BP要求工作人员对HR工作有综合知识

HR BP要求工作人员对HR工作有综合知识，主要负责本地或本部门的HR工作，把实践工作与业务目标结合，把多样的HR工作主动联系到业务焦点，并诊断其组织能力，建立具有竞争力的组织。其工作内容主要分为如下三个部分：（1）主动跟进业务部门的发展需要，并进行调研，了解部门员工的需求；（2）针对问题制定合理化解决方案，包括制定公司政策、与业务部门的合作机制等；（3）把方案提交HR COE，就专门问题与HR COE合作解决，最后由HR SSC来执行。这就要求HR的工作要具有前瞻性。

HR BP的财务运作一般属于当地或者其所服务的业务部门。HR SSC的财务运作是独立的，流程成本就是其直接成本。HR的职能包括战略伙伴、变革管理、员工伙伴和行政专家这四种角色，这样在创造和产生价值时才能更有竞争力。HR SSC这一新的管理模式更集中、更充分地体现了HR的这四种角色。HR SSC部门的管理帮助组织在HR工作上提高效率，体现了其行政专家的角色。HR COE帮助公司成功实施战略计划并实施组织变革和文化上的改变，体现了HR战略伙伴和变革管理的角色。HR BP最大化员工责任和能力，对员工的变化予以及时反馈，体现了HR作为员工伙伴的角色。

第二节　HR SSC共享服务中心运作流程

关于HR SSC共享服务中心运作流程，将结合几家在人力资源共享服务中心建设方面较为成功和有特色的公司的经验加以讲述。

一、浪潮集团人力资源共享服务中心建设

（一）浪潮集团人力资源共享服务中心建设的背景

企业在发展壮大的过程中，不断开拓国内、国际市场，会面临人力资源管理方面的多重挑战，比如组织架构越来越复杂、人员规模越来越庞大，传统的人力资源管理理论和工具已不能满足需要。此时人力资源管理部门必须进行理论创新和工具创新，赋能组织，激发组织活力。而有了 HR 共享服务中心——HR SSC，员工的基础 HR 服务可以由共享服务中心来完成，在提高效率、降低成本的基础上，让分布在不同地方的员工拥有一样的 HR 服务体验。

作为中国本土综合实力强大的大型 IT 企业，浪潮集团打造了一个数字化、平台生态型人力资源共享服务体系 HR SSC。运营以来，HR SSC 成效明显，有力支撑了浪潮集团业务的快速发展，提升了员工服务体验，以及员工满意度和敬业度，达到了 HR 数字化建设中的双赢。

（二）浪潮集团人力资源共享服务中心建设的创新

浪潮集团是领先的"云+数+AI"新型互联网企业，业务涵盖云数据中心、云服务大数据、智慧城市、智慧企业四大产业群组，为全球一百多个国家和地区提供 IT 产品和服务。伴随着业务的飞速发展，浪潮员工数量快速扩张，办公场地分布全球，员工体验逐步成为 HR 管理的核心。

为了更好地支撑集团业务的飞速发展，由浪潮 HCM Cloud 支撑建设了浪潮集团人力资源共享服务中心 HR SSC，以标准化设置、流程化操作、信息化推进为建设思路，秉承"以业务为驱动，一切为了业务"的服务理念，打造一站式、智能化、共享式的人力资源平台，提供高效、标准、专业的一站式人力资源服务，全面提升员工满意度和敬业度。

1. HR SSC 如何保证服务质量与优化流程的统一

既然是共享服务，就有服务质量保证机制，也有服务监控、监督机制。浪潮集团的 HR SSC 采用了服务平台与运营平台双平台架构，其中服务平台完成前台交付的服务，可以向公司高管、员工、HR、公司外部人员等对象，通过 HCM、云+Portal、服务大厅等系统提供 HR 服务。交付渠道包括 HR 服务、服务机器人 SaySayCall、自助终端等，并连接后端的数据共享平台、薪酬福利平台、外事共享、基础知识共享、呼叫中心等，实现数据的积累、共享、共通。运营平台提供后台监督支持，完成流程监控、过程监控、满意度评价和交付监控等工作，并提供 HR Online、知识共享、交互式应答系统（IVR）、工单管理系统等技术支持。

浪潮集团的 HR SSC 双平台打通了运营与交付，实现了交付与监管的闭环管理，从而实现了服务提供与质量监督、流程兼顾、流程监控与优化的统一。

2. HR SSC紧密服务于企业业务发展

对于浪潮集团企业而言，HR SSC建设的首要目标是服务于企业业务的发展，如果做不到这一点，那么HR SSC对企业的吸引力将大打折扣。浪潮HR SSC确定了服务企业业务发展的理念，提供高效、标准、专业的一站式人力资源服务，全面提升员工的满意度。

浪潮HR SSC合并各产业单位同类型人员，统一各事务性环节操作步伐，实现物理性整合统一，业务大厅12个服务窗口由单一业务办理变更为所有窗口办理综合业务，打破业务"孤岛"，提供一站式的人力资源服务，可以完成入离调转服务、社会福利管理、弹性福利管理、日常卡证管理、流程设计管理、劳动关系管理等。工作流程管理上，浪潮HR SSC全流程打通集团人力资源各个模块，与集团的其他系统互通，实现自助服务覆盖人力资源各业务。

企业集团创建HR SSC后，业务单元可以更加专注于核心业务的开展，提高业务单元的运营效率，从而使其更加专业化，更具有竞争力。同时，人力资源共享服务中心在服务业务单元的过程中，增进了与业务单元的合作伙伴关系。

3. 员工体验借助HR SSC实现提升

在数字化背景下，办公场地无处不在，人才战略驱动企业战略发展，员工体验成为HR管理的核心。同时，人力资源服务化转型的热潮，驱使企业人力资源从传统模式转向"员工服务"，再到"业务服务"，并跑步进入"生态服务"，HR SSC成为服务化迭代的重要基础。浪潮集团HR SSC通过集中服务，建立了统一的服务标准和流程，通过专业分工，打造专业化的队伍来提供专业服务，减少和避免以前分散在各业务单元中因人力资源工作标准不统一而造成的不公平性和执行标准不一致造成的偏差，从而提高人力资源政策执行的公平性，提高员工满意度。浪潮HR SSC运营以来，不断夯实服务内容，提高服务质量，加强数字化平台建设，关注降本增效，整合集团资源助力各单位业务落地，最初三年就实现有效提升32%，年度服务员工22万人次，员工首问解答率92.5%，员工满意度达到4.65分（5分制）。

从效果上来看，集中的专业化、标准化的服务，提高了人力资源的运营效率，也使浪潮集团HR COE、HR BP摆脱行政事务，专注于战略性人力资源管理，聚焦于员工能力提升、团队建设和战略绩效的落实。

浪潮人力资源共享服务中心的建设不仅支撑了自身业务的快速发展，也得到了业内的认可，为业内HR SSC的建设提供了标杆。同时，人力资源共享服务中心的优势逐渐得到体现，并有可能从以前的成本中心转变为利润中心。

二、西门子的人力资源共享服务中心

（一）西门子的人力资源共享服务中心的组织架构

西门子的人力资源共享服务中心（GSS）共110名员工，已实现的职责为：员工主数据管理、薪资发放、福利管理、外籍员工的管理、签证管理、差旅报销管理、HR系统管理等。培训事务性工作还在逐步的转移过程中，将主要负责西门子东北亚区内部员工的培训课程选择、报名、安排、反馈调研、费用结算等。而关于汇报关系，西门子GSS实行双向汇报关系：直系汇报关系和功能性汇报关系。汇报对象分别为东北亚区CFO和全球共享服务中心负责人。

（二）西门子GSS服务体系

西门子GSS的服务体系设置为3+1式，"+1"为员工自助。第一层设置为热线，热线中心在北京。第二层为区域性服务中心，分布在各个城市，例如：北京、上海、广州，三大区域下还会设立一些小的服务点，例如：南京、武汉、深圳等。其主要面对西门子中国本部的员工。同时西门子还有很多工厂，总人数的占比为整个服务群体的一半左右。而对于这些工厂的服务，西门子通过On-site服务团队提供相应服务。以上海的工厂为例，西门子会委派GSS员工驻扎在工厂。因此整个第二层的服务体系就是RO（regional office 区域性服务中心）+On-site的形式，这两条服务热线会面向西门子不同客户群。第三层为后台运营中心，分别在北京和苏州。其涵盖的职责为更加集中化的HR工作。运营中心不是直接面向客户，而是主要支撑第一层和第二层的服务。

（三）西门子GSS的成本收费

西门子GSS会根据各业务部门使用服务的情况收取相应的费用，以衡量西门子共享服务中心运营的有效性，并与市场做比较。西门子GSS将旗下涵盖的所有HR工作内容进行大产品化定义，并分别进行定价。业务部门根据所使用服务的范围，支付对应费用。

（四）西门子GSS的员工KPI考核和发展

西门子GSS的运营KPI被划分成四个维度：财务指标，例如利润率、单位产品成本；运营和流程，例如人员服务数量、数据质量（精确率等）；顾客服务，例如员工满意度。基于这四个维度，西门子GSS再根据不同的产品，设立针对性的KPI。

对于GSS员工的发展方向，西门子非常重视并予以较大的弹性空间。在中心内部，将员工定义为三类专家：HR业务领域的专家、流程管理的专家、系统运用的专家。基于这三者的定位，西门子GSS给予员工提供了以下三种发展方向。

1. **服务经理**
专门负责区域性的服务与客户管理。

2. **项目管理经理**
西门子GSS的业务优化和风险管理，都是基于项目的形式进行的。相比传统的HR服务模式，GSS会增加更多的项目管理工作，项目管理能够帮助员工成为专家型的人才。

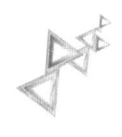

3. 发展成为HR BP、HR COE

由于共享服务中心员工熟悉运营流程，并且了解企业文化及公司内部运作情况，HR BP和HR COE会倾向于吸收具有本公司共享服务中心工作经验的员工。

（五）西门子对HR SSC、HR COE、HR BP职责的划分

在HR转型模型中，对于如何将HR SSC、HR COE、HR BP的职责划分清晰，西门子有如下几点做法。

1. 进行产品和职责定义

西门子在进行服务产品定义的同时，也定义了HR BP和HR SSC的职责范围。例如针对"薪资计算和发放"这个产品，GSS对薪资计算过程中的数据维护和流转、系统逻辑校验及维护负责，而HR BP对数据源的质量负责。如果员工不能及时或者正确地拿到薪水，HR将很容易发现问题产生的原因，并及时处理。应尽量避免按照原有的职能模块属性划分，而应更加深入细致地对流程和节点进行划分。因此，HR SSC需要在初期将产品定义得更加清楚，流程梳理得更清晰，这样也便于双方各司其职，为员工提供优质的HR服务。

2. 依据知识技能的划分

在某种情况下，即使产品及流程定义清晰可能仍然会出现职责的交叉。此时，职责的区分可以根据员工岗位要求和技能的要求进行判断。例如，关于员工入职，这一服务内容包含HR BP和HR SSC的共同职责，往往入职员工在合同签署过程中，常常对合同约定提出问题，HR SSC不一定能够清晰准确地回答所有问题，特别是合同中的非标准化条款，例如根据特殊岗位或特殊人选所约定的特殊条款。此时，HR SSC就该将这部分职责细分给HR BP，以确保工作质量和降低风险。对HR工作进行合理的产品定义和流程梳理，再根据岗位技能要求完善职责划分，两者之间出现分歧的概率会大大减少。

3. 以客户为导向的原则

共享服务中心模式应当遵从以客户为导向的原则。当问题或者投诉发生时，HR SSC应本着此原则，在第一时间进入问题或者投诉处理流程，尽快解决问题，将影响或者风险降至最低。最后再与HR BP讨论问题原因，看是否需要完善工作流程或提高人员技能，HR BP和HR SSC在此类问题上的目标应是一致的，即以客户为导向，先解决问题，再改进工作。

三、华为的人力资源共享服务中心

（一）华为构建人力资源共享服务中心的前期准备

从2009年开始，华为HR转型，2011年开始实施人力资源三支柱模型。华为当时

的管理者认为三支柱想要活下来，必须以客户为中心。HR的客户其实就是公司的管理层、员工、骨干等，HR一定要有以客户为中心的意识。HR SSC是标准服务的提供者，HR SSC基于流程梳理工作，再有序分工，实现高效高质的交付。从2017年1月开始，华为HR SSC就在进行组织变革，致力于成为集团运营中心，让管理者可以随时看到业务量表。

2011年，华为能学习的最佳组织是IBM，对标后公司做了HR BP和HR COE现有事务梳理，及HR SSC的交付运营，完成了HR BP和HR COE的组织设置，优化了HR BP和HR COE的管理协同。2011年，成立了共享服务中心，就是把一些事情集中至一个运营中心，实现更低的成本，同时提供更有效、更优质、更客户导向的服务。2012年，共享服务中心基本建设完成。共享服务中心整合了运作模式、后勤渠道、HR目标服务群体、服务范围、技术应用、运营管理、人员设计、选址和服务采购等，构成了一个完整的体系。

（二）华为人力资源共享服务中心的运作模式

华为采用三层交互提供服务。

1. 第一层是内部的W3自助工作平台

管理者或者员工自助进入平台发起需求。员工想看自己还有多少配额假期，系统上会显示数据；员工想了解如何转档案，按照指引，就知道怎么办了。工作平台需注意界面引导及流程逻辑，反复审视验证，确保员工可以清晰地完成操作，避免频繁升级。亲和是华为HR最大的诉求，平台也邀请了外部顾问一起来做优化实施。

2. 第二层是呼叫中心

其实很好理解，比如有人打电话说："不知道为什么收到了一个考勤异常的通知，能不能帮我看一下啊？"客服中心的人员就会回答你。她的回答源自FAQ，这是后台团队整理出来的。后端团队基于政策流程和实践，整理出初版的FAQ，将HR的部分功能向呼叫中心转移，提升效率。呼叫中心还做了一个机器人项目，机器人可以基于FAQ回答问题，减少呼叫中心工作量的同时提升服务效率。当然这需要做好知识管理，华为当时使用与惠普合作的CRM内部管理系统。其具体交付体现为：自助服务、语音沟通和事务处理。

3. 第三层是事务处理中心

该团队需要不断优化知识管理并赋能前端，实现问询类事务的服务管理的闭环。事务处理中心还承担具体的事务处理，比如具体的员工发薪、卡证管理和社保操作等。

（三）华为HR SSC的服务与设计

华为定义其HR客户群是高管、一般管理者、员工、HR和外部人员等。对于每个群体，HR SSC需要提供什么？例如，高管可能需要及时的动态数据；一般管理者可

能需要某个员工的配置信息；员工需要社保、工资等数据咨询。一定要定义出服务群体的需求，才能去优化业务提供方式、实现服务目标。

1. 服务范围

HR SSC会基于客户需求及自身职责定位，整理出业务服务范围，即什么样的业务可以纳入HR SSC。为此，HR SSC会去跟各体系的HR做收集和沟通，对业务进行判定。基本方式是制定原则，实施问卷调查，然后组织研讨，上述步骤完成后就去理清业务流程，然后把这些工作落地到HR SSC各组成部门，让他们组织交付。具体的原则主要是事务性、标准化、清晰定义、文档化、自动化、可量化、注重指标。

2. 技术应用

这里指基本的系统使用技能，主要是自助服务系统设计、呼叫中心管理、事件管理和知识管理等系统，需要业务人员、IT人员、顾问共同开发实现。

3. 运营管理

运营管理的应用是在HR SSC上线后，基于管理者对HR SSC的诉求，结合外部顾问提供的业界管理经验，以整理初步的指标库。华为采取如下平衡计分卡指标：客户（满意度、服务等级协议等），财务（人力预算执行、财务预算执行等），运营（首次问询闭环率、数据准确率等），学习成长（任职资格率等）。在运营的过程中，每周对这些指标进行审核，发现较大问题就立刻成立项目组来实现优化，整体思路跟一般的运营管理和项目逻辑相同。

4. 人员配置和设计

这部分需要解决几个问题：要多少人？要什么样的人？人从哪里来？要多少人：主要基于对纳入业务的工作量进行预测，同时配合管理人员投入思考。要什么样的人：对不同类别的人员要求不同，但大体都要求相关背景，并对这个工作有激情。人从哪里来：呼叫中心很多人都是从外部招聘进来；事务中心通过原流程的执行者切入，并补充部分新员工；运营管理类定点获取业界有经验人员。

5. 选址和服务采购

选址主要考虑业务规模、人才聚集，以及基础设施建设。当时华为一度考虑将服务中心向成都迁移，也在马来西亚设置了共享服务中心，这都是基于人才供应考虑的。

在华为，人力资源三支柱的业务协同也配合得较好。以调薪问题为例：在调薪问题上，HR COE会提出政策和管理原则，比如遵循预算管控、加快绩优人员工资水平市场竞争力提升等。HR BP据此需要进行调薪方案的设计，比如：（1）基于经营预测，整体调薪可以在××万内；（2）建立业绩导向，做出能够具体操作的数据和指标来，比如绩效为A，CR（薪酬比较率）低于××%，可以调整到××%，绩效为C人员不调整；（3）组织代表处内部的评议和申报；（4）审批通过后，在发薪日前，组织主管的调薪沟通赋能，确保导向传递清晰。HR SSC在获取到审批通过的调薪数据后，会在发薪日调整薪资发放。

第三节　HR SSC 与 HR BP、HR COE 的配合

HR 共享服务中心主要负责员工入离职管理、企业员工档案管理、薪酬发放、福利保障等基础人事工作的标准化管理。共享服务中心不仅使人力资源管理者从基础工作中脱离出来，而且将重点整合与管理集团及下属子公司员工信息，使人力资源部及时了解各业务单位的人力资源状况，加强管控。

一、业务部门对 HR 的真正需求

（一）理解业务和业务需求

当前企业中 HR 的专业性越来越强，但在实际工作中，你会发现这种专业优势很多时候并没有起到积极的作用。人力资源部门（HR）往往投入大量时间来完善其负责的管理工具和技巧，力求达到更高的专业水平。然而，这种专注有时可能导致忽视业务部门的实际需求。结果，HR 提供的服务可能无法准确解决业务部门面临的关键问题。不仅未能助力业务部门实现其目标，反而可能加剧不同业务部门间的矛盾。

除非 HR 的服务被业务部门认可为创造了价值，否则在他们眼中，HR 的工作可能会被视为无足轻重。为此，HR 需要更深入地理解业务部门的需求，确保其服务与业务目标和挑战紧密对接，从而真正为业务增值。

1. **理解公司的运营**

人力资源部门要理解公司是如何盈利、如何成长的。这样，人力资源部门可以将这些知识运用到他们的工作中，如招聘有合适技能的人，培养所需的业务能力，奖励优秀的行为等。

2. **理解人力资源工作的价值创造**

人力资源部门要理解如何通过员工来创造股东价值。人力资源从业人员并不清楚人力资源的工作事实上是创造价值。比如，人力资源经理应该把自己看作是为公司创造巨大价值的部门经理，而不仅是一个管理系统的监督者。

3. **理解通过流程优化辅助业务部门实现战略**

人力资源部门要有能力建立与经营战略相匹配的人员战略。当老板需要一些关于如何管理员工、如何让员工积极投入工作的建议时，人力资源部门要能提供战略性的建议。

（二）HR SSC 与业务部门的工作互动

了解各部门业务的第一步是了解公司的业务，特别是公司的价值创造链条和价值创造体系，明确如何设置和开发人才是对整个企业有效的。人力资源管理者需要对各部门具体业务深入了解，对其管理诉求感同身受，制定出有针对性的管理政策、工具和方法。人力资源管理者可以通过会议、行业报告、财务报表、产品说明、业务推广活动等多种渠道了解业务部门的工作。人力资源管理者在招聘中通过与业务部门经理

一起面试应聘者了解业务信息。

保持人力资源管理创新性。在企业发展的过程中，不仅技术创新能给企业带来巨大的经济效益，同时也要坚持管理创新，释放企业的管理能量。人力资源管理不一定需要颠覆创新，但要持续自我创新才能更好地支撑企业对人力资源的要求，才能更好地调动人力资源为企业的发展创造价值。互联网时代人力资源管理也面临巨大的挑战，如何将流程再造和"互联网+"的创新思维与人力资源管理相结合势必成为思考重点。

二、HR SSC 与 HR BP、HR COE 的关系

戴维·尤里奇提出，人力资源部门应当像企业一样运营，并提出了人力资源部门的组织架构的三角模型，即人力资源业务合作伙伴、人力资源专家中心和人力资源共享服务中心。

人力资源专家中心，主要建立在企业总部，承担着人力资源管理方案的研究与开发工作，并牵头制定各种人力资源管理的政策与制度。人力资源专业团队分职能领域进行建设，包括招聘、培训、薪酬福利、绩效以及人才发展等。这部分人员致力于在专业领域的精耕细作，并鼓励大量专家级别的人物涌现。

人力资源业务合作伙伴，主要建立在企业的业务区域或者事业部，他们对业务有较为深入的了解，深知一线员工和管理者在人力资源管理方面的诉求。在承接总部各种人力资源制度和方案的基础上，一般要结合具体业务区域的实际情况进行细化。另外，合作伙伴也为所负责的业务单元或区域提供各种人力资源咨询服务，并与专家团队保持密切沟通，随时获取其在专业方面的支持。

人力资源共享服务中心，一般需要IT信息系统的支持，以企业总部为主进行统一建设。共享服务中心是将一系列繁杂的、低端的人力事务，如员工档案、薪资福利计算、劳务合同签订等进行集中管理。当然，哪些事务先集成，哪些后集成，要看是否形成了规模效益，需有步骤地进行规划和实施，以此才能达到提高服务的标准化以及提升工作效率的目的。人力资源共享服务模式的建立让企业的人力资源管理不再沉溺于传统的人事管理，确保更多人员（主要由专业中心承担）有更多时间思考如何紧密承接企业战略业务发展的要求，来开展各项人力资源的工作，从而也使人力资源的各项规划更富前瞻性和系统性。另外，确保由专业的人员（主要业务合作伙伴承担）深入公司一线的业务，使各项人力资源政策和制度在落地时真正契合业务本身的要求，以不断推动业务成长。总之，共享服务模式能让企业的人力资源管理的服务效率和服务质量得到有效提升。经过共享服务模式的建设，IBM的人力资源部门不仅服务于内部40多万员工，还为外部合作伙伴提供服务，已经实现从成本中心到利润中心的转变。截至2010年，IBM的人力资源管理成本降低57%，人力资源管理人员数量减少65%，人力资源管理端到端作业时间平均减少40%。

从上述IBM公司对人力资源管理三支柱模型理论的实践来看，HR BP与人力资源共享服务中心（HR SSC）、人力资源专家（HR COE）关系见表5-2和表5-3所列。

表5-2　HR BP与人力资源共享服务中心（HR SSC）、人力资源专家（HR COE）的关系

项目	人力资源业务合作伙伴（HR BP）	人力资源共享服务中心（HR SSC）	人力资源专家（HR COE）
主要职能	公司内部员工专业分析与支持	人力资源日常职能性工作	人力资源前瞻性研究
管理模块	针对业务部门的问题提出专业的解决办法	招聘、培训、绩效等具体落实	企业战略的制定、企业文化的培养
HR BP与HR SSC的关系	HR BP针对业务部门的问题提出专业解决办法并提交给HR SSC，HR SSC通过资源平台将业务部门需要的产品重新生产并交给业务部门，以满足业务部门的要求		
HR BP与HR COE的关系	HR COE提出公司战略，HR BP结合业务部门的特点进行细化，在获得业务经理批准情况下提出可行性政策		
HR SSC与HR COE的关系	HR COE在制定了人力资源政策后，将具体工作交给HR SSC进行推广实施		

表5-3　HR三支柱模型下职能模块的综合分工

职能	HR COE	HR SSC	HR BP
招聘	人才盘点与人才规划，雇主品牌建设，招聘渠道与资源	内部招聘供应商（简历搜索、评级），招聘信息系统运作与管理，数据化人力资源管理	了解、反映业务单元的用人需求、要求，承接HR COE的招聘政策、流程，招聘、猎聘
培训与开发	负责培训平台搭建，逐级岗位培训、各专业组培训、管理技能和领导力培训的体系设计，导师制设计，职业发展体系设计等	承接HR COE的培训计划，新员工入职培训，公共课程的培训，共性问题的针对性培训，维护培训开发信息系统	承接HR COE的培训计划，业务培训需求调查和深入挖掘，职业发展项目的实施、跟进、督导
绩效管理	牵头组织关键绩效指标（KPI）、平衡计分卡（BSC）绩效管理，业界绩效管理最优实践研究，绩效评估方案设计	内部员工绩效评估，维护绩效管理信息系统	参与业务的KPI和平衡计分卡的设定，绩效评估方案的落地实施，定制化业务的绩效评估方案
薪酬福利	薪酬调查、薪酬策略制定，员工固定薪酬与短期激励、长期激励，福利政策制度	录入计算薪酬的数据，保证其准确性，定期发放工资；通过答疑热线和办事窗口，解答员工薪酬福利问题	与HR COE一起定制业务薪酬、激励方案并落地实施，及时反馈薪酬福利的策略性问题

续表

职能	HR COE	HR SSC	HR BP
员工关系	员工关系政策及疑难问题解答，解决HR SSC处理不了的员工关系问题，制定入职、离职、异动政策和流程	员工关系答疑热线，窗口办事大厅，入职、离职、异动办理	承接HR COE的员工关系政策的落实，有问题及时向HR COE反馈
组织发展	组织设计，人才盘点、任免、评级、培养，推动组织变革	参与组织变革，根据组织变动及时更新组织架构图和相关文件	通过组织诊断和人才诊断，配合并推动业务部门的组织变革
企业文化	组织氛围，各级沟通机制；企业内刊	内部执行、外部呈现HR COE制定的文化政策，为企业内刊供稿	承接HR COE制定的文化政策，在业务部内部进行沟通；宣传策划工作；为企业内刊供稿

本 章 小 结

人力资源共享服务中心是指企业集团将各业务单元所有与人力资源管理有关的行政事务性工作（如员工招聘、薪酬福利核算与发放、社会保险管理、人事档案管理人事信息服务管理、劳动合同管理、新员工培训、员工投诉与建议处理、咨询与专家服务等）集中起来，建立一个服务中心。构建人力资源共享服务中心的目的是整合专业资源、降低运营成本、提高运作效率和提供优质服务。它主要发挥以下三个方面的作用：集中服务和降低成本、服务专业化和标准化、提高效率和聚焦战略。

人力资源共享服务中心的职能：集中的人事行政服务、人力资源咨询服务、人力资源业务伙伴。人力资源专家中心，主要建立在企业总部，承担着人力资源管理方案的研究与开发工作，并牵头制定各种人力资源管理的政策与制度。人力资源专业团队分职能领域进行建设，包括招聘、培训、薪酬福利、绩效以及人才发展等。这部分人员致力于在专业领域的精耕细作，并鼓励大量专家级别的人物涌现。人力资源业务伙伴，主要建立在企业的业务区域或事业部，他们对业务有着较为深入的了解，深知一线员工和管理者在人力资源管理方面的诉求。在承接总部各种人力资源制度和方案的基础上，一般要结合具体业务区域的实际情况进行细化。另外，合作伙伴也为其负责的业务单元或区域提供各种人力资源咨询服务，并与专家团队保持密切沟通，随时获取专业方面的支持。人力资源共享服务中心，一般需要IT信息系统的支撑，以企业总部为主进行统一建设。共享服务中心是将一系列繁杂的、低端的人力事务，如员工档案、薪资福利计算、劳务合同签订等进行集中管理。

思考题

1. HR SSC 的概念是什么，作用有哪些？
2. 人力资源共享服务中心的职能是什么？
3. 人力资源共享服务中心如何构建？

练习测试题

（一）判断题（正确的打"√"，错误的打"×"。）

1. HR 所服务的客户——员工，其需求往往是相对同质的，存在标准化、规模化的可能。因此，这就出现了 HR SSC。（　　）

2. 人力资源共享服务中心并不是一种新的管理模式。它是一个不独立运作的运营实体，引入了市场运作机制，却为企业内部服务。（　　）

3. 人力资源共享服务中心为集团所有的业务单元提供人力资源管理服务，业务单元为其支付服务费用。（　　）

4. 共享服务中心的主要职能是提供集中服务，因此共享服务中心要建立专业化的人事服务队伍，制定专业的服务流程和服务标准，以满足内部客户的需求。（　　）

5. 企业集团的人力资源共享服务中心不需要设立相关的专业部门开展专业活动。（　　）

6. 共享服务中心不需要建立专业的咨询机构负责为业务单元提供人力资源专业咨询。（　　）

7. HR SSC 的运作如同经营一个公司，因为 HR SSC 在公司内是一个独立的运营体。HR 部门已经不仅仅是传统的成本中心，即使它不产生利润，但至少应做到收支平衡。（　　）

8. HR 共享服务中心主要负责员工入职、离职管理，企业员工档案管理，薪酬发放，福利保障等基础人事工作的标准化管理。（　　）

（二）选择题

1. 人力资源共享服务中心一般具有三个方面的职能，即（　　）。
A. 集中的入职服务、人力资源职能服务、劳动争议处理
B. 集中的服务办理、集中的专业咨询服务、人力资源规划
C. 集中的人事行政服务、人力资源专业咨询服务、人力资源业务伙伴
D. 设计制度、人力资源专业咨询服务、人力资源流程服务

2. 西门子GSS的运营KPI被划分成（　　）。
A. 供应商、财务指标、运营和流程、顾客
B. 财务指标、运营和流程、顾客服务、员工
C. 财务指标、运营业绩、顾客服务、员工满意
D. 财务指标、流程、服务、管理

3. HR SSC主要发挥哪三个方面的作用（　　）。
A. 集中服务和降低成本作用、服务专业化和标准化、提高效率和聚焦战略
B. 组织目标实现、管理主体服从、标准化
C. 管理客体满意、管理系统精准高效、监督和反馈及时
D. 凝聚力促进、驱动力牵引、创造力激发

第六章　HR BP 的执行

学习目标

学习本章知识后,你应该了解和掌握以下内容。

1. 了解 HR BP 的含义及其产生。
2. 了解 HR BP 与传统 HR 的区别、HR BP 的培养。
3. 理解 HR BP 的工作流程与组织架构。
4. 掌握 HR BP 的作用与职能,HR BP 的胜任力。

引导案例

联想的 HR BP

HR BP 往往贴近内部客户配置人员。通常来说,对于较高层级的组织,围绕管理架构,根据解决方案的复杂度配置 HR BP 人员;对于较低层级的组织,根据 BP/全职员工服务率配置 HR BP,以支持日常人员管理。说到 HR,无非是薪酬、培训、招聘等几大平行职能模块,而联想的 HR 组织结构则另辟蹊径。其主要有三大功能:第一是人事服务,包括档案管理、薪酬发放、社保、入职或离职手续、员工福利等;第二是人力资源政策,制定 HR 业务流程并保证合规,主要工作是政策制定和流程管理;第三就是人力资源咨询,在联想把它叫作 HR BP。与业务部门在一起工作,扮演顾问角色,针对各业务线或区域的情况制定人力资源策略,推进人力资源管理项目实施等。

HR BP 的具体工作内容有三点:一是让员工胜任岗位要求,并持续提升敬业度;二是促进团队组织的和谐,避免冲突,应对紧急突发事件等;三是团队人才的梯队建设,包括高潜员工识别和发展、核心员工保留等。处于不同发展阶段的公司,HR BP 的这三点职能侧重点各不一样,HR 要根据实际情况安排工作重点。如何让这个功能模块有效地运作、发挥其应有的作用是比较有挑战的。它没有公式化的模式。它是企业适应市场竞争和自身快速健康发展的产物。高科技行业最大的特点,就是人员流动快,行业内挖角竞争激烈,员工归属感不强,往往哪里薪水高,就往哪里跳。然而在联想,工作十几年的老员工比比皆是,而心思活跃的年轻员工也能在联想安心工作,它强大的感召力留住了一批精英人才。那么联想留人的秘诀是什么?

以前,联想在运营管理部或业务支持部内设有一个 HR BP 的岗位。HR BP 是向业务部门负责人汇报的,HR BP 甚至还是业务负责人招进来的。这样一来,不仅 HR 本

身的中立性很难保证，甚至成了业务部门领导的助理，从绩效总结、评优、核心员工激励，到给员工吃饭订餐，都是HR BP的活儿。日子长了，和业务领导混熟了，中立性和专业性都消耗殆尽，那么企业设置HR BP的意义也就没有了。后来，联想做了一系列的变化来保证中立。首先，明确组织结构和汇报关系。比如编制、薪酬、考核都划归HR部门管理，而不是向业务领导汇报。其次，在地理位置分布上也做了精心设置。华东地区HR BP的总部在上海，而福建、江西、安徽、云贵等地虽有HR BP却不在当地办公，而是集中在上海，这些HR BP在一起探讨管理问题，共同设计和推进重点项目，同时他们会定期到这些区域现场办公、参加部门活动。在当地的员工和总经理面前保持沟通，通过运营例会和与业务负责人定期的一对一来沟通信息，通过重点项目推进来开展工作。这样HR BP与业务部门仍然很近，但不会模糊自身定位，而是更加聚焦在HR专业工作上贡献专业价值。最后，提高招聘门槛，保证HR BP的专业度和成熟度。所以，考察候选人时，还要看他是否能从业务经营的角度考虑HR的价值，这样HR做出的解决方案才能为业务部门接受。为此，联想对候选人的专业背景、敏感度、公正性都会有严格测评。

总之，对HR BP的评估有三大方面。第一是专业知识。指对人力资源、心理学、人性的理解。第二是对行业的熟知程度和意识。若以前在其他行业工作，能对行业的发展、国际市场认可度、竞争对手情况、市场挑战等业务内容如数家珍，那么这样的人来IT行业也会对业务产生兴趣，从而做好HR BP的角色。第三是个人影响力。比如个人视野、大局观、沟通技能等。第四，考核个人品质是否正直，做事是否公平公正。若一件不公平的事情发生，他却能包容下来，那么将来很难在业务部门建立权威。

HR BP往往贴近业务进行配置，通过"指导员配到连队"，确保管理人员得到有效支持。业界往往根据HR BP/全职员工服务率配置HR BP，但不同的组织中存在着HR对业务的支持程度不同。一项针对已经推行了HR BP的公司的全球调研发现，有53%的公司认为HR BP在本公司的推行是不成功的，原因在于仅仅改一个名字并不代表转型成功。HR BP推行不成功的原因有如下几点。

第一，未能选拔和使用优秀的HR BP。如前所说，HR BP既需理解业务，又要掌握通用的人力资源知识。在业界实践中，选拔和使用HR BP有两种路径：一是从HR群体中选拔有全面HR知识、具备咨询技能和影响力的人才，并通过在岗实践提升业务敏锐度；另一种是从业务主管中选择有成功人员管理经验的人才，并通过系统的使用方案提升角色认知和人力资源技能。前一种模式在业界更普遍，后一种模式更适合存在HR和业务职业转换土壤的组织。第二，HR BP推行不成功的第二个原因是业务主管不知道HR BP到底应该干什么，还是回到老路来要求HR BP。因此在推行之前，应该与业务主管清晰地沟通HR BP的角色，会做什么，不会做什么，做好期望管理。

很多企业为HR BP到底应该向谁汇报而困惑，在最开始推行HR BP时，建议HR BP向业务汇报，这样可以确保业务主管将HR BP当成是自己人，有足够的领导力来发挥HR BP的作用。第三，HR BP推行不成功的第三个原因是共享服务中心的建立往往需要3~5年的时间，在过渡期HR BP有大量的事务性工作还要自己承担，导致他们产生挫败感。解决这个问题的办法是在HR BP团队中设立一些承担事务性工作的初级角色，帮助有经验的HR BP分担事务性角色，让有经验的HR BP聚焦在高端工作，而在共享服务中心充分建立后，这些角色将逐步转移到共享服务中心。

第一节　HR BP对业务部门的支持

一、HR BP 与传统HR的区别

（一）HR BP的产生

HR BP即人力资源业务合作伙伴，最早是由美国密歇根大学教授戴维·尤里奇提出来的。他认为传统的人力资源管理并没有帮助企业达成目标，使得人力资源对于企业的作用甚微。基于此，人力资源的转型需要建立和完善三个方面：人力资源领域专家中心、人力资源共享服务中心以及人力资源业务合作伙伴。尤里奇提出的这一"三支柱模型"颠覆了传统人力资源管理部门的职能与结构模式，受到了业界广泛的关注与热议。

HR BP是指由企业派驻到各个业务或事业部门的人力资源管理者，其职能不仅仅是作为企业的行政支持部门，也要求能够根据业务部门的战略发展需要，提供独特的服务。因此，HR BP不仅要处理部门的日常工作，还要协助业务部门有针对性地开展人力资源工作，真正做到将人力资源管理的价值嵌入各业务部门的价值模块中去。

（二）HR BP与传统HR的比较

1. 服务的对象不同

传统HR在处理部门日常的事务性工作的同时，还需要满足企业所有部门的共同服务需求。而HR BP则立足于企业业务部门，把握行业、产品和客户的发展形势和变化，提供策略性的精准服务。

2. 与业务部门的关系发生变化

传统HR与企业内部业务部门属于平行状态，各自独立。HR BP则与业务部门紧密结合。

3. 工作属性发生变化

传统HR习惯按照专业模块进行划分，属于任务型工作。HR BP则与业务部门紧密相连，以团队的形式针对性地开展工作，属于协同型工作。

4. HR BP素质要求更高

HR BP要具备专业的人力资源管理相关的知识技能。同时，进入业务部门后，还要深入客户、深入市场、深入行业，有意识地推进企业战略在业务部门的落实和实践，让人力资源管理政策在业务部门中专业化衔接，体现合力优势。与传统HR相比，对HR BP素质要求更高，见表6-1所列。

表6-1 HR BP角色定位

团队	HR BP
核心价值领域	和业务伙伴沟通的有效性，业务需求挖掘和理解程度，方案落地执行的程度
基本形象	高效的沟通者
主要产出物	业务需求，执行结果
工作开展形式	360°沟通、诊断、分析，参与业务会议、解读与提出需求、组织与协调项目活动，跟进方案执行情况
核心能力要求	业务认知、业务需求解读、沟通、冲突管理、诊断分析、项目管理、变革管理、教练/影响能力

二、HR BP的作用

（一）协助业务部门实现战略

HR BP终极目标是成为业务部门的战略伙伴。即从业务战略的角度对业务情况进行分析，诊断人力资源的工作，评估人力资源工作的影响。其主要表现为能够根据外界变化，实时调整人力资源策略；及时针对部门业务的开展需要，确立团队配备、人员培训战略；制订业务领导人的培养计划等。

（二）充当部门主管运营副经理

企业的经营成果与企业的运营息息相关。每个业务单元主管都期望HR BP作为其副经理承担运营经理这一角色。其主要表现为在业务单元持续跟踪审视重点人力资源相关活动，并收集信息；制订和业务相匹配的人力资源计划，联合所有相关方提供人力资源问题解决服务；向员工宣传企业政策和办事流程，营造良好的企业文化。

（三）充当危机管理者

大部分HR BP在日常工作中都处于危机管理者的角色。其主要表现为可以快速地解决来自业务经理和员工的诉求、疑问和反馈，并为可以快速响应而做好信息、资源、能力等方面的准备。

（四）充当员工仲裁者

员工仲裁者与危机管理者类似。主要表现为有效地处理好战略和执行、制度和实施的关系；及时有效地调节管理人员之间、管理者和员工之间、员工工作团队之间的矛盾和问题，以确保团队的顺利运营。①

三、HR BP的主要职能

HR BP实际上就是企业派驻到各个业务部门或事业部的人力资源管理者，主要协助各业务单元高层及经理在员工发展、人才发掘、能力培养等方面的工作。其主要工作内容是负责公司的人力资源管理政策体系、制度规范在各业务单元的推行落实，协助业务单元完善人力资源管理工作，并帮助培养和发展业务单元各级干部的人力资源管理能力，见表6-2所列。

表6-2 HR BP需要了解的内容

行业与业务	组织与团队
行业特点：客户，竞争对手，机遇和挑战，行业发展趋势，人才特点	组织特点：业务运营特点，组织文化和传统，团队特性
业务逻辑：业务伙伴专业领域的基本业务逻辑，业务的关键价值领域，业务的核心价值链	团队特点：激励模式特性，职业发展的客观规律和需求，人才的机遇和挑战，关于"公平"与"正义"的特殊语境
业务现状：业务战略和计划，目前的业务瓶颈，主要机会和挑战，需要优先解决的问题	人力资源状况：人力资源静态和动态信息，人员数据结构
—	重点人员：特质，能力，异动可能，心态，期望，人际特性

要做好HR BP，需要切实针对业务部门的特殊战略要求，提供独特的解决方案，将人力资源和其自身的价值真正内嵌到各业务单元的价值模块中，这样才能真正发挥和实现HR BP的重要作用。HR BP必须承担以下职能。

（1）从HR视角出发参与业务部门管理工作。

（2）与HR研发组（人力资源专家）和HR支持组（人力资源共享服务中心）合作，制定有效的HR解决方案。

（3）向人力资源专家和人力资源共享服务中心反馈HR政策、HR项目和HR进程的实施有效性。

（4）协调员工关系，调查培训需求。

（5）制定并执行业务部门HR年度工作计划。

（6）运作适应所在业务部门的HR战略和执行方案。

（7）参与所在业务部门的领导力发展和人才发展通道建设。

（8）支持企业文化变革并参与变革行动。

---

① 丛晓楠. 浅析HR BP战略转型[J]. 中小企业管理与科技，2017(5)：7-8.

（9）建立所在业务部门的人力资源管理体系。

总体来说，HR BP 就是要做好人力资源部门与业务部门之间的沟通桥梁，帮助业务部门设定人力资源的工作目标和计划，并树立起对业务部门的内部客户服务意识，为他们提供专业的人力资源解决方案。主要关注于提供人事管理的咨询来支持业务部门的战略，他们的行为模式是成功的关键要素。

第二节　HR BP运作流程要点

一、HR BP 的行为模式

行为模式是人们有动机、有目标、有特点的日常活动结构、内容以及有规律的行为系列。它是行为内容、方式的定型化，是人生价值观的"外化"，表现了人们的行动特点和行为逻辑。从时间的角度观察，一定的行为模式是活动时间分配的程序结构。从空间的角度观察，是活动的地点、范围的分布。人的行为模式具体归属哪一类型是受外界环境条件和人本身所扮演的角色，以及人生价值观所制约的。HR BP 的行为模式如图6-1所示。

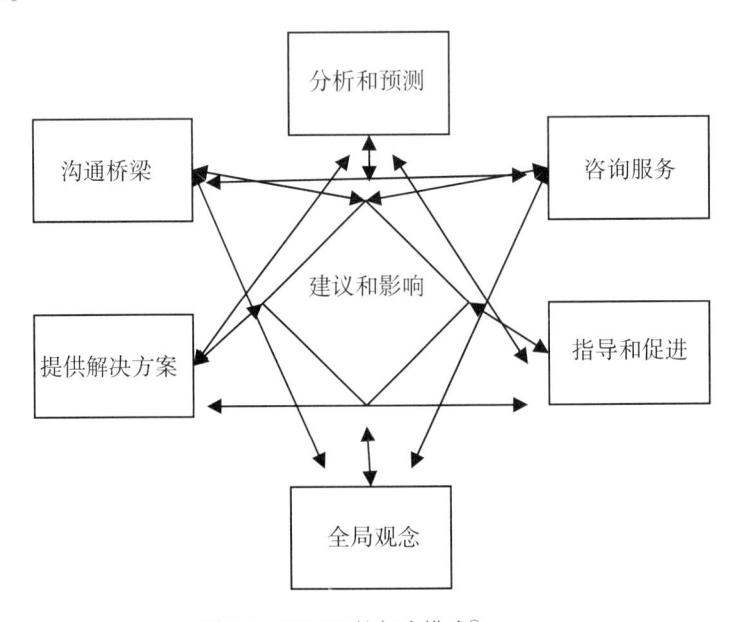

图6-1　HR BP的行为模式[1]

二、HR BP工作流程

HR BP 工作流程如图6-2所示。

---

[1] 杨磊,陈静.人力资源业务合作伙伴(HR BP)——HR 新角色[J].经济研究导刊,2011(19):106-107.

图6-2　HR BP工作流程

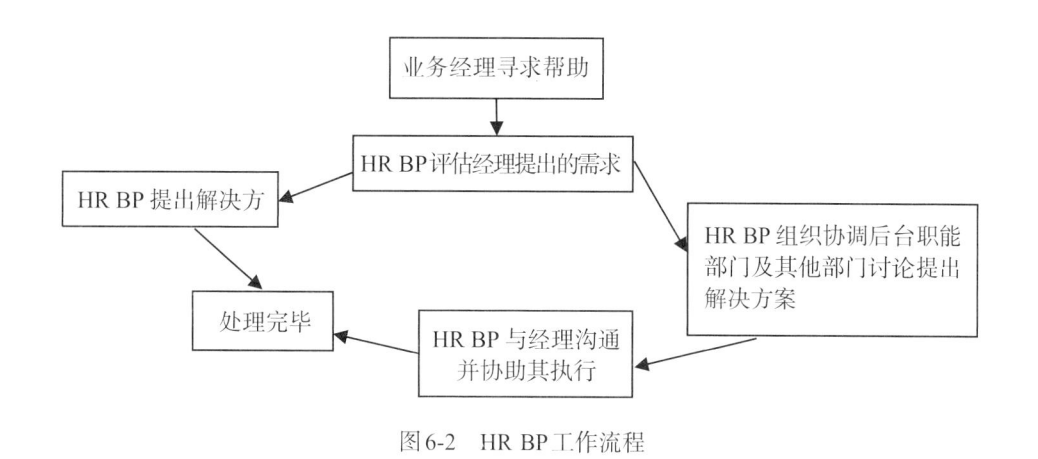

三、HR BP组织架构

（一）面向客户的HR架构

所谓面向客户的HR架构，是把人力资源部设计为两部分：一部分是面对业务部门的HR客户经理，即HR BP，他们直接进驻到业务部门开展HR工作；另一部分为支援HR BP的支持组，他们的职责包括日常的薪酬福利操作、招聘渠道建设以及公司级培训项目支援等。由于支持组已经解决了大部分事务性的工作，HR BP可以专注于为业务部门提供"一站式"的人力资源解决方案服务。

面向客户的HR架构有两种操作模式：一种可以称之为"事业部型"，即HR BP不隶属于人力资源部而是归所在业务部门管辖，人力资源部只负责对HR BP进行专业方面的指导，不直接对考核关系负责；另一种则是"HR代表型"，即HR BP是由人力资源部派驻到各业务单元的，其考核关系隶属于人力资源部。HR BP在业务上帮助业务经理进行相应的HR工作，但是其考核关系、晋升/调动关系、领导关系等则由集团人力资源部统一管理。

需要指出的是，以上两种模式各有优劣。在事业部模式下，HR BP跟业务部门的联系更为紧密，更能深入理解业务部门的需求，但由于缺乏人力资源部的有力支持，HR BP很容易成为业务部门的一名专职HR。因为除了战略管理和专业服务的职能外，一般事务性的工作也需要他来操作。而在HR代表性模式下，由于HR BP隶属于人力资源部，他可能在融入业务部门上存在一定的困难，HR BP可能会被业务部门认为是集团人力资源部派驻到本部门进行监视管理的人员而遭到排斥，无法正常开展工作。

（二）平衡发展式的HR架构

在面向客户的HR架构下，HR BP容易陷入琐碎的日常事务而无法自拔，他们与人力资源共享服务中心之间的职责区分也不够明确。针对这些缺陷，有公司尝试把人

力资源部分为三个部分：在 HR BP 组和人力资源共享服务中心之外，增设了 HR 研发组。前两部分基本与面向客户的 HR 架构相同，而 HR 研发组则主要负责 HR 最新工具的研发、最新 HR 市场信息报告的整理，并为 HR BP 组提交给业务部门领导的政策报告提供全方位的技术支持。这样一种全新的架构被称为平衡发展式的 HR 架构。[①]

四、HR BP 的岗位归属与工作内容

（一）HR BP 的岗位归属

HR BP 岗位归属在一定程度上引领着 HR BP 的工作重点和方向。从实践来看，目前 HR BP 归属大致有三种，每种归属形式都有其利弊，公司可以根据自己的实际情况，在实践中不断寻找适合自己的归属形式。HR BP 三种归属形式如下。

1. 归属人力资源部门，向人力资源部门负责人汇报

HR BP 是由人力资源部门派驻到各业务部门，其考核关系隶属于人力资源部门，HR BP 在业务上帮助业务经理进行相应的人力资源管理。这种方式虽然保持了 HR BP 与人力资源部门的联系，但是往往不能取信于业务部门而遭排斥。这种归属存在的问题很可能会造成 HR BP 在业务单元的工作受到较大的阻力和忽视。

2. 归属所服务的业务部门管理，向业务部门负责人汇报

人力资源部门只负责对 HR BP 进行专业方面的指导，不直接对考核关系负责。这种归属存在的问题是有可能会过多地强调业务单元自身的利益，而忽视了公司整体人力资源体系的统一性。HR BP 岗位隶属业务部门，只得到人力资源部门的专业支持，但不受其约束。这种方式使得 HR BP 贴近业务一线，但是由于受业务部门考核，往往会成为业务领导的应声虫，甚至当业务需求与人力资源规则发生冲突时，倾向于业务部门。联想曾在实践中出现过类似的问题，最初这一岗位由业务部门进行招聘、考核，导致 HR BP 对人力资源部门布置的工作不积极，甚至渐渐远离，逐渐失去了其在业务部门和人力资源部门之间的专业和中立地位。

3. 共同归属人力资源部门和业务部门

HR BP 同时向业务部门和人力资源部门进行汇报，接受来自双方的考核。这种归属存在的问题是对 HR BP 考核起来可能较为复杂，而且对 HR BP 来说，工作严重缺乏归属感。

事实上，不同的划归方式决定了 HR BP 能否最大程度上发挥其战略作用，成为真正的业务伙伴，提供灵活、有针对性的人力资源建议和服务。

（二）HR BP 层级与工作内容

每个公司对 HR BP 有不同的理解和要求，但总的来说，它要能根据公司业务需求整合公司人力资源以及人力资源专家提供的解决方案，是一个整合资源的中立伙伴的角色。在实际工作中，根据 HR BP 的不同层级，工作重点和内容也呈现出差异。

[①] 杨磊,陈静. 人力资源业务合作伙伴(HR BP)—HR 新角色[J]. 经济研究导刊, 2011(19): 106-107.

1. 高级经理级别的HR BP

这个级别的HR BP可以说是最接近HR BP终极目标的人,也可以叫作"战略HR BP"。他们参与公司的战略规划、组织发展、变更和整合,与高层领导团队合作紧密。他们通常都有多年在人力资源方面的工作经验,或者曾在人力资源高级职位上工作过,熟悉人力资源各个模块的实践并对人力资源战略有着自己的想法。服务对象规模通常是整个公司范围的多个业务单元,服务的人群多元化程度高,服务对象多为高职位级别。

2. 部门经理级HR BP

这一类HR BP一般也要求有丰富的工作经验,他们大部分有着专业的人力资源知识。他们往往支持一个中等规模的业务单元或者同时负责几个以上小规模的业务单元,服务的人群多元化程度一般,服务对象多为中等职位级别。

3. 员工级HR BP

这类HR BP比较常见,他们的工作经验相对较少,也比较年轻,他们一般支持单个业务单元。在他们的工作中,大多承担着协调者和事务性人力资源管理的工作,战略性的内容较少。虽然职位也叫作HR BP,但是与传统HR的工作类似,服务对象的规模通常是单一业务单元,服务的人群多元化程度相对较低,多为单一业务单元的成员。

HR BP要从普通级别进阶到高级别需要在工作中不断磨炼、一步步成长,其工作进阶阶段见表6-3所列,HR BP配置原则如图6-3所示。

表6-3 HR BP工作进阶阶段

阶段	职能	工作要点
第一阶段	人际链接,沟通疏浚	观察:观察团队氛围、人际关系、群体结构,形成完整观察记录,输出行动计划 访谈:自上而下,从中心向外部扩散,访谈时勤记录 参与:业务会议、团队活动
第二阶段	痛点发现,诉求响应	业务:高频次地接触业务,尝试探索、掌握业务语言,完全能听懂,并寻找对话的契机 骨干:业务骨干人员盘点、发现关键知识、技能点,有与骨干业务人员的链接策略
第三阶段	行动反馈,跟踪辅导	业务:通过观察、陪同、访谈、亲临现场、参与活动、保障支援等方式,已经梳理出业务逻辑,画出业务结构图谱,并且能够提出建设性意见和建议 人员:进行分布盘点及典型人员分析,深度分析其岗位胜任能力并提出相应的策略,着手规划实施步骤和行动计划
第四阶段	需求挖掘,方案交付	业务:十分明确业务远景及应匹配的能力要求 能力:紧扣业务发展需要的核心能力提炼,重要节点及状态的准确把控 人员:能力分布现状动态分析,制定人员培训方案并具体落实
第五阶段	组织诊断,流程优化	组织:业务流程优化方案,增强团队合作效率,提升组织效能 人才:梯队培养计划和职业发展通路的落地实施 文化:营造符合企业文化的团队氛围和多样性

原则1：基于业务需求，确保主要的业务单元有足够的HR BP支撑
原则2：具体的人员配置根据HR BP/全职员工服务率配置HR BP
原则3：业务中心HR BP的级别根据任职资格标准确认

参考业界不同组织HR BP服务比

支持程度	低	中	高
有限的支持（有限的HR服务，为管理人员提供有限的咨询支持）	1:2200	1:1500	1:800
标准的支持（针对主要的HR流程提供支持）	1:1050	1:950	1:500
全面的支持（为各层管理人员针对所有相关的HR流程提供强有力的咨询支撑）	1:350	1:270	1:175

	业务复杂程度		
	低	中	高
业务增长速度	低速	中速	高速
生命周期	稳定	部分变化	经常变化
员工类别	常规	中等复杂	复杂
全球足迹	本地	区域	全球

业务合作伙伴HR BP

××业务单元HR BP
××业务单元HR BP
××业务单元HR BP
××业务单元HR BP
××业务单元HR BP
××业务单元HR BP
××业务单元HR BP
××业务单元HR BP
××业务单元HR BP
××业务单元HR BP

图6-3　HR BP配置原则

五、HR BP 的胜任力

"胜任力"这个概念最早由哈佛大学教授戴维·麦克利兰于1973年正式提出，是指能将某一工作中有卓越成就者与普通者区分开来的个人的深层次特征。它可以是动机、特质、自我形象、态度或价值观、某领域知识、认知或行为技能等，任何可以被可靠测量或计数的并且能显著区分优秀与一般绩效的个体特征。随着企业管理水平的提高，胜任力模型中的每个胜任力都在改变。胜任力的变化程度，将随人们的年龄、阶段、职涯层级，以及环境等不同而有所不同。

HR BP 的胜任素质必须和人力资源管理工作的各个模块结合起来。要将 HR BP 胜任力的研究成果应用到选拔招聘中，基于胜任力的招聘可以帮助企业挑选到真正具有核心能力和特质的 HR BP，除了能够识别出候选人员的知识技能等以上的素质特征，更能识别出未来绩效表现、价值观、心理动机等冰山以下的素质特征，保证招聘的高效性。要将 HR BP 胜任力成果应用到绩效考核当中。基于胜任力的考核正是体现了考核的精髓，从只关注 HR BP 的短期表现转化到关注 HR BP 未来的能力培养，即长期绩效，促使绩效考核发挥正面促进作用，不只是考核，更多是激励。经过总结归纳，HR BP 从业人员的胜任力包括以下几个方面。

（一）商业服务意识胜任力

HR BP 要为业务部门服务，要保证业务战略的实施，不仅需要整合资金、人力、文化等各方面的资源，而且要有营销管理和服务的概念，能够帮助客户（即业务部门）梳理需求，判断分析需求的合理性，并提供相应的帮助和支持。最后还要有创新思维，能够突破常规 HR 的思维方式思考并解决问题。商业思维要求 HR BP 不能是局限于执行者的层面像传统 HR 一样专注事务性的工作，而是要像一个创造者一样独立思考问题，站在主动出击的角度为企业创造价值。

（二）人力资源管理专业性胜任力

HR 专业性是 HR BP 的前提条件，如果没有 HR 专业性，HR BP 的价值就无从谈起。HR BP 要承担运营经理的角色，需要从 HR 视角出发参与并帮助业务部门管理日常工作。这就要求 HR BP 必须具备传统 HR 各个模块的专业知识和技能，这是 HR BP 从业者的基本能力。

（三）人际沟通胜任力

人力资源管理工作归根结底就是做人的工作，人际沟通就是一门必修课程。HR BP 作为人力资源管理工作的一分子，无一例外。有效的人际沟通能够使沟通双方迅速建立信任，而且容易达成一致，有助于目标工作的达成。HR BP 应该能够用清晰、明

确的方式，直截了当地陈述或写出自己的观点，在做出反应之前，努力理解他人观点，通过积极、有效交流，促成相互理解，获得支持与配合。HR BP 作为人力资源部门和业务部门之间的沟通桥梁，人际沟通的重要性不言而喻。

（四）业务敏锐度胜任力

HR BP 的本质就是要了解业务发展方向和重点，能够站在 HR 的角度上为业务部门解决问题，因此 HR BP 一定要有业务敏锐度。HR BP 作为战略伙伴，更要有前瞻性，要在认知和判断的基础上，及时发现新的业务战略机遇并通过人力资源方案提供战略支持。这才真正达到企业设立 HR BP 职位的最终目的，不仅要 HR 部门更高效地为业务部门提供帮助，甚至要超前于业务部门提供战略性的规划和支持。这样才能有效实现现代企业的人力资源管理转型。[①]以上 HR BP 从业人员的胜任力，见表6-4所列。

表6-4　HR BP胜任力

维度	胜任力词条	行为描述
商业服务意识	客户服务导向	时刻关注和挖掘目标客户的需求变化，尽力满足客户需求，有为客户创造价值的愿望和态度
	需求管理	能够帮助业务部门梳理需求，判断分析需求的合理性，区别对待合理和不合理需求，并提供相应的帮助和支持
	资源整合能力	为保证业务战略的实施，需要整合人力、财力、物力、文化等各种企业资源，并在整合过程中时刻调整相关角色的扮演和付出
HR 专业性	团队融入能力	真诚地愿意配合部门的工作，能够快速融入部门，反对单独行动或排斥式的工作
	HR 专业知识和技能	具备基本通用的 HR 各个专业模块的专业知识和操作技能
	行业业务知识	具备行业业务知识体系，包括了解业务特点、业务周期、业务运作模式等
人际沟通	亲和力	言谈举止能够给人一种易于接近并且愿意接近的感觉
	人际理解力	能够洞悉并理解包容他人的观点和意见，尽力使双方的观点和意见保持一致
	与人连接性	愿意与人建立联系，并能自如有效地进行人际交往，进行全方位的沟通对话
业务敏锐度	业务洞察力	对业务有深刻的理解，要有自己的判断
	业务前瞻性	在认知和判断的基础上，及时发现新的业务战略机遇并通过人力资源方案提供战略支持

六、HR BP在实践中面临的主要问题及挑战

人力资源部门需要成为企业的战略伙伴是人力资源管理的发展趋势，这有助于增强企业的竞争能力，有利于企业的长远发展。然而，在人力资源管理运营模式从职能导向转向客户导向的过程中，在逐步实现战略性人力资源管理的进程中，HR BP 作为

---

① 刘松博，裴珊珊，梁爽. 我国HR BP胜任力研究[J]. 中国人力资源开发，2016(6)：38-39.

现代人力资源管理三驾马车的核心，起着举足轻重的作用。HR BP在实际运用中面临诸多问题及挑战。

（一）因角色与定位认知不清而导致人力资源管理成本增加

前文说过，在实际运用中，面向客户的HR BP大多常常有两种操作模式：一种称之为"事业部型"，即HR不隶属于人力资源部，而归属于事业单元，人力资源部只对其进行专业指导，没有直接的考核关系；另一种则是"HR代表型"，即HR BP是人力资源部派驻到各事业单元的，其考核关系隶属于人力资源部。

在人力资源管理的转型过程中，各事业单元较多的HR逐步转型为前台HR BP，负责该事业单元的人力资源管理工作，专业内容逐步进入后台的专业技术中心（HR COE），标准化、流程化的事务性工作逐步归属于后台共享服务中心（HR SSC）。在这个转型过程中，HR BP一般同时归属于集团人力资源部门或是各事业单元，二者对其实行双重考核，HR BP对二者进行双重汇报。在实践过程中，由于没有明确的定位，HR BP对自身的角色认知不清，分不清前台HR BP与后台专业技术中心及共享服务中心的分工。HR BP人员的定位和要求以及评价的基准都还是基于传统的一些想法，虽然在提HR BP，但实际没有按照HR BP的要求去做。

作为三支柱中的综合性岗位HR BP的职责不太好明确，工作开展难度大，难以达到预期效果。而且对于规模不大的公司，三支柱模式没有规模效应的优势，单独设立的HR COE和HR BP的工作量很难达到饱和，而且由于工作体系过于细化，产生很多沟通成本。

（二）HR BP的专业技能无法满足事业单元的需要

从HR BP角度来看，要真正实现HR BP的角色定位，提供业务所需要的解决方案，就要求HR BP既要具备业务知识，又需要全方位掌握人力资源技能。如前所述，虽然HR BP都是各事业单元HR转型过来，具备了解业务的先天优势，但是大多数对业务的了解并不深入。同时，虽身为HR从业者，大多具备从事本职工作的技能，但缺乏提供更好战略决策支持的技术。HR BP如不能提升专业能力，将自身从事务性工作中解放出来，聚焦于高端的战略性工作，长此以往，就会对所属事业单元管理者和员工失去专业信用，存在的价值被忽视。

作为战略合作伙伴，一方面，要求HR BP具备本职工作所需要的知识、技能，熟悉业务的整体运作，具备丰富的管理理论与实践经验、战略决策支持技术，提升自身的咨询技能、沟通和人际关系技能以及广泛的HR知识，以准确挖掘内部客户的需求，并转化为HR的需求，使自身更能胜任战略伙伴的角色；另一方面，应该与各事业单元主管清晰地沟通HR BP角色，做好期望管理。对各事业单元来说，HR BP要发挥出其多重战略和运营作用。HR BP应充当着业务部人力资源专家（业务合作伙伴）、

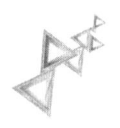

咨询人员或顾问（变革推动者）、人力资源合作经理（客户经理）以及人事管理教练（经理/员工顾问）的角色。

七、HR BP模式在中小企业的灵活运用

对中小企业的人力资源管理而言，公司的人力资源管理部门其实已承担起HR SSC和HR COE的工作。唯一比较欠缺的是HR BP这方面的工作，就是如何使公司人力资源管理与业务联系更紧密、更专业化和更具针对性。从完善这方面职能出发，王春花提出在保留传统人力资源管理模式基础上，吸收三支柱模式中最有价值的，与业务紧密联系的人力资源管理理念和做法，采用一种对口支持模式。①

对口支持模式简单而言就是不改变人力资源部门组织架构，由原有HR在目前工作内容的基础上，再定点对口支持一个或几个业务部门，参加对口支持部门重要工作会和总结会，统筹协调解决对口支持部门所有人力资源管理业务。HR对口支持人员是人力资源部与业务部门的人事工作沟通桥梁。

对口支持模式有很明显的优点：一是简单易行好操作，这是一种比较温和的变革模式，不会完全重组人力资源管理部门的组织架构，仅仅是人力资源管理部门内部工作安排和分工变动，凭借HR部门经理的影响力就能完成这样一个工作安排，实施起来没有那么多的外界阻碍；二是能帮助中小型企业按需转型，从功能上满足人力资源管理向业务导向的转变，实现人力资源管理与业务更紧密的结合；三是对人力资源部门的对口支持人员来说，不用脱离人力资源管理部门和所从事的原有人力资源专业模块，这样一方面因为没有远离一线，仍能保持对人事专业的理解和直观感受，另一方面在新从事的对口支持工作方面，有自己部门同事互相支持，交流学习，从而在对业务部门的对口支持工作中更有信心，也更有安全感和归属感；四是从与业务部门交流方面来说，因为对口支持人员是以人力资源管理部门的名义进行交流支持，因此业务部门也能更加重视，从而能更好地顺利开展对口支持工作。

八、HR BP的培养

20世纪90年代末，华为就已引入咨询机构，不断优化人力资源管理制度。如今，华为设立了人力资源管理委员会、人力资源管理部和干部部三个职能机构，形成了独特且完善的人力资源管理体系。其中，人力资源管理委员会相当于人力资源专家，其职责是从公司整体层面进行思考和决策，并与董事会沟通汇报，以支撑公司增长，实现战略人力资源管理。人力资源管理部相当于人力资源共享服务中心，细化传统人力资源管理的六大模块。干部部相当于HR BP，隶属于人力资源管理部，负责将总部人力资源政策与制度与本部门业务特点相结合，保证落地实施。有研究提到，华

---

① 王春花. 传统人力资源管理与三支柱模式的中间模式探析[J]. 人才资源开发, 2017(5): 254-255.

为是国内最早提出HR BP思路的公司，任正非在内部讲话中明确提出未来的管理战略重点转向项目一线，"以项目管理为基础，输出能担当并愿意担当的人才"。于是，项目HR BP应运而生。2014年，华为大学基于公司战略先后推出了C8项目管理资源池培训班和HR BP赋能班，标志着华为项目HR BP后备人才培养工作进入具体实施的阶段。

华为公司高度重视项目中的人力资源工作，已从组织层面将项目HR BP定位为战略预备队，使其上升到人力资源战略高度。项目HR BP后备人才的培养应与项目管理培训相结合，形成统一的系统。项目HR BP后备人才培养遵循"训战结合，循环赋能"的人才培养模式理念。

华为项目HR BP后备人才培养工作主要从自主学习阶段、赋能培训阶段和在岗实战阶段三个方面展开。

（一）自主学习阶段

华为公司HR BP后备队伍主要来自新入职员工和内部转岗人员。"应知应会"主要解决新上岗项目HR BP的HR基础知识薄弱、角色认知不清等问题，学员可借助公司现有的E-learning平台自主完成基础知识的学习。在训战培养开始之前，公司为新上岗的项目HR BP提供详细的自主学习路径，包括四方面内容，见表6-5所列。

表6-5　华为公司项目HR BP岗位能力汇总

维度	子项	行为描述
业务能力	业务战略解读能力	理解公司所处的商业环境及对公司业务的影响，并能正确解读业务战略
	HR战略思维能力与连接能力	根据业务战略制定出有针对性的HR战略，并将业务问题与HR实践紧密结合，推动实现业务战略和年度业务计划
HR专业能力	人力资源政策理解能力	理解公司的人力资源政策、理念
	人力资源管理技能	具备人才管理(人才的选、用、育、留)和组织管理(组织设计、组织有效性提升)等方面的HR专业技能
管理能力	项目管理能力	定义项目目标，协调项目团队资源，有效分配任务，协助监控项目进度、质量和预算，确保项目目标的达成
	团队管理能力	激励与发展团队，激发团队斗志，发挥成员优势，形成团队合力
文化能力	核心价值观传递能力	保证公司核心价值观向项目团队成员的有效宣传与传递

公司为新上岗的项目HR BP也规定了"应知应会"项目清单，见表6-6所列。

表6-6 华为公司项目HR BP"应知应会"

维度	概述
HR BP岗位要求	学员需要学习与HR BP有关的内部讲话纪要；自学《HR BP工作手册》中角色认知部分，理解华为公司HR BP角色模型，6种角色均有典型案例供学员参考学习
华为HRM理念与政策	学习人力资源各项发文与政策规定；自行研读华为高级干部研讨班的教材《人力资源管理理念》，领悟华为人力资源哲学精髓
HR专业基础知识	学习由公司内部专家主讲的各模块基础知识网课，了解公司HR流程架构，参加公司HR BP基础知识考试
常用工具方法与优秀实践案例	学习成为业务部门战略伙伴所需的BLM(Business Leadership Model)方法论，学习HR解决方案的信息资料，学习优秀HR BP实践案例

（二）赋能培训阶段

新上岗HR BP在完成课前学习与相关考试后，开始正式进入华为大学和干部部联合组织的"训战"培养环节。"训"阶段由华为大学负责，学员需要在华为大学先后完成企业文化培训班、HR BP赋能班、C8项目管理资源池作训班这三个培训班的学习。

企业文化培训班隶属于华为大学教育学院新员工与企业文化培训系。新上岗HR BP若原是公司内部员工，可以选择性旁听企业文化培训的部分课程；若为新入职员工，则必须全程参与4天的新员工企业文化培训。企业文化培训的学习内容主要包括：任正非讲话之《致新员工书》、华为公司介绍、华为核心价值观、人力资源政策制度、职业责任与商业行为准则、新人新路等。此外，在课间和晚自习期间，班主任还会组织学员开展团队建设与团队体验活动，例如团队晨练、户外拓展游戏、室内模拟沟通游戏等。在此过程中，新上岗HR BP从业人员不仅需要学习和理解公司文化与核心价值观，还要思考未来如何将公司的核心价值观进一步传递到一线项目团队中去，有效承担核心价值观传承者的角色，做一个好管理者。

项目HR BP赋能班隶属于华为大学教育学院管理者学习方案部。与以往HR BP研讨赋能班不同的是，该培训项目针对项目HR BP开设，基于项目管理运作流程和关键管控点专门进行了课程开发与教学设计，并于2014年10月起正式开始交付实施。项目HR BP赋能班的目标是使学员了解HR BP在项目中的定位和角色，掌握项目HR BP的基础知识，明确项目HR BP的关键动作和关键技能，快速融入项目，发挥项目HR BP在项目管理中的专业价值。为保证培训效果，管理者学习方案部邀请了来自公司项目一线具有成功经验的资深HR BP专家担任课程讲师。在为期10天的培训过程中，学员第 1 天学习项目管理基础知识，接下来的 8 天将围绕 HR BP 在项目中的角色职责和关键动作的不同主题进行团队研讨，选取典型案例，还原实战场景。研讨主题具体包括：HR BP 角色认知、项目组组建与运作、项目人才供应管理、项目成员绩效评价、项目奖金生成与分配、非物质激励、项目人力资源管理诊断和解决方案等。而在最后一天，每位学员将结合前面学习的内容，围绕"如何快速融入项目"主题进行最终的总结汇报。

C8 项目管理资源池作训项目隶属于华为大学教育学院项目管理与案例学习方案部。该培训班的学员汇集了项目经理、技术、质量、供应链、财务、合同法务、项目控制等与交付项目管理有关的八个角色成员，称为项目管理"八大员"。正如任正非所说："项目管理资源池主要是推动'八大员'的循环进步，倾向于以执行为中心……" C8 项目管理资源池以提升项目经营能力为主，旨在建立'八大员'协同意识，了解项目管理各流程中的协同点与协同方法。

自公司高度重视项目 HR BP 以后，华为大学整合不同部门的资源，使 HR BP 在项目 HR BP 赋能班结束后，以"第九大员"的身份加入 C8 项目资源池作训中。在又一个为期 10 天的培训中，项目 HR BP 学员开始真正进入模拟项目团队，担任项目 HR BP 角色，与项目团队其他角色并肩作战。培训内容依据交付项目流程，划分为分析规划阶段、建立项目阶段、实施阶段和移交关闭阶段。项目 HR BP 和其他成员一起，真正模拟参与了端到端的整个交付项目管理全过程。除课堂模拟仿真演练的讨论案例外，C8 项目资源池作训班更加注重学员自己的实战案例总结与分享，10 天中有 5 天晚上是学员的案例分享时间，学员在之前实际工作中碰到的难题也可拿到班上讨论，群策群力。作训结束后，学员一方面系统学习了项目管理的全流程；另一方面也建立了跨职能角色的沟通与协助意识，真正做到学以致用。

（三）在岗实战阶段

完成华为大学的三项赋能培训之后，新上岗项目 HR BP 将奔赴一线，从模拟训练场进入项目实战。在进入项目的初始阶段，学员需同所在项目的项目经理和代表处 HRD 等一起制订实践计划，之后开始为期 6 个月的在岗实战。在此期间，学员需要全程参与 1~2 个主要项目，项目 HR BP 不仅需要在实践中不断持续提升自身能力，也肩负着将所学知识应用于项目实践，传播给项目团队同事，真正为项目创造价值的责任。在完成这 6 个月的实战后，项目 HR BP 项目组将统一安排学员进行出营答辩，完成训战成绩评定和任职资格认证，出营后正式定岗，进入公司全球各地的项目或海外地区部和代表处，整个项目 HR BP 的培养工作至此结束。[①]

由此可见，在华为公司以项目团队为基本作战单元的组织运作体系中，组织与个

---

① 葛明磊.项目 HR BP 后备人才培养的探索性研究——以华为公司为例[J]. 中国人力资源开发，2015(18)：15-16.

体层面的要素倾向于在群体层面的项目团队中最终发挥作用。因此，项目 HR BP 的培养遵循了"企业文化培训→HR BP 赋能培训→C8 项目资源池作训→项目实践"的流程，以团队成员协同与项目管理导向的"C8 项目资源池作训→项目实践"为终点，实现了项目 HR BP 人才培养系统的闭环。

本章小结

HR BP 即人力资源业务合作伙伴。HR BP 与传统 HR 的区别：（1）服务的对象不同。传统 HR 在处理部门日常的事务性工作的同时，还需要满足企业所有部门的共同服务需求。而 HR BP 则立足于企业业务部门，把握行业、产品和客户的发展形势和变化，提供策略性的精准服务。（2）与业务部门的关系发生变化。传统 HR 与企业内部业务部门属于平行状态，各自独立。HR BP 则与业务部门紧密结合。（3）工作属性发生变化。传统 HR 习惯按照专业模块进行划分，属于任务型工作。HR BP 则与业务部门紧密相连，以团队的形式针对性地开展工作，属于协同型工作。（4）HR BP 素质要求更高。HR BP 要具备专业的人力资源管理相关的知识技能。同时，进入业务部门后，还要深入客户、深入市场、深入行业，有意识地推进企业战略在业务部门的落实和实践，让人力资源管理政策在业务部门中专业化衔接，体现合力优势。与传统 HR 相比，对 HR BP 素质要求更高。

HR BP 的作用：协助业务部门实现战略，充当部门主管运营副经理，充当危机管理者，充当员工仲裁者。HR BP 的职能：从 HR 视角出发参与业务部门管理工作；与 HR 研发组（人力资源专家）和 HR 支持组（人力资源共享服务中心）合作，给出有效的 HR 解决方案；向人力资源专家和人力资源共享服务中心反馈 HR 政策、HR 项目和 HR 进程的实施有效性。协调员工关系，调查培训需求；制订并执行业务部门 HR 年度工作计划；运作适应所在业务部门的 HR 战略和执行方案；参与所在业务部门的领导力发展和人才发展通道建设；支持企业文化变革并参与变革行动；建立所在业务部门的人力资源管理体系。

HR BP 从业人员的胜任力包括商业服务意识、人力资源管理专业性、人际沟通、业务敏锐度。

思考题

1. HR BP 与传统 HR 的区别有哪些？
2. HR BP 的作用是什么？
3. HR BP 的胜任力有哪些？
4. 企业如何对 HR BP 进行培养？

练习测试题

（一）判断题（正确的打"√"，错误的打"×"。）

1. HR BP既需理解业务，又要掌握通用的人力资源知识。（   ）

2. 在业界实践中，选拔和使用HR BP有两种路径：一种是从HR群体中选拔有全面HR知识、具备咨询技能和影响力的人才，并通过在岗实践提升业务敏锐度；另一种是从业务主管中选择有成功人员管理经验的人才，并通过系统的方案提升角色认知和人力资源技能。（   ）

3. HR BP即人力资源业务合作伙伴，最早是由美国密歇根大学教授戴维·尤里奇提出来的。（   ）

4. HR BP是指由企业派驻到各个业务或事业部门的人力资源管理者，其职能仅仅是作为企业的行政支持部门。（   ）

5. HR BP与业务部门紧密相连，以团队的形式针对性地开展工作，属于参谋型工作。（   ）

6. HR BP主要协助各业务单元高层及经理在员工发展、人才发掘、能力培养等方面的工作。（   ）

7. HR BP同时向业务部门和人力资源部门进行汇报，接受来自双方的考核。这种归属存在的问题：对HR BP考核起来可能较为复杂，而且对HR BP来说，工作严重缺乏归属感。（   ）

8. 每个公司对HR BP有不同的理解和要求，但总的来说，它要能根据公司业务需求整合公司人力资源以及人力资源专家提供的解决方案，是一个整合资源的中立伙伴的角色。（   ）

9. HR BP要承担运营经理的角色，需要从HR视角出发参与并帮助业务部门管理日常工作。这就要求HR BP必须具备传统HR各个模块的专业知识和技能，这是HR BP从业者的基本能力。（   ）

10. HR BP作为战略伙伴，更要有前瞻性，要在认知和判断的基础上，及时发现新的业务战略机遇并通过人力资源方案提供战略支持。（   ）

（二）选择题

1. 下列选项不属于HR BP的作用的是（   ）。

A. 协助业务部门实现战略

B. 充当制度设计者

C. 充当部门主管运营副经理及危机管理者

D. 充当员工仲裁者

2. HR BP 的主要工作内容是（　　）。

A. 设计公司的人力资源管理政策体系，协助业务单元完善人力资源管理工作

B. 负责公司的制度体系、制度规范设计，协助业务单元完善人力资源管理工作

C. 负责公司的战略体系、制度规范落实，协助业务单元管理工作，并帮助培养和发展业务单元各级干部的人力资源管理能力

D. 负责公司的人力资源管理政策体系、制度规范在各业务单元的推行落实，协助业务单元完善人力资源管理工作，并帮助培养和发展业务单元各级干部的人力资源管理能力

3. HR BP 不隶属于人力资源部而是归所在业务部门管辖，人力资源部只负责对 HR BP 进行专业方面的指导，不直接对考核关系负责。这个是（　　）。

A. "事业部型" 面向客户的 HR 架构

B. "HR 代表型" 面向客户的 HR 架构

C. "HR 服务型" 面向客户的 HR 架构

D. "战略驱动型" 面向客户的 HR 架构

4. HR BP 是由人力资源部派驻到各业务部门，其考核关系隶属于人力资源部，HR BP 在业务上帮助业务经理进行相应的人力资源管理。这个 HR BP 的岗位（　　）。

A. 归属所服务的业务部门管理，向业务部门负责人汇报

B. 共同归属人力资源部和业务部门

C. 归属人力资源部，向人力资源部门负责人汇报

D. 归属于事业部

5. 下列属于战略 HR BP 的是（　　）。

A. 部门经理级 HR BP

B. 事业部经理级 HR BP

C. 员工级 HR BP

D. 高级经理级别的 HR BP

6. 在下列选项中，不包括 HR BP 从业人员的胜任力的是（　　）。

A. 组织协调胜任力

B. 商业服务意识胜任力

C. 人力资源管理专业性胜任力

D. 人际沟通胜任力、业务敏锐度胜任力

7. 在华为公司以项目团队为基本作战单元的组织运作体系中，组织与个体层面的要素倾向于在群体层面的项目团队中最终发挥作用。因此，项目 HR BP 的培养遵循了（　　）的流程。

A. 企业战略培训→HR BP 赋能培训→C8项目资源池作训→项目实践

B. 企业愿景培训→HR BP 技能培训→C8项目资源池作训→项目实践

C. 企业价值培训→HR BP 知识培训→C8项目资源池作训→项目实践

D. 企业文化培训→HR BP 赋能培训→C8项目资源池作训→项目实践

练习测试题参考答案

第一章　组织理论与组织变革发展

（一）判断题

1.√　2.×　3.√　4.√　5.√　6.√　7.√　8.√　9.√　10.√

（二）选择题

1.B　2.D　3.A　4.C　5.D　6.A　7.D　8.D

第二章　人力资源管理及其变革

（一）判断题

1.√　2.×　3.×　4.×　5.√　6.√　7.√　8.√　9.√　10.√

（二）选择题

1.C　2.C　3.A　4.C　5.D　6.A　7.D

第三章　人力资源管理三支柱理论

（一）判断题

1.√　2.×　3.×　4.√　5.√　6.×　7.×　8.√　9.√　10.√

（二）选择题

1.A　2.D　3.A　4.C　5.D　6.A

第四章　HR COE的运作

（一）判断题

1.√　2.√　3.√　4.√　5.√　6.√　7.×　8.×　9.×　10.×

（二）选择题

1.B　2.D　3.A　4.C　5.D　6.A　7.D　8.D

第五章　HR SSC设计

（一）判断题

1.√　2.×　3.√　4.√　5.×　6.×　7.√　8.√

（二）选择题

1.C　2.B　3.D

第六章　HR BP的执行

（一）判断题

1.√　2.√　3.√　4.×　5.×　6.√　7.√　8.√　9.√　10.√

（二）选择题

1.B　2.D　3.A　4.C　5.D　6.A　7.D

参 考 文 献

[1] 习近平．习近平谈治国理政（第三卷）[M]．北京：外文出版社，2020：8．
[2] 习近平．习近平谈治国理政（第三卷）[M]．北京：外文出版社，2020：61．
[3] 习近平．习近平谈治国理政（第二卷）[M]．北京：外文出版社，2017：198．
[4] 组织行为学编写组．组织行为学[M]．北京：高等教育出版社，2019：222-224．
[5] 习近平．习近平谈治国理政（第二卷）[M]．北京：外文出版社，2017：199．
[6] 中共中央马克思 恩格斯 列宁 斯大林著作编译局．马克思恩格斯文集（第九卷）[M]．北京：人民出版社，2009：311．
[7] 中共中央马克思 恩格斯 列宁 斯大林著作编译局．马克思恩格斯文集（第一卷）[M]．北京：人民出版社，2009：192．
[8] 习近平．习近平谈治国理政（第三卷）[M]．北京：外文出版社，2020：142．
[9] 习近平．习近平谈治国理政（第二卷）[M]．北京：外文出版社，2020：133．
[10] 习近平．习近平谈治国理政（第二卷）[M]．北京：外文出版社，2017：297．
[11] 刘凤霞，房宏君．组织行为学[M]．北京：中国人民大学出版社，2021．
[12] 刘善仕，王雁飞．人力资源管理[M]．北京：机械工业出版社，2016．
[13] 刘昕．薪酬管理[M]．北京：中国人民大学出版社，2021．
[14] 陈春花，曹洲涛，宋一晓．组织行为学[M]．北京：机械工业出版社，2020．
[15] 徐明．战略人力资源管理理论与实践[M]．大连：东北财经大学出版社，2020．
[16] 孙健敏，张德．组织行为学[M]．北京：高等教育出版社，2019．
[17] 龙立荣．组织行为学[M]．大连：东北财经大学出版社，2019．
[18] 张同全．人力资源管理[M]．大连：东北财经大学出版社，2018．
[19] 胡劲松．人力资源实战整体解决方案[M]．北京：中国法制大学出版社，2018．
[20] 徐升华，周文霞．HR三支柱落地实施指南[M]．北京：当代世界出版社，2018．
[21] 鲍杰军，程国平．全价值经营——如何为消费过程创造价值[M]．杭州：浙江大学出版社，2018．
[22] 闫小锋，魏建新，董冠华．管理心理学[M]．济南：山东大学出版社，2018．
[23] 程国萍，秦志华．组织行为学[M]．大连：东北财经大学出版社，2018．
[24] 孙健敏，徐世勇．组织行为学[M]．北京：中国人民大学出版社，2018．
[25] 寥彩霞，房丽，劳涛．人力资源开发与管理[M]．北京：企业管理出版社，2017．
[26] 杨河清，张琪．人力资源管理[M]．大连：东北财经大学出版社，2017．
[27] 元继学，黄军生，黄丽华．人力资源管理与实务[M]．青岛：中国海洋大学出版社，2017．
[28] 孙超．企业战略管理[M]．成都：西南交通大学出版社，2016．

[29] 荆炜，周清，郝金磊. 人力资源管理与开发[M]. 北京：清华大学出版社，2016.

[30] 王文成. 企业人力资源管理的重点问题与价值新方向[M]. 北京：中国商务出版社，2016.

[31] 肖琳，孔令秋. 人力资源管理概论[M]. 大连：东北财经大学出版社，2016.

[32] 杜娟，李剑. 人力资源管理[M]. 北京：中国原子能出版社，2016.

[33] 李春仙. 人力资源管理[M]. 北京：中国财富出版社，2015.

[34] 黄宏彬，谢超. 组织行为学[M]. 成都：西南交通大学出版社，2015.

[35] 张曦月，付婷婷. 人力资源管理[M]. 沈阳：东北大学出版社，2015.

[36] 董克用，李超平. 人力资源管理概论[M]. 北京：中国人民大学出版社，2015.

[37] 冯明，程颖，周杰. 组织行为学[M]. 北京：科学出版社，2013.

[38] 张建芳，马利春，张体勋. 人力资源管理[M]. 北京：电子工业出版社，2013.

[39] 许莹，方荃. 人力资源管理理论与实务[M]. 北京：人民邮电出版社，2013.

[40] [美]斯蒂芬·P. 罗宾斯，玛丽·库尔特. 管理学[M]. 刘刚，程熙镕，梁晗，译. 北京：中国人民大学出版社，2012.

[41] 文建秀. 人力资源管理理论与实务[M]. 北京：中国铁道出版社，2012.

[42] 龚一萍，周凌霄. 人力资源管理[M]. 北京：北京理工大学出版社，2011.

[43] 周永亮. 战略执行体系构建手册[M]. 北京：机械工业出版社，2010.

[44] 冯光明，徐宁. 人力资源管理[M]. 北京：电子工业出版社，2010.

[45] 谭力文，刘林青，包玉泽. 管理学[M]. 北京：高等教育出版社，2010.

[46] 周三多，陈传明，鲁明泓. 管理学——原理与方法[M]. 上海：复旦大学出版社，2009.

[47] 董克用. 人力资源管理概论[M]. 北京：中国人民大学出版社，2007.

[48] 余敬，刁凤琴，成中梅. 管理学[M]. 武汉：中国地质大学出版社，2006.

[49] 余凯成，程文文，陈维政. 人力资源管理[M]. 大连：大连理工大学出版社，2006.

[50] 彭剑锋. 人力资源管理概论[M]. 上海：复旦大学出版社，2005.

[51] 萧鸣政. 人力资源开发的理论与方法[M]. 北京：高等教育出版社，2004.

[52] 秦志华. 人力资源管理[M]. 北京：中国人民大学出版社，2000.

[53] 刘松博，裴珊珊，梁爽. 我国HR BP胜任力研究[J]. 中国人力资源开发，2016（6）：38-39.

[54] 王春花. 传统人力资源管理与三支柱模式的中间模式探析[J]. 人才资源开发，2017（5）：254-255.

[55] 葛明磊. 项目HR BP后备人才培养的探索性研究——以华为公司为例[J]. 中国人力资源开发，2015（18）：15-16.

[56] 中共中央马克思恩格斯列宁斯大林著作编译局. 马克思恩格斯文集（第五卷）[M]. 北京：人民出版社，2009：10.

[57] 丛晓楠. 浅析HR BP战略转型[J]. 中小企业管理与科技，2017（5）：7-8.

[58] 杨磊，陈静. 人力资源业务合作伙伴（HR BP）——HR新角色[J]. 经济研究导刊，2011（19）：106-107.